国家社科基金
后期资助项目

大学生学习成果评价研究

A Study on the Student Learning Outcomes Assessment of Higher Education Institutions

陈 凡 等著

浙江大学出版社
·杭州·

图书在版编目（CIP）数据

大学生学习成果评价研究/陈凡等著. —杭州：浙江大学出版社，2024.8. —ISBN 978-7-308-25336-9

Ⅰ.G642.0

中国国家版本馆 CIP 数据核字第 2024XW4382 号

大学生学习成果评价研究

陈　凡　等著

责任编辑	石国华　徐　霞
责任校对	杜希武
封面设计	周　灵
出版发行	浙江大学出版社
	（杭州市天目山路148号　邮政编码310007）
	（网址：http://www.zjupress.com）
排　　版	杭州星云光电图文制作有限公司
印　　刷	杭州千彩印务有限公司
开　　本	710mm×1000mm　1/16
印　　张	17.25
字　　数	310千
版 印 次	2024年8月第1版　2024年8月第1次印刷
书　　号	ISBN 978-7-308-25336-9
定　　价	68.00元

版权所有　侵权必究　　印装差错　负责调换

浙江大学出版社市场运营中心联系方式：0571-88925591；http://zjdxcbs.tmall.com

国家社科基金后期资助项目
出版说明

　　后期资助项目是国家社科基金设立的一类重要项目,旨在鼓励广大社科研究者潜心治学,支持基础研究多出优秀成果。它是经过严格评审,从接近完成的科研成果中遴选立项的。为扩大后期资助项目的影响,更好地推动学术发展,促进成果转化,全国哲学社会科学工作办公室按照"统一设计、统一标识、统一版式、形成系列"的总体要求,组织出版国家社科基金后期资助项目成果。

全国哲学社会科学工作办公室

前 言

20世纪80年代以来,质量成为高等教育领域的重要课题,对如何评价大学质量的研究与相关实践日渐丰富。面对高等教育资源短缺和社会问责加剧的现实,排名亦因此成为大学接受社会监督的一种重要形式,为人们客观认识高等教育质量和水平提供重要参考。1983年,《美国新闻与世界报道》杂志率先推出全美大学排名,掀起世界范围内大学排名热潮,随后英国、德国、日本等国也相继发布大学排行榜。我国最早的中国大学排名是1987年由中国管理科学研究院科学学研究所发布的。据不完全统计,先后有中国科技信息研究所、湖南大学、国家科委、广东管理科学研究院等单位或机构发表了30多个各种类型的大学排行榜。

综观这些排行榜的内容,侧重点和指标体系各有不同,但是总体上看,大多数是以科学研究成果为主要维度进行比较的,如论文、项目、奖项,究其原因主要在于科学研究数量指标的直观性和易比较性。毫无疑问,以科学研究成果为主要维度的评估,对提高高校对科学研究的重视、促使高校充分发挥科学研究的引领功能起到了积极的作用。但是,规模大、科研成果多的高校名列前茅,20%居于高等教育金字塔尖的大学拥有80%的高水平项目资金和政策资源。甚至可以说,现在流行的高等教育质量观是科学研究导向的质量观,科研质量代替了高等教育质量。换言之,这种质量观推动了高等教育学术研究规模的迅速扩大以及水平的快速提升,但不良影响也逐渐表现出来,如高校办学资金资源基本流向科学研究、大学教师考核和评价过分重视科研产出、导师变成"老板"、各种科研造假和腐败现象层出不穷等。

显然,如何评价大学反映了我们对高等教育内涵和价值的理解,科学研究质量并不能完全体现和说明高校办学质量,原因是高等教育的基本功能是人才培养。看一所高校的质量,必须看其培养出来的学生质量,人才培养质量才是判断一所大学质量的基本标准。

2010年,教育部在《国家中长期教育改革和发展规划纲要(2010—2020年)》中就将教育质量评价改革作为我国教育领域体制改革的重要内容,明确提出应

"改革教育质量评价,改进教育教学评价,要根据培养目标和人才理念,建立科学、多样的评价标准"。这意味着政府在进行高等教育投入时,对其绩效和产出提出了更高的期待和要求。此后高等教育质量评价改革的步伐开始加快,更加多元和多维度的大学质量评价体系正在形成。

2020年底,《深化新时代教育评价改革总体方案》出台,这份被认为是破除"五唯"痼疾、纠正教育评价"单向度"偏差的纲领性文件,强调评价是教育发展的"牛鼻子"与"指挥棒",将成为教育发展的"方向盘";提出要改进高校评价,应推进落实立德树人根本任务,强化人才培养中心地位,建立健全多向度的学生评价标准,积极构建符合人才成长规律的评价体系。这说明新时代中国教育发展的新阶段及其新目标,需要新的评价体系和原则方法进行导航。高校评价从以科研为中心转向重视人才培养成效的趋势更加明晰,政府更加关注受过高等教育的学生学习到了什么、学得怎么样,以及如何通过评价引导大学生真正成长成才。在此背景下,重新审视我国高等教育学生评价体系,构建契合时代精神和要求、以促进学生成长和能力发展为宗旨的新评价体系成为新时代教育改革领域的迫切任务。

同年,新一轮审核评估方案正式发布,它以学生为中心、以成果为导向、以促进学校质量持续改进为宗旨,除了对教师"教"的效果进行评价之外,还将学生"学"的效果作为质量评价的重要视角和维度,将评估的最终目的定位于学生的发展,即立德树人和人才培养质量的提升上,这些思路与学习成果评价的理念不谋而合。学习成果评价是对学生完成学习后的知识和技能的全方位评价,是对接受了高等教育的学生的知识能力、态度等增值情况的综合考察,是将教学、学习和评价过程融为一体的改进性评价。该评价以学生为中心,聚焦发展性、增值性评价实践,契合破"五唯"的时代背景和教育评价改革理念,对优化和完善传统学生评价体系有积极的作用,在高等教育质量评价领域逐渐显示出重要性和不可替代性。系统研究大学生学习成果评价相关问题,为我们完善多维度的评估标准和指标、全面客观了解高校人才培养质量,构建高质量的高等教育质量保障体系有重要的价值和意义。

当前,我国正逐步形成五位一体的本科教育质量评估体系,即以高校自我评估为基础,以教学基本状态数据常态监测、院校评估、专业认证及评估、国际评估为主要内容,政府、学校、专门机构和社会多元评价相结合的教学评估制度。评估主要围绕高校教学和人才培养质量展开,不同内容和类型的评估有不同的标准、方法和技术。其中院校评估由两部分组成:一是合格评估,主要目的在于审查学校的基本办学条件是否达标、人才培养过程管理是否规范、人才培养结果是否达到了既定的培养目标;二是审核评估,主要是对学校人才培养效果进行评价,重点从学校的人才培养目标达成度、社会发展需求适应度、教学资源保障度、质量保障体系有效度、学生和用人单位满意度等方面进行审核。专业认证及评估主要从学生、培养目标、毕业要求、持续改进、课程体系、师资队伍、支持条件等维度评判不同专业的办学情况。相比较来说,院校评估强调引导高校合理定位,促进内涵建设和特色发展;专业认证及评估强调人才培养和社会需求的适应性。教学评估将办学投入、办学过程和办学结果三个内容纳入高校质量评价实践中,体现了对高校人才培养质量全方位、全过程的科学管理和全面评价理念,这一评估制度作为相对独立和完整的教育质量评估体系在我国高等教育质量评价和保障方面发挥着重要作用。

2015年,联合国教科文组织(UNESCO)发布了《教育2030行动框架》,掀起了国内外政府和大学提升教育质量、保证学习成果、以学生为中心进行高等教育改革的行动热潮。高等教育发达国家和高水平大学纷纷从战略角度提出培养卓越学生的理念和行动;对大学生学习成果内容和评价的理论探索如火如荼,利用评价结果提升学生质量是世界高等教育学习理论研究的最前沿和核心问题。与此同时,世界超一流大学纷纷回归本科教育,大力提升大学生核心素质和能力。斯坦福大学发布的2025年计划指出新一轮本科教育改革主要关注学生学习成果,将掌握知识、磨练能力和培养责任作为学习目标;MIT强调学生的反思讨论、学科思维和自我管理能力。欧洲、俄罗斯等国家和OECD(经济合作与发展组织)、UNESCO等国际组织都从战略角度提出达到学习卓越的观念和行动,如何将学习理论研究运用于提升学习成果表现是高等教育领域的最前沿和热点问题。

我国高等教育正处于从大到强的历史拐点,一方面,高等教育规模世界第一,在快速迈向高等教育普及化过程中,人才培养能力和水平仍是我国高等教育发展的短板和软肋;另一方面,高等教育向普及化阶段迈进,政府和社会对大学人才培养质量有了更高的期待,如何建立统一的、通用的评价标准,构建科学的、客观的评价指标体系,需要我们对已有的评价实践进行不断总结和反思,如此才有可能形成更加完善和科学的质量评价体系,找到有利于国内高校健康、可持续发展的质量提升道路。

2016年底,习近平总书记指示要牢牢抓住全面提高人才培养能力这一核心点,办好优质教育。这里的优质教育核心指向学生学习成果和产出,如何促进学生获得优质的学习成果成为体现国家战略的时代课题。近年来,学界对学习成果评价的研究也逐渐增加、深入,国内外研究者对学习成果评价的理论和实践研究各有侧重，各有所长。对于如何客观科学地评价学生的学习成果，国内外高校、研究人员及主要高等教育评估和保障机构都处于专门探索和试点的实践状态。这一方面说明开展学生学习成果评价已经成为高校质量评价改革的主要内容之一，受到普遍关注和重视；另一方面也说明目前国内外还没有科学完善的学习成果评价标准和方法，还未形成公认的评价模式和路径，对该评价的理论和实践研究仍在继续。

本书通过文献法、比较法、访谈法和实证研究，深入探讨了大学生学习成果评价的理念、内涵、标准、方法、组织实施和成效；从国家、高校、专业、课程和个人等层面梳理分析了大学生学习成果评价实践经验；对当前我国高校、大学生专业、课程和个人学习成果表现进行了实证分析；从高校内部和外部提出了构建高等教育学生评价体系的思路。从全文结构及其逻辑关系上看，第一章对"学习成果"这一核心概念进行了界定，为本研究的理论基础；第二章在实践中总结了学生学习成果评价的方法论，与第一章共同构成本书的研究基础和前提；第三章对国外学习成果评价的最新进展进行了梳理和比较，从中发现并提炼出大学生学习成果研究的特点、重点和难点，以此设计我国大学生学习成果实证研究的主要研究对象及其分析框架；第四章呈现了大学生学习成果评价实证研究方法和过程，以实证研究结果作为学习成果评价体系构建的重要依据和支撑；第五章从内外两个方面构建了我国大学生学习成果评价体系，具体内容如下。

学习成果的类型和特征。学习成果是指接受高等教育的学生掌握的知识和能力，以及教育对学生态度、价值观念等方面的影响，有自身的内容指向和描述规律。本书从内容、结构和层次等不同角度对学习成果的内涵和定义进行剖析，提出学习成果是一个多层次、多维度的立体概念。从内容上看，学校、专业、课程层面的学习成果各有侧重；从类别上看，知识类、能力类、价值观类等学习成果构成了全面立体的成果体系。对基本知识类、素质技能类、情感类等几个层面学习成果的特征和内容进行分析和归纳；重点分析了高阶思维技能作为核心学习成果的重要意义，辨别了学习成果与学习成绩、学习效果、学习目标、能力素质等相近概念，说明了如何设计和描述学习成果，阐述了学习成果与教学、评价之间如何建构一致关系。学习成果评价可以改进学习效率、教学模式和办学质量，其评价理念与构建多元化评价体系要求是完全契合的。

学习成果评价的方法和组织。一是分析学生学习成果评价目的、原则，从学校和课程两个层面、直接和间接两个维度梳理学习成果评价方法。发现不同类型的学习成果有各自相对有效的评价方法，如在知识技能类学习成果评价上,毕业论文(设计)和测试等方法最为有效;在能力素养类学习成果评价上,毕业论文(设计)、测试、问卷调查最为有效;在道德品质类学习成果评价上,课堂表现和问卷调查最为有效。统一测试是获取大学生整体学习成果最有效的手段,问卷调查是获取学生专业学习成果最有效的手段,课程测试和毕业论文是获取学生课程学习成果最有效的手段。二是阐明学习成果评价的组织实施过程,并通过对联合国教科文组织国际教育研究所遴选的大学质量保障8个优秀案例,深入分析学习成果评价对学校发展、教学和管理工作等方面的作用和成效。从组织领导、工具开发、专业队伍和信息管理四个方面对如何更好地发挥学习成果评价的作用进行了阐释。三是提出学习成果评价的核心目的是推动教育范式的变革。评价是为了改进,落实以学生为中心,完成教育范式从教到学的转变,学习成果评价将本科课堂中心从教师转移到学生,应将高阶学习能力作为主要培养目标,注重对知识发现的引导、理解和思考,结合不同教学目标采用多元教学方法;评价重点应从学习投入和过程转变为学习成果,结合教学内容设计高质量的评价任务,使用评价标准和评价证据来辨别、评判学生完成学习任务的质量,促进学生学习。

大学生学习成果评价的比较研究。对不同国家和地区开展的大学生学习成果评价相关实践进行梳理,对学习成果评价方法、模式和体系的实践经验和相关理论进行深入探究和比较,关注不同目的采取的不同评价方式,理解不同层面学生学习成果评价实践的适用方法和与评价需求的对应关系,提炼学生学习成果评价的特征和模式。研究主要集中于对世界经济合作组织开展的国际范围内的高等教育学习成果评价、加拿大安大略省的大学生学习成果评价、美国高校开展的学习成果评价等最新实践,反思了国家间、高校间和高校内部开展学习成果评价的实施路径、主要问题和改进举措,为我国大学生学习成果评价的开展提供有益的参考和借鉴。从国内外评价实践来看,以高阶能力为对象的学习成果评价是重要且可行的。批判性思维、创新能力、问题解决能力、终身学习能力等用人单位最为看重的高阶技能,目前并未受到高校的重视,因此本文着重提炼并阐释了高阶技能的定义和内涵、评价方法和工具、评价结果和影响机制。在国内实证研究的章节中,阐述了由感知和发现问题、批判性思维、解决复杂问题、书面写作、沟通交流、组织合作等组成的创新能力结构体系、培养及提升路径。

大学生学习成果评价的实证研究。本部分由若干实证研究组成,展现了不同学习成果评价方法如何运用于质量评价,也直观呈现了当前我国大学生学习成果质量。一是用层次分析法构建大学生学习成果评价结构模型,收集了940

所本科高校的各类学习成果评价信息,提取了705位专家和526家企事业用人单位对相关学生学习成果的评价结论,得出目前我国本科生整体学习成果质量为"良"。二是以教育部组织的本科教学评估、工程、财经等专业认证及结果为基础,构建大学生学习成果评价模型,对我国大学生学习成果表现情况进行计算并分析结果。三是对51所高校本科课堂表现记录进行文本分析和词频分析,基于309人次评估专家对各高校不同专业课程的听课记录,对当前大学课堂存在的主要问题进行编码,提出了课程设计、教学内容、教学方式、教学手段等八个方面的主要问题,并通过词频分析了每类问题的严重程度。四是以大学影响力模型为依据,设计大学生学习情况问卷调查,以某高校本科生学习结果为研究对象,从教育投入、教育过程和教育结果三个维度设计学习情况问卷并开展调查,根据回收的1829条有效样本采用因子分析和相关分析模型分析学习结果的影响因素,深入分析当前大学生学习成果影响因素以及提升路径。

　　构建基于学习成果的大学质量评价体系。从国际趋势来看,开展学生学习成果评价已经成为高校质量评价和保障改革的主要方向之一,如何建立统一的、通用的学习成果评价标准,构建科学的、客观的学习成果评价指标体系是各国仍在探索和实践的关键问题。本部分结合对国内外大学生学习成果评价相关理论基础和实践经验的研究,采取结构性访谈法对国内外高等教育质量保障机构行政管理人员、高校质量管理部门或教务部门行政人员、高等教育质量保障领域研究人员等36人进行深度访谈。访谈内容包括对大学生学习成果的理解和定义,对大学生学习成果评价现状的认识,对大学生学习成果评价方法和标准原则的想法和建议等。根据访谈结果,结合我国现有做法和实际情况,将学习成果分解为知识技能、能力素养和道德品质3类,确定了10项可以有效评价的学习成果,组成了学习成果内涵和标准体系,作为构建大学生学习成果评价体系的基础。在系统理论的指导下,提出重塑大学评价质量价值观,坚持以学生为中心、结果为导向、持续改进为宗旨,从内、外部两个方面对开展我国大学生学习成果评价实践的思路原则、标准指标、方法措施和实现路径等问题提出设想和建议。

目 录

第一章 学习成果 ……………………………………………………… (1)
　第一节 什么是学习成果 …………………………………………… (1)
　　一、学习成果的定义 ………………………………………………… (1)
　　二、学习成果相近概念 ……………………………………………… (6)
　　三、学习成果的类别 ………………………………………………… (9)
　　四、学习成果的特征和作用 ……………………………………… (17)
　第二节 如何描述学习成果 ………………………………………… (19)
　　一、学习成果描述原则 ……………………………………………… (19)
　　二、学习成果核心动词 ……………………………………………… (20)
　　三、学习成果设计 …………………………………………………… (22)
　第三节 学习成果、教学和评价 …………………………………… (23)
　　一、教师和学生看待评价的视角 ………………………………… (23)
　　二、教育目标和学习成果的对应矩阵 …………………………… (24)
　　三、学习成果、教学和评价的建构性一致 ……………………… (26)

第二章 学习成果评价 ……………………………………………… (30)
　第一节 学习成果评价的内涵与实现 …………………………… (30)
　　一、学习成果评价的目的 ………………………………………… (31)
　　二、学习成果评价的原则 ………………………………………… (33)
　　三、学习成果评价的方法 ………………………………………… (35)
　　四、学习成果评价的组织和实施 ………………………………… (44)
　第二节 学习成果评价的成效：以 IQA 项目为例 ……………… (47)
　　一、访谈和学习成果评价成效问卷设计 ………………………… (48)
　　二、问卷调查和学习成果评价成效分析 ………………………… (49)
　　三、如何发挥好学习成果评价的作用 …………………………… (55)

第三章 大学生学习成果评价的国际经验 ……………………… (58)
　第一节 OECD 大学生学习成果评价 …………………………… (59)

一、缘起：政府和大学的博弈 …………………………………… (59)
　　　二、开发：大学生学习成果的校际评价 ………………………… (60)
　　　三、实践：鼓励参与和全方位反馈 ……………………………… (63)
　　　四、案例：澳大利亚 AHELO 的组织、实施和结果 …………… (64)
　　　五、启示与困境 …………………………………………………… (68)
　　第二节　美国大学生学习成果评价 ………………………………… (71)
　　　一、评价内容和方法 ……………………………………………… (72)
　　　二、代表性工具 …………………………………………………… (76)
　　　三、组织架构 ……………………………………………………… (79)
　　　四、分层评价与协同改进：阿尔维诺学院案例研究 …………… (82)
　　第三节　加拿大大学生学习成果评价 …………………………… (102)
　　　一、高校学生学习成果评价：理念和实现路径 ………………… (102)
　　　二、大学生可迁移技能评价：方法和影响机制 ………………… (113)

第四章　我国大学生学习成果评价的实证研究 ……………………… (125)
　　第一节　本科生学习成果评价模型和质量分析 ………………… (125)
　　　一、本科生学习成果的评价方法 ………………………………… (126)
　　　二、本科生学习成果评价模型和质量表现 ……………………… (126)
　　第二节　本科专业学生学习成果评价和表现分析 ……………… (132)
　　　一、普通高校本科专业认证标准 ………………………………… (132)
　　　二、普通高校本科专业认证程序 ………………………………… (135)
　　　三、普通高校专业学生学习成果类别和评价方法 ……………… (135)
　　　四、试点高校专业学生学习成果表现 …………………………… (139)
　　第三节　工程教育专业学生学习成果评价和表现分析 ………… (142)
　　　一、工程教育专业认证标准 ……………………………………… (142)
　　　二、工程教育专业认证程序 ……………………………………… (145)
　　　三、工程教育专业学生学习成果类别和评价方法 ……………… (147)
　　　四、工程教育专业学生学习成果表现 …………………………… (152)
　　第四节　大学课堂学习成果表现和问题分析 …………………… (157)
　　　一、以教师为中心：当前课堂的主流模式 ……………………… (158)
　　　二、从教到学：一场范式的革命 ………………………………… (161)
　　　三、以学生为中心的课堂：愿景和路径 ………………………… (163)
　　第五节　大学生学习成果问卷调查和影响因素 ………………… (166)
　　　一、学习情况问卷调查 …………………………………………… (167)

二、学习成果影响因素分析 …………………………………… (168)
　　三、学习成果与影响因素的相互作用关系 …………………… (173)
第五章　构建基于学习成果的大学质量评价体系 ………………… (175)
　第一节　重塑大学质量评价的价值观 …………………………… (176)
　　一、以学生为中心 ……………………………………………… (178)
　　二、以结果为导向 ……………………………………………… (181)
　　三、以持续改进为宗旨 ………………………………………… (186)
　第二节　基于学习成果的大学质量外部评价战略 ……………… (191)
　　一、落实立德树人，推动评价赋能育人全过程 ……………… (193)
　　二、回归本科教育，关注学生高阶技能的培养 ……………… (196)
　　三、重塑能力框架，明确大学生核心学习成果及其标准 …… (199)
　　四、加强多方参与，构建多主体协同评价机制 ……………… (202)
　第三节　赋能育人的大学内部评价和质量保障战略 …………… (205)
　　一、评价指标与人才培养目标一致 …………………………… (206)
　　二、评价活动嵌入大学学习全过程 …………………………… (208)
　　三、评价组织和大学育人主体协作 …………………………… (211)
　　四、评价结果指向育人要素改进 ……………………………… (214)
　　五、强化大学教师的评价素养 ………………………………… (216)
　　六、加强学习成果评价文化建设 ……………………………… (218)

参考文献 ……………………………………………………………… (221)
附　录 ………………………………………………………………… (240)
　附录一　杭州师范大学本科生学习情况调查 …………………… (240)
　附录二　普通高等学校本科教育教学审核评估实施方案(2021—2025 年)
　　　　　 ………………………………………………………… (244)
后　记 ………………………………………………………………… (261)

第一章　学习成果

第一节　什么是学习成果

一、学习成果的定义

（一）中文词源分析

《国语辞典》说，学，谓效法，受教也；学习，外界之刺激与内界之反应在神经中枢中组成感应结之历程，感应结是指感觉神经元与筋肉神经元之结合而言，维感应结初造成时，不甚强固，必须反复练习，始能使神经通路顺遂而无阻，故称学习[1]。成，一指成就，二指完、整[2]。果，植物所结之实，事之结局[3]。成果犹言结果，谓植物成实，事物之归宿[4]。《新华汉语词典》将学习解释为从阅读、听讲、研究、实践中获得知识或技能的一种状态或技能[5]，成果指学习、工作或事业的收获。将学习成果作为专门学术词汇的国内研究大都始于2010年，经过十多年的发展，其定义逐步明确。从内容上看，学习成果包括知识、技能（能力）和态度等方面，如孙超将学习结果定义为学生在大学里的收获和教育活动中的参与情况，侧重关注学生在知识、技能、态度上发生的变化[6]。马彦利等人认为学习结果是学生在参与某些大学学习过程之后获得的某种技能、知识以及能力的程度[7]。钟周等人提出本科生学习成果包括：知识收获（广泛涉猎各个知识领

---

[1] 中国大辞典编纂处.国语辞典[M].北京:商务印书馆国际有限公司,2011:693-694.
[2] 中国大辞典编纂处.国语辞典[M].北京:商务印书馆国际有限公司,2011:818-819.
[3] 中国大辞典编纂处.国语辞典[M].北京:商务印书馆国际有限公司,2011:369.
[4] 中国大辞典编纂处.国语辞典[M].北京:商务印书馆国际有限公司,2011:495.
[5] 《新华汉语词典》编委会.新华汉语词典[M].北京:商务印书馆国际有限公司,2004:1083.
[6] 孙超.对美国大学生学习产出研究的反思[J].高教发展与评估,2009,25(6):81-84.
[7] 马彦利,胡寿平,崔立敏.当今美国高等教育质量评估的焦点:学生学习成果评估[J].复旦教育论坛,2012(4):78-84.

域、深厚的专业知识与技能);能力收获(良好的口头表达能力、良好的书面表达能力、组织领导能力、熟练运用信息技术的能力、批判性思维、与他人有效合作、解决现实中的复杂问题、自主学习、数字和统计信息的分析能力);价值观收获(认识自我,确立、明晰个人人生观、价值观,明确自己未来的发展规划,理解不同群体的文化和价值)[1]。从类型上看,有学者将学习成果分为认知和非认知两类,如贾莉莉提出尽管不同的高等教育认证组织机构对学生的学习结果具有不同的描述和规定,但是其关于学生学习结果的类型却存在一定的共性特征,主要有认知结果和非认知结果两种。其中,认知类学习结果包括一般和专业领域知识、一般和专业技能;非认知类学习结果包括学生的情感、态度、价值观、道德理性等个人综合素养[2]。而黄海涛将学生的学习结果分为宏观与微观两类:宏观的学习结果是指学生在学习期间所获得的各方面经验,以及学生对职业生涯的考虑;微观学习结果是在特定大学学习活动期间,学生获得各方面的情况[3]。从价值上看,学生的学习成果对大学和高等教育发展有重要意义。蔡国春从院校研究的视域指出,学生的学习成果是评价一所院校绩效表现的一个重要指标[4]。彭江认为学习成果是高等教育系统各要素的黏合剂,对于学生来说,预期的学习成果为学生勾画了一幅清晰的学习地图,促进其有效学习;对于教师来说,学习成果可以帮助他们选择合适的教学模式和评估方法,帮助其改进教学;对于学校来说,学习成果可以帮助学校确立内部质量标准,提升学校竞争力,帮助学校展示教育成果、表明学校履责情况[5]。

(二)外文词源分析

在英语词典和英汉词典中,outcome 被解释为行动或事件的结果或影响(the result or the effect of an action or an event),指结局、效果[6];结果、结局、后果[7];结果、成果[8]。美国国家高等教育管理中心对主要成果类型的定义如表1-1所示。

---

[1] 钟周,郭琳珂,张莞昀,等.内地高校港澳台本科生学习性投入情况与学习结果研究——以清华大学 2014 年在校生群体为例[J].高教探索,2016(1):82-88,94.
[2] 贾莉莉."学生学习结果评价":美国高校教学质量评估的有效范式[J].高教探索,2015(10):63-67,97.
[3] 黄海涛.美国高等教育中的"学生学习成果评估":内涵与特征[J].高等教育研究,2010(7):97-104.
[4] 蔡国春.美国院校研究的性质与功能及其借鉴[D].南京:南京师范大学,2004.
[5] 彭江.高等教育"学生学习成果"范式探析[J].重庆高教研究,2016(1):88-95.
[6] 沃特斯,布尔.牛津中阶英汉双解词典[M].5版.北京:商务印书馆,2016:960.
[7] 英国柯林斯出版公司.柯林斯 COBUILD 高阶英汉双解学习词典[M].柯克尔,等译.北京:外语教学与研究出版社,2011:1856.
[8] 外研社学术与辞书出版分社.外研社精编英汉汉英词典[M].北京:外语教学与研究出版社,2010:513.

表 1-1　主要成果类型和定义①

类型	定义
经济成果	个人、团体、组织和社会的经济特性和条件的维持或改变
个性成果	个人、集体、组织和团体的人类天性和个性特点的维持或改变
知识、技术和文科成果	个人、集体、组织和团体在知识学问、技术或文科成果、工作掌握情况方面的维持或改变
资源和服务供给的成果	个人、集体、组织和团体在提供直接资源和服务上维持或改变
其他成果	一个组织或团体在形式上、安排上、行为上或管理运营上的维持或改变

国外学生学习成果的概念源于著名教育心理学家罗伯特·加涅（R. M. Gagne）1972年提出的学习理论,他将学习的结果分为智慧技能（指个体学会使用符号与外界环境保持接触的能力,包括信号学习、刺激反应学习、连锁学习、言语连锁学习、辨别学习、概念学习、原理学习、问题解决八种形式）、认知策略（指处理内部世界的能力,负责调控个体自身的认知过程,表现为学习迁移）、言语信息（以单个命题和命题网络的形式储存）、动作技能（一是一套操作规则,二是肌肉协调能力）和态度（使个体事先倾向于一定行动选择的心理状态）五个方面②。1979年,Eisner在《教育的想象力》一书中将学习结果界定为以某种形式参与教学活动而获得的结果③,被认为首次定义了学习成果。此后,国外学者对此概念开展了更加广泛和深入的探讨,主要观点包括以下几个方面：一是学习成果是提前设定的,其获得的前提是特定时间段的学习,如Ewell认为学习成果是由专业教师或者学校统一设定的,对学生在不同学习阶段所知道的和所能做到的正式陈述④。Jenkins等人提出学习成果是关于学生通过相应学习活动获得的预期能力的陈述⑤。学习成果是学习者在完成学习过程后预期能够知道、理解和展示的事物的陈述⑥。二是学习成果的内容由知识和理解力（认知）、实际技能（技能）、态度和价值观（情感）等几个部分构成。如美国非营利性教育组

---

①博格.高等教育中的质量与问责[M].毛亚庆,等译.北京:北京师范大学出版社,2008:133-134.
②丁莹.加涅的学习结果分类概述[J].科教导刊（电子版）,2014(31):33.
③Eisner E W. The educational imagination[M]. New York:Macmillan,1979:103.
④Ewell P T. Assessing educational outcomes:New directions for institutional research[M]. San Francisco:Jossey-Bass,1985:47.
⑤Jenkins A, Unwin D. How to write learning outcomes[EB/OL].（2015-12-31）[2019-12-01]. http://www.ncgia.ucsb.edu/education/curricula/giscc/units/format/outcomes.html.
⑥Library W P. Directorate-generalfor education and culture[EB/OL].（2005-05-08）[2019-12-01]. http://ec.europa.eu/education/programmes/socrates/ects/doc/guide_en.pdf.

织美国法律图书馆协会(American Association of Law Libraries)认为学习成果通常表达为知识、技巧和态度[1]。博洛尼亚进程定义的学习成果是从学生的角度描述其完成学业后,在知识、技能、能力与态度等方面的综合表现[2]。美国学者 Astin 将高等教育的学习成果划分为两种类型:情感类和认知类[3],并将其分别与心理和行为的数据类型相对应和联系,认为不同类型的成果心理会影响行为的选择和成就,如表 1-2 所示。Adam 将学习成果定义为"个人于成功完成高等教育后所获得的知识、技能、能力、态度和理解等的混合物,不同的学习成果能为学生提供清晰的成就目标,让学生提高资历并获得进步的经历"[4]。三是学习成果涵盖不同层面,有一堂课的学习成果、教学单元的学习成果、课程的学习成果、专业或专门研究项目的学习成果以及学校的学习成果等不同层级。如 Fulks 认为,学生学习成果是学生完成一门课程或一个专业学习后能够做些什么,也是(教师)期望学生经过学习后应该取得的具体的、可测量的目标和结果[5]。Taylor 将学生学习成果做了广义和狭义区分。广义的成果着眼于学生整体或学生群体的行为表现,诸如就业情况、考研情况、职业变动以及薪酬水平等;而狭义的成果是学生参与大学学习,如学习一门课程、通过专业系统性训练、获得学士学位后获得的某类知识、技能和能力[6]。英国学者 Hussey 等人通过文献分析将学习成果分解为三个层次:课堂教学学习成果、模块或者短期课程学习成果和学位专业学习成果[7]。澳大利亚学者 Biggs 提出 SOLO 理论[8],从五个方面定义了可观察到的学习成果结构水平:前结构水平、单一结构水平、多元结构水平、关联结构水平和拓展抽象结构水平,这五个结构水平按一定的层级

---

[1] American Association of Law Libraries. Writing learning outcomes[EB/OL]. (2014-12-31)[2021-12-01]. http://www.aallnet.org/prodev/outcomes.asp.

[2] Gonzalez J,Wagenaar R. Universities' contribution to the Bologna process:An introduction[M]. 2nd ed. Spain:Publications de la Universidad Deusto,2008.

[3] Astin A W. Assessment for excellence:The philosophy and practice of assessment and evaluation in higher education[M]. Phoenix,AZ:Oryx,1993.

[4] Adam S. Using learning outcomes:Outlook of the nature, role, application perspectives[M]. New York:Holt,Rinehart,and Winston,2019:79.

[5] Fulks A. Assessing student learning in higher education[EB/OL]. (2017-01-09)[2021-12-01]. http://online.Bakersfieldcollege.edu/courseassessment/Section2-backgrourd/Section2-2what assessmet.htm.

[6] Taylor F M. Argue about student learning outcomes[J]. Cambridge Education Review,2000(9):83.

[7] Hussey T,Smith P. Learning outcomes:A conceptual analysis[J]. Teaching in Higher Education, 2008(1):107-115.

[8] Biggs J. Enhancing teaching through constructive alignment[J]. Higher Education,1996(32):347-364.

逐步提升,从而构成一个连续发展的整体。申天恩等人认为学习成果拓展外延在层级上表现为服务高校、学院、专业、课程和学生等五个层面,并依上述组织架构层层向下设计。高校与学院层面属于宏观概括性学习成果,校内学科专业层面属于中观特色性学习成果,课程层面属于微观末梢性学习成果,每一节课、每个教案、每份作业以及每次测验和评量,皆有个别课程学习成果相对应[①]。四是可迁移、软性、能力类等通识教育的学习成果备受关注。如 Shavelson 把"学生学习成果"内涵界定为学生在学完一门课程、一个专业之后所了解的知识、形成的思维及所做的事情,除标准化测验能测验出的能力外,还包括某一具体学科和专业领域内理解、认识、理性思考能力及人际、公民、社会及跨文化的知识和行动等"软性"学习成果[②],他认为本科生认知学习成果包括四层,具体是智力(intelligence)、一般推理能力(general reasoning ability),在人文、社会、科学的诸领域和社会责任承担上体现出来的宽泛能力(bread abilities),以及某一专门领域的知识理解和推理能力(knowledge understanding and reasoning ability)。其中,宽泛能力包括推理能力、批判思维能力、问题解决能力、决策能力和交流能力等,尤其重要[③]。

表 1-2　学习成果按成果类型和数据类型的分类情况[④]

数据类型	成果类型	
	情感	认知
心理	态度和价值观 教育和职业目标 满意度 个人和社会成长	基本技能 通识教育和批判性思维技能 专业知识 智力成长和学业成绩
行为	专业的选择 职业的选择 学生会领导角色 社区领导角色	教育成就 职业成就

通过以上分析,本研究将大学生学习成果定义为接受了高等教育的学生掌握的知识和能力,以及高等教育对学生态度、价值观念等方面的影响;主要包括

---

① 申天恩,张思量.成果导向教育理念中的学生学习成果表达与评量[J].黑龙江高教研究,2021(8):31-37.

② Shavelson R J. A brief history of student learning assessment: How we got where we are and a proposal for where to go next[M]. Washington DC: Association of American College and University,2007.

③ Shavelson R J. A brief history of student learning assessment: How we got where we are and a proposal for where to go next[J]. Change, 2007,39(1):26-33.

④ 马彦利,胡寿平,崔立敏.当今美国高等教育质量评估的焦点:学习成果评估[J].复旦教育论坛,2012(4):78-84.

三个要素,一是需要经历一定阶段的大学学习,二是主体为学生,三是成果的具体内容包括学生的知识、技能和态度。因此,学习成果关注学习者的收获而不是教师的意图;学习成果关注学习者在学习活动结束时的表现。同时,学习成果是一个多层次的立体概念,在高等教育语境中,包括学校、学科、专业、课程等层级,不同层级的学习成果有不同的重点和表达方式。

二、学习成果相近概念

(一)学习成果与学习成绩、成就、结果、成效、效果

《新华汉语词典》说成果一词与成绩、成就、成效和效果等词义比较相近,成绩指工作或事业的收获,成就指事业上的成绩,成效指功效、效果[①]。《辞海》中成果指收获到的果实,常用于指工作或事业方面的成就;成绩指成功的业绩;成就常指事业的成绩;成效是功效[②]。对结果来说,产生另一现象的现象是原因,由原因引起的另一现象是结果,原因和结果互相联系,互相转化和交互作用。原因产生结果,结果在一定条件下又转化为原因。同一现象在一种关系上是原因,在另一种关系上又是结果[③]。英文的成果 outcome 与 consequence, result, effect 相近,均含"结果"之意。consequence 多指随某一事件引起的必然或自然的不良结果,不强调直接的因果关系,而侧重事件发展的逻辑关系。result 是普通用词,含义广泛,侧重某种原因所产生的最终结果,而不是眼前的结果。effect 指因某种原因直接产生的结果,着重持续稳定与其影响。outcome 多指事物经过一系列发展变化所导致的最终结局,而不是某种原因的直接结果,常可与 result 通用[④]。

因此,学习成果与学习结果一词在意义上具有一致性和相似性,但并不完全相同,学习结果更注重因果关系,是学习产生的直接结果;而学习成果不强调直接的因果关系,注重学习引发的变化和结局。学习成果不同于学习效果,心理学所指的学习效果是由于学习所导致的个性心理与行为上的变化结果。个体的学习效果受多种因素影响,相同智力条件下,学习动机强的个体要比学习动机弱的个体学习效果显著,因此相比较来说,学习效果更偏重主观感受,是一个短期的、即时的概念。此外,学生的知识基础、智力水平、学习技能、身体素质等也会直接或间接地影响学习效果[⑤]。而学习成绩和学业成就通常应用于基础

[①]《新华汉语词典》编委会.新华汉语词典[M].北京:商务印书馆国际有限公司,2004:127-128.
[②] 辞海编辑委员会.辞海(上)[M].上海:上海辞书出版社,1979:3786.
[③] 辞海编辑委员会.辞海(缩印本)[M].上海:上海辞书出版社,1979:158.
[④] Outcome[EB/OL].(2016-11-30)[2023-03-01]. http://dict.kekenet.com/en/outcome.
[⑤] 大辞海编辑委员会.大辞海·心理学卷[M].上海:上海辞书出版社,2013:585.

教育领域,学习成果的内涵和外延都要大得多。

(二)学习成果和学习目的、学习目标、教学目标

学习目的(aim)是对教学意图的一般性广泛陈述,表明教师在某一学习课程中希望覆盖的内容。学习目的通常是从教师的角度出发表明课程的总体内容和方向。例如,某一课程的学习目的可能是让学生了解原子结构的基本原理或简要介绍爱尔兰20世纪的历史。学习目标(objective,goal)通常是对教学意图的具体陈述,是教师在某一学习课程中计划覆盖的具体内容之一。例如,某一课程的目标可能是使学生理解某种行为和生活方式对当地和全球环境的影响和作用。因此,学习目的是指这一课程的整体用途或一般性教学意图,而学习目标则针对课程教学想要达成的效果提供更加具体的信息。某些情况下目标是从教学意图的角度表述,某些情况下则从预期学习的角度。对于目标这一概念的阐述方法是以教师为中心还是以成果为基础这一问题,目前的文献尚不明确。Moon对此进行了总结,他认为目标这一术语基本上使情形更加复杂,因为目标既可以从教学意图的角度、也可以从学习预期的角度进行表述,这也就意味着有些描述是关于课程中的教学而有些则是关于学习,对于目标的表述形式缺乏一致性,使得这一术语的使用非常复杂,从而证明了在课程或专业描述中放弃使用"目标"这一术语的合理性[①]。

从事课程和专业人才培养目的和目标制定的大多数老师都遇到过上述问题。学习成果的一大优势在于,它清晰地描述了学习者的预期成就并展示了该成就的预期方式。因此,同学习目标相比,学习成果更加准确、更易形成,并且清晰度更高。从某种程度上说,学习成果可以被视作一个主张课程和专业在高校和国家层面都更加透明化、并得到普遍认可的概念。表1-3为学习目的和学习成果描述时可能使用到的动词,从中可以判断这两者的主要差异。

表1-3 学习目的和学习成果描述动词举例[②]

学习目的	学习成果
知道	区分
理解	选择
确定	集合
认识到	调整
掌握	识别
熟悉	解决,应用,列举

---

①Moon J. The module and programme development handbook[M]. London:Kogan Page Limited,2002.

②Fry H, Ketteridge S, Marshall S. A handbook for teaching and learning in higher education[M]. London:Kogan Page,2000:51.

Harden 分析了传统教学目标与学习成果之间的五个显著差异:一是说明的详细程度不同。传统教学目标数量多且详细,使用是困难和费时的;而学习成果可以在较少数量下描述,能为教学计划设计、教学、学习和评估提供一个直观、容易使用和透明的框架。二是重点层次不同。传统教育一般在课程层面强调教学目标,目标琐细且呈碎片化,不同教师之间很难达成共识。学习成果采用自上而下设计方法,依次在教学计划、课程甚至单元层面上逐渐细化说明,最上层是宽泛概述,强调学习的关键领域,以便不同教师之间达成共识。三是目标分类和相互间关系不同。传统教学目标一般由知识、技能和态度等集合而成,忽略了实践的复杂性和它们之间的联系。学习成果承认知识、技能和态度在实践中的融合,以及它们与知识间的内在关系,鼓励理论应用于实践并采用综合方法开展与学科相关的教育工作,反映的是毕业生预期行为。四是测量结果不同。传统教育将目标看成意愿,教学中可能因目标不切实际而被忽略,成果为导向的学习则要保证成果的实现。五是成果所有权不同。传统教学目标所有权由教学计划开发者拥有,教师常常将其看作是对自己有威胁的东西,难以认同。学习成果开发和使用权属于教师和学生,因而能吸引并得到教师认同,它更多体现学生中心的方法,学生对自己学习更加负责[①]。

(三)学习成果和能力、素养

在有些文献中,对学习成果的研究会使用能力(competence)一词。实际上,很难找到对能力一词的准确定义。2000 年启动的欧洲教育结构调整项目使用能力一词表示知识及其应用、技能、责任和态度等特质的结合,并试图描述一个人能够表现这些特质的程度。对能力的定义不够明晰且缺乏一致性,在《欧洲学分转换和积累使用指南》(2005)中较为明显,该指南将能力描述为"特质、能力和态度的动态结合",指出能力可以被分为学科专业相关能力(和学习领域相关的具体能力)和一般性能力(所有学历课程的共有能力)[②],培养这些能力是教育的目标。能力在不同的课程单元中形成,并在不同的阶段得到评价[③]。从学习成果概念的范畴看,广义的学习成果表现为所有经由学校提供的教学或者其他学习经历后获得的新知识、技能以及在行为、态度、价值观等方面的改变;

---

① Harden R M. Learning outcomes and instructional objectives: Is there a difference? [J]. Medical Teacher,2002,24(2):151-155.

② Tuning Educational Structures in Europe. Competences[EB/OL]. (2016-05-09)[2019-12-01]. http://www.unideusto.org/tuningeu/competences.html.

③ 谌晓芹.博洛尼亚进程之基本构件——学习成果及其意义[J].江苏高教,2012(1):82-84.

而狭义的学习结果指向能力。我国台湾地区学者基于词汇学语义认为competence指学生个体在应用专业知识和技能时,应当具备的一般能力与态度,是学生有效地应用知识、技能的综合表现,常被译为能力或素养。从词源学角度看,"素养"指向能力表现的内在基础涵养,抽象地揭示了能力内涵属性,"能力"则是揭示具备基础素养而呈现的外在表现。而"能力"的外在表现包含知识、技能、情意,是个体在情境中表现出的有效行为、实现预期目标或顺利解决问题的具体行动[①]。鉴于以上研究文献,本研究认为在描述学生完成课程或专业学习时预期知道、理解和展示的事物时,使用"学习成果"比"能力"更加适当和准确。

三、学习成果的类别

学习成果是一种可以使学习更加具体化的思维方式和模式。作为学习的重要组成部分,学习成果的描述是这种思维方式的外显层面,清晰明确的学习成果可以影响学生学习表现。对学习成果类别的分析是改变传统模糊、缺乏严谨的教育教学思维方式,制定更加清晰明确的成果描述的先决条件。本部分以布鲁姆(B. Bloom)学习行为分类学为基础,将学生学习成果分为认知、技能和情感三种类型,并对每一类型进行进一步的分析和具体化。

在教育过程中,教育目标和预期结果往往存在着对应关系,本杰明·布鲁姆关于教育目标分类的研究与传统教育目标的阐述不同,该分类比以往教育目标更加具体,而非广泛陈述。用于描述的词语都是行为动词,不同学习阶段都有不同的词汇,涉及的是学生在学习活动结束时能够做的事情。由于它提供了便于直接使用的结构和动词表,布鲁姆的分类法常用于学习成果描述,并作为学习成果分类的出发点,借助教育目标分类学研究学习成果分类问题。布鲁姆曾就读于美国的宾夕法尼亚州立大学,获得该校学士和硕士学位。他在芝加哥大学同拉尔夫·泰勒(R. W. Tyler)共事,并在1942年获得教育学博士学位。布鲁姆是位颇具天分的教师,他研究了学生在学习过程中的行为。他认为老师设计的课程和任务应该帮助学生达到所阐明的目标。布鲁姆将教育目标划分为三类——认知类、情感类和动作技能类。他认为每一类目标都由不同级别构成。如认知类目标由六个连续的不同级别构成——识记、领会、应用、分析、综合和评价;情感类目标由五个连续的不同级别构成——接受、反应、评价、组织、内化。他对认知类教育目标的研究最精深,其著作《教育目标分类学第一分册:

[①] 申天恩,张思量.成果导向教育理念中的学生学习成果表达与评量[J].黑龙江高教研究,2021(8):31-37.

认知领域》[①]已被世界各国广泛用于课程制定和师生评价中。该分类法提供了在原有学习的基础上培养更高理解等级的框架,包括从最简单的事实记忆再到分析和评价过程。布鲁姆教育目标分类法不仅仅是一种分类,他还试图通过这种方式将不同的行为过程进行划分和联结。因为在这些等级中,每个级别都取决于学生在较低一级或几级中的表现。例如,学生要想应用知识(第 3 阶段),他既需要有相关知识(第 1 阶段),又要能够理解这些知识(第 2 阶段)。在教学方面,布鲁姆始终倡导在对学生进行教学和评价时,牢记学习是一个过程,老师应该努力使学生的思维过程从低级别的识记和领会向高级别的综合和评价过渡。这与学习成果的结构化和层次化完全契合,本研究以教育目标分类为基础,将学习成果做如下分类。

(一)认知类学习成果

认知类学习成果由六个连续不同级别的学习成果构成,如图 1-1 所示。

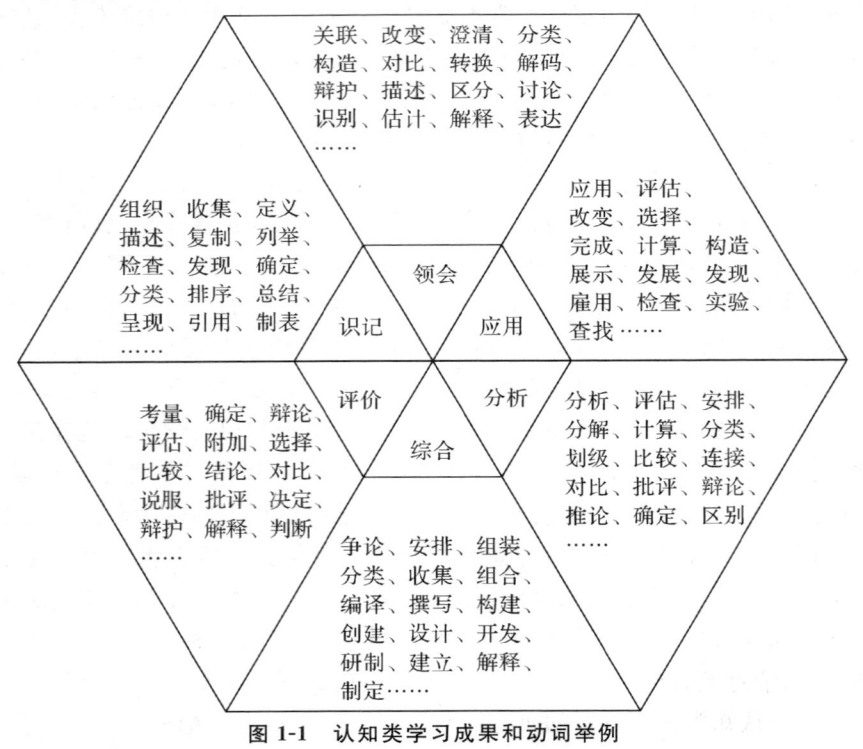

图 1-1 认知类学习成果和动词举例

---

①Bloom B S,Engelhart M D,Furst E J. Taxonomy of educational objectives. Volume I:The cognitive domain[M]. New York:McKay,1956.

第一章 学习成果

1. 识记

识记是回忆或记得某些事实却不一定理解这些事实的能力。用于描述识记的行为动词包括:组织、收集、定义、描述、复制、列举、检查、发现、确定、分类、排序、总结、呈现、引用、制表等。

不同学科课程中体现出识记的学习成果表述举例如下:

(1)记起基因学术语:纯合子的、异型接合的、表现型、基因型、同源染色体等。

(2)发现并思考科学调研的道德影响。

(3)描述法律改变的形式和原因,以及这些变化对社会的影响。

(4)列举在照料肺结核病人时需要考虑的步骤。

(5)定义什么样的行为构成律师与客户关系中的不专业行为。

(6)描述工程领域为客户准备设计摘要时使用的程序。

2. 领会

领会是理解并解读已知信息的能力。用于描述领会的行为动词包括:关联、改变、澄清、分类、构造、对比、转换、解码、辩护、描述、区分、讨论、估计、解释、表达、扩展、概括、识别、说明、指示等。

不同学科课程中可以体现领会的学习成果表述举例如下:

(1)区别民法和刑法。

(2)发掘电子商务发展过程中的参与者和目标。

(3)说明出现减数分裂和有丝分裂的基因型细胞。

(4)阐释第一次世界大战对战后世界经济和政治的影响。

(5)区分放热和吸热反应。

(6)讨论限制19世纪爱尔兰教育系统发展的因素。

3. 应用

应用是在新情景中使用已知材料的能力。用于描述应用的行为动词包括:应用、评估改变、选择、完成、计算、构造、展示、发展、发现、雇用、检查、实验、查找、操纵、修改、操作、组织、实践、测试、产生、连接、计划、显示、概述、解决、转让、使用等。

不同学科课程中可以体现应用的学习成果表述举例如下:

(1)构建澳大利亚19世纪重大事件时间表。

(2)应用感染控制相关知识维护病人的护理设施。

(3)选择并使用用于分析复杂工业过程中能源使用效率的高端技术。

(4)联系能量变化分析化学键断裂和生成的关系。

(5)改善对某小型制造业公司案例分析的指导方针,从而保障更加严格的生产质量控制。

（6）展示苏格兰19世纪的刑法变化如何影响监禁等级。

（7）应用循证医学确定临床诊断。

4. 分析

分析是分解信息的能力，例如寻求因素之间的相互关系和新想法（对组织结构的理解）。用于描述分析的行为动词包括：分析、评估、安排、分解、计算、分类、划级、比较、连接、对比、批评、辩论、推论、确定、区别等。

不同学科课程中可以体现分析的学习成果表述举例如下：

（1）分析为什么社会将某些行为规定为犯罪行为。

（2）对比不同的电子商务模型。

（3）阐释能量转化过程的经济和环境影响。

（4）比较刚获得教师资格的老师与从教20年的老师在课堂上的不同。

（5）计算地图的米、千米、百分比和比率的数值梯度。

5. 综合

综合是将不同部分进行整合的能力。用于描述综合的行为动词包括：争论、安排、组装、分类、收集、组合、编译、撰写、构建、创建、设计、开发、研制、建立、解释、制定、生成、整合、发明、制作、管理、修改、组织、开创、准备、提议、重新安排、重建、重组、修改、重写、设置、总结等。

不同学科课程中可以体现综合的学习成果表述举例如下：

（1）认识到并明确表达可以通过能源管理方案解决的问题。

（2）解释如何解决复杂的能源管理问题，并以口头和书面的形式表述出来。

（3）联系焓变化与吸热和放热反应之间的关系。

（4）组织病人教育项目。

6. 评价

评价是判断某材料对于特定目的价值的能力。用于描述评价的行为动词包括：考量、确定、辩论、评估、附加、选择、比较、结论、对比、说服、批评、决定、辩护、解释、判断等。

不同学科课程中可以体现评价的学习成果表述举例如下：

（1）评估造成爱尔兰历史上重大改变的主要因素及其重要性。

（2）评价不同电子商业模式的营销策略。

（3）总结迈克尔·法拉第对电磁感应的主要贡献。

（4）预测温度变化对平衡位置的影响。

（5）评价有利于经验丰富的老师发展知识技能的关键领域。

第一章 学习成果

以上六个类别中使用的动词并不局限于某一类别。有些动词在多个类别中均被使用。例如，某一数学计算可能仅仅涉及应用某个特定的公式（第 3 阶段应用），也可能涉及应用以及分析问题（第 4 阶段分析）。在《教育目标分类学第一分册：认知领域》中，布鲁姆专门讲述了反映高阶认知过程的目标，即涉及分析、综合、评价等相关内容。之后学生高阶思维技能的发展问题一直受到西方教育界的关注，并在最近十年中越来越多地被用于课程和评估的研究之中。比如根据刘少雪等对工业界的调查研究，大学生学习成果可以从认知范畴和情感范畴将成果要素分为个人品质、技能和知识三个类别，其中，工程基础知识、经验知识是保健性的；问题解决、工程实践、逻辑思维、系统分析是转化性的；终身学习、沟通、合作、领导是催化性的；个人品质是调控性的。这些成果要素之间并非孤立的，而是存在着内在的某种联动和相互作用。在对待学生学习成果的观点上，工业界和工程教育界之间存在明显差异。工业界认为最重要的是技能（包括心智技能、终身学习技能、行动技能、社会技能），其次是个人品质（包括心理特征、个性特征和态度），最后才是知识。因此，高阶思维技能的首要性是大学学习成果研究领域的核心。[1]

Brookhart 梳理高阶思维的种种定义后认为，可以从三个角度界定高阶思维："(1)从知识迁移的角度；(2)从批判性思维角度；(3)从问题解决的角度。"[2] 基于这三个角度的界定，常被强调的高阶思维技能有：问题解决能力，知识的迁移、同化、改编的能力，预测、观察、解释能力，分析、综合、推理的能力，以及批判性思维能力和创造性思维能力等。从政府政策制定的角度上来说，规定将高阶思维技能的培养列入课程标准或教学要求并不难，难的是如何把高阶思维技能改编成某门具体学科的技能，并通过教学来训练、培养这些技能。也就是说，如果单凭政策倡导而没有教学研究机构的技术支持，这类特色课程是难以建成的。在发展高阶思维技能的课堂建设上，英美等西方国家的一般政策思路是以资金资助研究者去研发高阶思维技能的课程，然后通过政策去倡导和推动此类课程的实施。如美国研究者尝试将问题解决技能分解为教师给学生布置的任务以及这些任务所要培养或考查的内容，如表 1-4 所示。

---

[1] 刘少雪，余天佐. 工程教育的哪些学习成果更重要——基于工业界的调查研究[J]. 高等工程教育研究, 2017(3):137-143.
[2] Brookhart S. How to assess higher-order thinking skills in your classroom[M]. Alexandria: ASCD, 2010:3.

表 1-4　美国问题解决技能分解训练[①]

给学生的任务	考查学生的内容
甄别需要解决或需要回答的问题	甄别和界定问题的能力
甄别与问题解决相关和不相关的因素,并说明为什么	甄别与问题解决不相干的因素
提出两种或两种以上方法解决问题,选择最优方案并说明理由	描述和评价多种解决方案和策略
用图表来描述问题的情境	将问题模型化
解释问题难点,说明解决问题的障碍,分析解决问题所需其他条件	甄别解决问题的障碍
解决问题并阐述推导、推断过程	依据数据进行推理
解决问题并说明本解决方案适用的其他情况	类推的运用
根据问题规划目标达成策略,或者阐述如何从解决方案倒推到问题	倒推解决问题

英国研究者就如何在教学活动中培养学生高阶思维技能进行了研究,对分析、综合、评价三种高阶思维技能的教学要求、教学关键词、典型的提问方式进行了整理,如表 1-5 所示。

表 1-5　能激发高阶思维的教学分解说明[②]

思维技能	教学要求	教学关键词	典型的提问方式
分析	要求学生分解信息,能进行推断并寻找证据支持总体性的结论	分解,分等,分群,分类,简化,对照,检查,细察,推论,发现,结论	为何你认为……? 它有什么功能? 能否把这些观点分成三类? 你将怎样分类? 你能得出什么结论?
综合	要求学生依据先前的学习创造出新的信息和想法	选择,开发,设计,想象,修改,改进,建构,预测,建议,解决,创作	如果……将会发生什么? 你能否改变……? 你是否能综合……的事实? 你能否预测……的结果? 你是怎样预计……结果的?
评价	要求学生根据既定标准,对所获的信息加以判断	标准,选择,解读,赞同,辩护,判断,确定,评估,评论,推荐	你的主张是……? 如果……是否更好? 你是怎样对比……的? 你是怎样评价……的? 你为何选择了……? 你将怎样验证……?

[①] Brookhart S. How to assess higher-order thinking skills in your classroom[M]. Alexandria:ASCD,2010:98-121.

[②] DfES. Effective provision for gifted and talented students in secondary education[M]. Nottingham:DfES Publications,2007:8-9,15-18,35.

在进入21世纪的第二个十年之际,西方学习评估视野拓展趋势已愈加明显,其中比较典型的表现是一些非传统学科素养或者一些当前职场非常看重的员工素养正在渐渐被纳入评估,比如财经素养、数字素养、创业素养(指个人的创新意识、创造能力和冒险精神,主要体现在个体将思想理念转化为行动实践的能力,也包括目标规划、管理和达成的能力)[1]。这些评估的总体目标是要保证学生走上职业和创业之路所需要的态度、知识与技能[2],对高阶思维技能的研究已成为学习和认知领域研究的重要趋势,在学习成果研究理论和实践中占的比重也越来越大。

(二)情感类学习成果

虽然布鲁姆教育目标分类法中应用最广泛的是认知领域,布鲁姆及其同事对情感(或称为态度、感情、价值)类目标也进行了研究[3]。这一领域涉及学习的情感范畴,覆盖了从接受信息的基本意愿到信念、想法和态度的整合等问题。布鲁姆认为可以从五个方面呈现情感类学习成果。

接受(receiving),即接受信息的意愿。例如,个体接受学习的需求,尊重并聆听他人意见,对社会问题有一定敏感性等。

反应(responding),即个体积极参与自身的学习,表现出对相应领域的兴趣。例如,愿意进行讲演展示,参与课堂讨论,乐于帮助他人等。

评价(valuing),涵盖了从简单地接受某一价值观到理解和认可等范畴。例如,个体表现出对民主的信仰,理解科学在我们日常生活中的作用,表现出对他人福祉的关心,表现出对个体和文化差异的敏感度等。

组织(organizing),即个体整合不同的价值观、解决价值观之间的冲突并开始内化价值观的过程。例如,认识到在民主制度中平衡自由和承担责任的要求,愿意对自己的行为负责,接受职业道德标准,调整自身行为以适应价值体系等。

内化(characterisation),即个体拥有关于自身信仰、想法和态度的价值体系,以一种稳定、可预测的方式控制个体行为。例如,在独立工作中展现自立,表现出对于职业道德规范的遵守,体现良好的个人、社会和情感调整能力,保持健康的习惯等。

---

[1] European Commission. Education and training monitor 2012[R]. Luxembourg:Publishing Office of the European Union,2012:40.

[2] 冯大鸣. 西方教育管理21世纪进展研究[M]. 北京:高等教育出版社,2014:344-346.

[3] Bloom B S,Masia B B,Krathwohl D R. Taxonomy of educational objectives(volume Ⅱ):The affective domain[M]. New York:McKay,1964.

描述情感类学习成果时经常使用的行为动词包括：行动、坚持、欣赏、询问、接受、回答、协助、尝试、挑战、组合、符合、合作、维护、证明（信念）、鉴别、讨论、显示、采纳、跟随、举行、启动、整合、辩护、听、命令、组织、参与、实践、加入、共享、判断、赞美、质疑、联系、报告、解决、支持、综合、重视等。

不同学科课程中可以体现情感类学习成果表述举例如下：

(1)接受职业道德标准。

(2)理解在职业领域的客户关系中需要有保密性。

(3)重视独立工作的意愿。

(4)了解教室里所有学生并开展良好的沟通。

(5)认识到与公共部门重大改革相关的管理挑战。

(6)表现出与病人良好沟通的意愿。

(7)解决个人信念与道德要求之间的冲突。

(8)参与课堂讨论，与同学和教师共同探讨问题。

(9)承担为被照料的儿童带来福祉的责任。

(10)表现出对职业道德的遵守。

(三)技能类学习成果

技能类学习成果主要强调涉及协调大脑和肌肉活动的运动技能。从对相关文献的分析来看，与认知或情感类学习相比，这类学习行为在教育中的研究和应用似乎比较滞后，而在实验科学、健康科学、艺术、音乐、工程、戏剧和体育等领域中应用广泛。布鲁姆及其研究团队认为自己在教授这些技巧方面缺乏经验，因此并未完成动作技能领域学习行为更加细节化的研究工作。但是，后续许多研究提出了一些分类法用于描述技能和协调能力的发展，如戴夫提出的包括五个等级的分类方式[1]：

模仿(imitation)：观察另一个人的行为并进行模仿，这是学习复杂技能过程中的第一阶段。

操作(manipulation)：按照指示和技巧做出相关动作。

熟练(precision)：在这个层次，学生在履行任务的过程中只会出现少数错误，并在缺乏参照源的情况下也能做到更加精确。学习者已经获得该技能，从流畅和精确的表现中可以发现其熟练度。

贯通(articulation)：结合两个或多个技能协调一系列动作。学习者可以改

---

[1] Dave R. H. Developing and writing behavioural objectives [M]. Tucson, Arizona: Educational Innovators Press, 1970.

变模式以适应特殊需求或解决某个问题。

自然化(naturalization)：自然地展示出高水平。能够轻而易举地结合、排列和表现不同技巧。

辛普森制定了一个更详细的技能成果层次结构，由七个方面组成①：

知觉(perception)：利用观察到的线索指导身体活动。

决意(mindset)：准备好采取某个特定的行动。它包括心理、身体和情感的状态。

反应(guided response)：获取身体技能的反复试错做法。通过练习可以改进表现。

习惯(mechanism)：身体技能学习的中间阶段。习得性反应逐渐成为习惯，能带着一定程度的自信和熟稔做某些动作。

复杂的外显反应(complex overt response)：身体活动可能涉及复杂的运动模式。外显反应是自动的，表现熟练、行为准确且高度协调，精力的浪费最小化。

适应(adaptation)：在这一层次，技能已经比较完善，个人可以通过调整动作来处理问题情况或达到特别要求。

创作(origination)：技能已高度完善，在某些情况下能够进行创新。

动作技能学习成果的不同分类法实质上都是描述从简单观察到掌握身体技能的进程。描述动作技能学习成果的行为动词示例：适应、调整、管理、改变、安排、平衡、使之朝向、校正、编舞、结合、建造、复制、设计、实现、探求、展示、(通过触摸)区分、拆除、显示、解剖、推动、估计、检验、执行、修理、抓、磨碎、处理、加热、操纵、确认、衡量、修补、模拟表演、模仿、混合、操作、组织、(熟练地)表演、反应等。

四、学习成果的特征和作用

高等教育改革与发展正在显示出的一个趋势是从以教师为中心转向以学生为中心。传统高等教育关注的是教师的教学行为，而当前则更关注学生所学以及在课程和专业学习结束时学生获得的素质和能力。Harden列出的以学习

---

① Simpson E. The classification of educational objectives in the psychomotor domain：The psychomotor domain(3)[M]. Washington DC：Gryphon House,1972.

成果为导向教育的三个关键特点包括[1]：制定清晰明确、规定成文的学习成果，并在学习结束前实现；设计课程、学习策略，提供学习机会，确保实现预期学习成果；设计与学习成果相匹配的学习评价策略，证明学生实现预期学习成果。学习成果的主要特征是以学习经历和学习效果为中心、以显现度为表征、可量化。虽然有些文章对基于成果的教育颇有微词，但在教学和学习中采用学习成果方法在国际上获得了有力支持。例如，Jenkins 和 Unwin 认为学习成果帮助学生更准确地了解教师和学习期望，明确学生可以从一门特定课程中收获什么，让学生了解自己学习的进展，帮助学生更有效地学习；帮助教师更有效地设计教学，选择与预期学习成果匹配的教学策略，并设置更开放的课程活动，如讲课、研讨会、小组作业、辅导、讨论、小组报告展示或实验课等；帮助教师更准确地告诉其同事某个教学活动设计要实现的目标；帮助教师根据教学内容设计考试，确保采用适当的学生评价策略[2]。

Adam 认为学习成果在以下四个方面发挥着积极作用[3]：

在课程和专业设计方面，有助于确保课程和专业之间授课的一致性，通过清楚划分课程和专业之间的重叠部分完善课程设计。帮助课程设计者准确描述课程目的并检查课程大纲各部分的契合程度，思考学习进展如何融入其中，帮助改善课程设计和学生体验。

在学习质量保障方面，突出教学、学习和评价之间的关系，通过反思评价结果加强教学，制定更加合理的评价标准，建立更有效和多样化的评价体系。增加内部质量标准的透明度和外部质量标准的可比性，比传统质量保障标准更具可信度和效用性。可作为建立和评定标准的参考指标，发挥重要作用。

在促进学生发展方面，提供学生所选择课程和专业的明确信息，提供关于学生在完成学习后能够获得什么的全面完整的描述，让学习更有针对性和效率，还能提供与特定成果相关的学生成就和特性的明确信息供用人单位和高校参考。

在推进学生流动方面，通过学习成果评价帮助认定学生的资格和能力，促进学生的流动。提高评价标准的透明度，简化学分转换体系，提供可促进终身学习的通用模式并帮助创造多种渠道贯穿并连接不同教育系统。

---

[1] Harden R M. Developments in outcome-based education[J]. Medical Teacher, 2002, 24(2):117-120.

[2] Jenkins A, Unwin D. How to write learning outcomes[EB/OL]. (2016-06-09)[2019-12-01]. http://www.ncgia.ucsb.edu/education/curricula/giscc/units/format/outcomes.html.

[3] Adam S. An introduction to learning outcomes in EUA Bologna Handbook[M]. Berlin: Raabe, 2006.

第二节　如何描述学习成果

一、学习成果描述原则

学习成果的特点在于其直观性、准确性和清晰度。在实际课程和教学方案制定过程中,描述学习成果应遵循以下原则。

(1)学习成果应是一个完整的陈述句,而非祈使句;学习成果不是假想的成果,反映的是实际情况,因此不用将来时,也不使用虚拟语气。但是,如果学生是毕业生或者类似的身份,可以使用过去时。

(2)学习成果陈述的重点是语句的完整性以及顺序,首先用行为动词,然后是宾语,之后是可以提供语境信息的短语,关键是让学习的主体也就是学生即刻理解。

(3)动词是学习成果的核心、支点和引擎。它有助于帮助人们记住动作与相关具体事件(而非陈述),事件是学生具体行为的表现。

(4)避免模糊性用词,如知道、了解、熟悉、接触、认识、明白,这类词语与教学目标相关而不是与学习成果相关。避免抽象性动词,如"理解"和"意识",它们并不能描述任何关于学生能够理解的学习方面的事情。布鲁姆认为,"理解"是一个认知的过程,包含了描述、推断、评价以及视觉化等一系列具体过程,因此无法明确描述学生思维活动情况,不能作为一个独立学习成果术语使用。

(5)学习成果必须清晰可见、便于测量。动词驱动的学习成果,需要明确评价方式和能够指导学生的学习描述,以判断学习程度和学习任务。可测量的、反映行为指向性的,并与成就程度相关联的动词对持续有效地评价学习成果本身不但有益,还具有强制性。

(6)学习成果可以是形成性任务,也可以是总结性任务。总体来看,没有总结性任务的学习成果和没有形成性任务的学习成果都是不完整的。

(7)每个学习成果只用一个动词来描述,避免使用复杂句。如有必要,可使用多个简单句而不是一个复杂句,以确保句意清晰。

(8)确保课程学习成果与专业的整体学习成果相关。课程学习成果是用来形容个体对某事的认知以及表现出来的行为的概念,往往离不开专业背景;专业亦可通用化,如文章、现场报告以及实验报告等,可以与整体学习成果相关联。

(9)单位学习时间内应涵盖有限的学习成果。如果学习成果涵盖面十分宽泛,可能很难有效评估;如果涵盖面太过狭窄,学习成果清单可能会过于冗长精细。应考虑实现成果的时间段,应逐步掌握、循序渐进,不能出现好高骛远的危险倾向。

(10)对于大学一年级以上的学生,尽量避免在清单上过多使用布鲁姆教育目标分类法中较低等级的学习成果(如识记和领会),尝试使用一些高阶思维类学习成果要求(如应用、分析、综合和评价),激励学生学以致用。

(11)学习成果的描述有其自身的学科规律。例如,实验科学专业学生学习成果可以用观察、测量、分类、检验假说、修订、修正、收集、整合、设计、选择、评估、记录和解释描述。而理论科学类的学习成果往往使用证明、建模、制定、提取、转换、推算、推断、计算这类动词。学习音乐、舞蹈、戏剧的学生,其特点是需要以各分项体现整体的效果,可以用协调、咨询、交流、调整关系、音律、音调、角色转换等体现团队工作和整体性。

(12)作为对学习成果相关背景的辅助性描述,每一个学科都应该提供一个专业概况,也就是回答有关"我们是谁?我们学习什么?我们能做些什么?"的问题。专业概况与学习成果相对应,对学习成果的描述越具体,学生也就越有可能清晰地了解专业对其培养的期望,也就更能明确自己的学习任务。

(13)学习成果中的形容词、副词以及副词短语等修饰语,应该是老师或者教学指导委员会制定的参考标准,它们并非表现的好坏程度,而应反映一个确定的边界。比如"合理的、合适的,创造性地、有效地、完全地、恰当地,系统的、广泛的"都没有严格的规定性,都不适合使用。

(14)教师撰写学习成果时,应从每天布置的作业开始考虑,也就是逆向进行。真实的学习成果不会依赖于部分课程、学分以及课程内容,更不会依赖于学习机会或者成绩。

二、学习成果核心动词

Adelman 根据大学生学习活动的内容和类别提供了 17 组操作性动词[1],旨在准确地反映学生在教师引导下所参与学习活动的表现,是描述学生学习成果的核心要素,可以作为撰写学习成果的指南和参考。

(1)用来描述学生获得和准备工具、材料、各类文章(包括数字和档案)的知识和技能的动词有:进入、获取、收集、积累、提取、聚集、查找、获得、检索等。

---

[1] Adelman C. To image a verb: The language and syntax of learning outcomes statements[EB/OL]. (2013-11-12)[2019-12-01]. http://learningoutcomesassessment.org/documents/OccasionalPaper24.pdf.

（2）用来描述学生对信息、材料和文本等进行核实的动词有引用、记录、录制、参考、来源等。

（3）用来描述学生分类知识或产品、材料以及展览资料的动词有：分类、归类、界定、描述、判定、架构、识别、优选、指定等。

（4）用来描述学生处理相关数据和信息的动词有：计算、判断、估计、处理、测量、解决、试验等。

（5）用来描述学生对数据、信息或资料的进一步加工的动词有：整理、收集、核对、组织、分类等。

（6）用来描述学生对某种现象、某一创作、某一观察物体或是对所阅读的某一文章进行解释的动词有：表达、澄清、解释、论述、诠释、概述、转述、详述、阐明等。

（7）用来描述学生分析这一认知活动的动词有：比较、对照、辨别、区分、构想、映射、搭配、均衡等。

（8）用来描述学生探究过程的动词有：检证、试验、探索、假设、调研、研究、检验等。

（9）用来描述学生对于不同观点、材料以及所观察到的结果进行整合的动词有：同化、巩固、合并、连接、整合、联结、综合、总结等。

（10）用来描述学生制作过程的动词有：建立、创作、建构、制作、创造、设计、开发、生成、建模、塑造、模拟等。

（11）用来描述学生利用学习材料的动词有：应用、实施、开展、演示、使用、执行、表现、生产等。

（12）用来描述学生发挥作用的动词有：操作、管理、控制、协调、参与、领导、维护、引领、优化、计划等。

（13）用来描述学生参加讨论活动过程的动词有：争辩、质疑、辩论、辩护、证明、解决、争议、倡议、说服等。

（14）用来描述学生对某一对象、经历、文献或是物品等进行评价的动词有：审核、鉴定、评估、评价、判别、排名等。

（15）用来描述学生参与交流的动词有：报告、编辑、编码、解码、打手势、绘制、展示、作图/表等。

（16）用来描述学生小组合作过程中开展交流的动词有：协作、贡献、协商、反馈等。

（17）用来描述学生进行反思或重构过程的动词有：接纳、适应、调整、改进、修改、提炼、反思、回顾等。

三、学习成果设计[①]

课程学习成果是学习成果设计的基本层级,是期望学习者知道和理解"完成该课程学习后能够干什么的声明"。学习成果由"知识、专门知识与技能、能力"等部分组成,因此具体课程学习成果是学习者完成课程后,期望学生能证明自己的知识、技能或能力以及能做什么的声明。课程学习成果关注的重点是学习而不是教学,它并不规定教师可以提供什么,而是强调学习者能够证明什么,它界定了学生通过课程学习后必须能做什么的最低要求。撰写课程学习成果时,重要的是所有学习成果都应该是可以评价的,并且一定要考虑课程的学习成果如何适应教学计划要求并与其保持一致。即课程学习成果是教学计划的具体化,教学计划的每项目标都应该在课程成果层面有足够的体现,课程和专业两个层次学习成果之间具有对应关系。

课程的学习成果始于短语"完成课程学习的学生能够……",紧随其后的是学生能证明他们达到该成果要求的行为动词,一般应避免使用"知道、理解、掌握、学会或领会"等动词,因为这些模糊的动词受制于解释;例如使用"理解"和"知道",学生仍不清楚该课程需要理解或知道的标准和程度,原因在于这类动词所描述的目标并不具有可评价性。为了证明学生对所需知识的了解、领会或掌握等情况,应该考虑学生能够做什么。不同的动词可以用来说明不同的学习标准。例如在导论模块中,学习目标可能是增加知识、形成基本的了解,学习成果就可能要求学生能够回忆、列举、描述、解释或者讨论。对于更重要的教学内容,目标可能是达到完全了解,学习成果就可能要求学生能明确表达、鉴别、评价、估计或构建等。预期的学习成果应能反映学生通过对教学内容的学习逐渐进步的情况。以下是课程学习成果的示例,完成本课程学习后的学生能够:

(1)识别高等教育中可能有效的学习和教学方法;
(2)解释会计信息在组织中的作用;
(3)确定有效的在线营销策略,并制订营销计划;
(4)识别和批判性地评估企业可利用的战略选择;
(5)设计一个供本科生使用的交互式网站;
(6)运用理论批判性地分析专业体验;

---

① 巩建闽,马应心,萧蓓蕾.基于成果的教育:学习成果设计探析[J].高等工程教育研究,2016(2):174-179.

(7) 分析一个特定行业或公司的关键管理问题,针对当前情况提出相应解决方案;
(8) 计算一个振动弹簧的振荡周期与弹性常数之间的关系;
(9) 以团队合作的方式分析一个商业或非商业环境中的消费者问题;
(10) 基于某个病例评价临床干预的效果。

第三节 学习成果、教学和评价

学习成果的作用除了使学生在学习前能对学习内容有所知晓之外,更重要的一点是便于教师对学生学习内容的掌握情况进行评价,也就是教师可以使用合理的评价工具或手段判断学习目标的实现程度。通过学习成果将教学、学习和评价联系起来,形成持续改进循环是研究学习成果的终极目标。

一、教师和学生看待评价的视角

对教师而言,确保教学目标、教学方法、评价手段、评价标准和学习成果之间的一致性是一个很大的挑战。但教学、评价和学习成果之间的相互呼应和关联有助于整体学习质量的提高。学生评价显示明确的学习期望是有效学习的重要组成部分,缺乏明确的学习期望则总是与负面评价、学习困难和学业表现不佳联系在一起。帮学生理解如何实现学习成果的最佳方式就是清楚地设置评价手段和评价标准[1]。就教学和学习而言,教学战略与评价战略就像一个天平的两端,要时刻保持动态平衡,让评价反映出学习成果是决定性因素。

对学生而言,评价就是课程。"从我们学生角度来看,评价就是定义实际课程"[2],即评价的内容就是课程需要学习和掌握的内容。比格斯(J. Biggs)用图 1-2 反映学生和教师对于教学和学习的看法,他重点论述了课程和评价之间的紧密联系,老师认为评价处于教学和学习活动的尾端,但对学生来说,它却位于学习的开端。如果课程反映在评价中,如图中的向下箭头所示,那么老师的教学活动和学生的学习活动是指向同一个目标的。可以说,在为评价做准备的过程

---

[1] Toohey S. Designing courses for higher education[M]. Buckingham: SRHE and OU Press, 1999.
[2] Ramsden P. Learning to teach in higher education[M]. London: Routledge, 2003.

中,学生们在学习课程①。因此,学生会学习他们认为将会被评价的内容,而不是课程上规定的或讲课中提到的内容,对学生而言,评价就是课程。在教与学的过程中,评价的重要性再怎么强调都不为过。

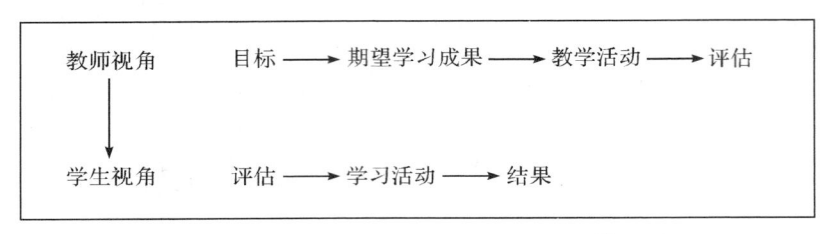

```
教师视角    目标 ——→ 期望学习成果 ——→ 教学活动 ——→ 评估
  ↓
学生视角    评估 ——→ 学习活动 ——→ 结果
```

图 1-2 教师与学生看待评价的视角②

二、教育目标和学习成果的对应矩阵

清晰明确的教育目标、专业学习成果和课程学习成果可以通过矩阵进行一一对应,教师可以选择适合的评价工具和方法对学习成果进行评价和质量改进。以下以美国某大学电子工程(计算机工程)专业为例,对教育目标、专业学习成果和课程学习成果的对应方法进行例证③。在专业设计之初,该校电子工程专业课程结构就确定了三部分需要评价的内容:专业教育目标(Programme Education Objective,PEO)、专业学习成果(Programme Learning Outcome,PLO)和课程学习成果(Course Learning Outcome,CLO)。

该专业第一学期专业教育目标(PEO)是学生:

(1)在电子和计算机工程领域达到国家和国际标准要求的行业能力;

(2)能够具备专业工程师需要的能力和经历;

(3)能够遵守和践行公民道德和社会责任。

专业学习成果(PLO)描述了专业学习结束后学生应该掌握的技能、知识和态度。该专业根据教育目标分类将学习成果分成认知、能力、情感三个领域,并分别对其进行了分解,如表 1-6 所示。

---

① Biggs J. Teaching for quality learning at university[M]. Buckingham:Open University Press,2003.
② Biggs J. Aligning teaching and assessing to course objectives[R]//Teaching and Learning in Higher Education:New Trends and Innovations. Aveiro:University of Aveiro,2003.
③ Mohamad S, Tukiran Z, Hanifa R M, et al. An evaluation of assessment tools in outcome-based education:A way forward[J]. Journal of Education and Vocational Research ,2012(11):336-343.

第一章 学习成果

表 1-6 电子工程专业学习成果类别及分解

学习成果类别	序号	具体能力
认知	PLO1	知识
	PLO2	专门知识和实践能力
	PLO4	问题解决能力
能力	PLO3	交流能力
	PLO5	团队合作能力
	PLO7	创业精神
	PLO10	设计能力
情感	PLO6	终身学习能力
	PLO8	职业道德
	PLO9	领导力
	PLO11	可持续发展

专业学习成果评价结果是专业教育目标是否达成的重要参考依据，需要确定专业教育目标和专业学习成果的对应矩阵，如表 1-7 所示。

表 1-7 专业教育目标和专业学习成果对应矩阵

	PLO1	PLO2	PLO3	PLO4	PLO5	PLO6	PLO7	PLO8	PLO9	PLO10	PLO11
PEO1	√	√		√						√	
PEO2			√			√	√				√
PEO3					√			√	√		

课程学习成果是指课程学习结束后学生掌握的专业知识和技能。该校电子工程专业有四类课程，通识课、核心课、专业课和选修课。课程学习成果同样由认知、能力和情感三个领域的内容组成，每门课程都有三个学习成果与专业学习成果对应。其课程与专业学习成果对应矩阵，如表 1-8 所示。

表 1-8 专业课程与专业学习成果对应矩阵

专业课	PLO1	PLO2	PLO3	PLO4	PLO5	PLO6	PLO7	PLO8	PLO9	PLO10	PLO11
计算机编程	√				√	√					
数据结构和算法	√		√						√		
面向对象的编程	√		√						√		
微处理器和微控制器				√						√	√
嵌入系统设计				√						√	√
毕业项目 1		√	√			√					
毕业项目 2				√			√	√			

在该专业学习成果体系中,有三个层次的达成循环,如图1-3所示。最内圈是课程学习成果达成循环,呈现了课程教学效果,在这一层面需要对学生进行直接评价,评价结果被用于课程质量的分析和改进,该循环影响教学和学习活动。中间是专业学习成果达成循环,呈现了专业建设水平质量,这一层面需要从教师评价、教学资源条件、学生评价、用人单位调查等方面对专业进行评价,结果将被用于专业质量的分析和改进,该循环影响专业建设活动。最外圈是专业教育目标达成循环,反映了专业教育目标的实施情况,需要定期收集从主要利益相关者(包括校友、咨询委员会、用人单位、教师和学生)的反馈意见,并用于专业教育目标达成情况的分析和改进,该循环层面与两个内圈循环密切联系,内圈循环的质量影响外圈循环的质量,而外圈循环又反过来指导内圈循环的改进。

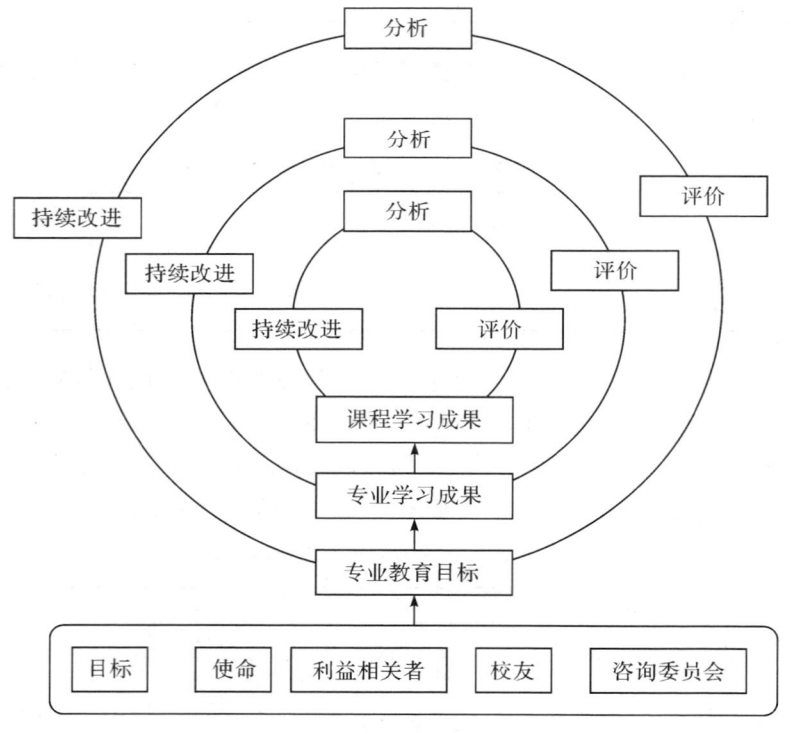

图1-3 学习成果三层次达成循环

三、学习成果、教学和评价的建构性一致

学习成果与评价具有内在联系,学习成果是"可以被观察、证明和衡量的事物",可以被评价,也需要被评价。学习成果评价与教学又有紧密联系,要形成

"教学影响学习—学习影响成果—成果改进教学"并反复循环的正反馈圈,需使得教学活动、学习活动和评价任务与学习成果协调一致。比格斯将此类过程称为"建构性一致"(constructive alignment),他指出在好的教学系统中,教学与学习活动的组织与评价协调一致,共同支持学生学习[1]。他认为"在高等教育实践过程中,有两条线索非常关键:一条来自建构主义学习理论;另一条则是教育设计框架。而教育设计中任何阶段的决定都需要以建构主义思想为原则,围绕着学习目标使教与学活动和评价保持一致"。具体而言,建构性一致包括了两个内涵:(1)建构性是从学生的角度提出的,学习是自然生成的过程,每个学生需要从自我的认知机制中进行意义建构。所谓意义是指知识的本质、内涵及由此生成的能力和各种联系等。(2)一致性是从教师的角度提出的,要求预期学习成果、教与学活动与评价活动相互呼应、协同开展。任何课程的建构性一致应包含三大基本任务:明确定义学习成果;选择能确保实现学习成果的教学和学习方法;评价学生的学习成果,检查其与预期成果的吻合程度。在学习成果、教学和评价之间建立有效联系对于教师而言虽具挑战性,但非常必要。比格斯通过结构性整合对成果导向的教学工作提供了四步战略性步骤,以确保达到和评价预期的学习成果:(1)预期学习成果用指明应该完成什么内容和需要达到什么标准的动词来描述;(2)创造学习环境;(3)设计评价判断学生是否满足标准以及表现如何;(4)将判断转化成等级。结构性整合为反思性实践提供了框架,以保证课程成果、教学学习和评价的一致性。在高校内部,学习成果在实施过程中存在教师参与积极性不高的问题,主要原因在于教师在教学任务外要抽出大量时间和精力开展学习成果的设计、教学和评价,而很多评价的结果只是发布在网站上,并没有对学校、教师、学生、家长和政策决策者产生影响。因此,在实施过程中,有至关重要的三个方面。

一是建立学习成果、教学和评价之间的关联。应将不同层面、不同级别的学习成果形成相互关联、连续一致的整体后,再确定各类学习成果评价方式。学习成果评价方式由教师或者专业教学团队设计,评价方式不宜过多,一至三项即可,比如考试、论文等,力求覆盖该课程所涉及的学习目标,包括知识、技能及价值观。理论上,学习成果评价是总结性评价和形成性评价的结合,但在实践中,学生评价常常只是重复累加的总结性评价,只记录分数,很少或没有给学生提供反馈。一般来说,教师使用的评价方法应该能检验出预期的学习成果是否实现,然而,研究发现学生评价范围和方式是非常有限的,约80%的评价都以

---

[1] Biggs J. Teaching for quality learning at university[M]. Buckingham: Open University Press, 2003.

考试、论文和报告的形式进行。例如,对爱尔兰某大学某学院进行的一项评价实践研究发现:随机抽调的 83 名教师在授课过程中总共进行过 256 次评价,即平均每门课大约 3 次评价。这些评价中,84% 是总结性评价,仅 16% 为形成性评价[①]。仅用一种评价方法可能无法衡量所有学习成果,有必要根据学习成果的层次和类别选择多种评价方法。表 1-9 将学习成果、教学和学习活动与评价方法相互联系,供教师参考。

表 1-9 建立学习成果、教学和学习活动以及评价方法之间的联系

学习成果		教学和学习活动	评价方法
认知	识记	讲座	模块考试
	领会	教程	多选题测试
	应用	讨论	论文
	分析	实验室工作	实际评价
	综合	临床工作	实地调研
	评价	团队任务	临床实践
情感	信念、想法和态度的整合	研讨会	报告展示
动作技能	身体技能的习得	团队报告展示	专题作业

二是明确学习成果表现等级标准。学习成果确定了学生通过课程的基本要求。对在这一基础门槛之上的学生,其学习表现通过评分标准来划分等级,如设置"优秀""良好""达标""需努力"四个级别来评价学习成果。等级标准是用来说明学生必须展示出何种素质和能力来取得更高等级的规定。标准有助于区分学生表现,在课程和专业学习之前,教师向学生清楚说明学习成果等级标准,希望学生能够以达到最高水平的表现为目标。只给学生划分一个基本等级并不能对他们的表现给予充分准确的反馈,因为这一等级只表明总体能力,无法说明某些具体学习成果的达到程度。因而,将学习成果等级体系与评分指南结合,就成为解决学生改进学习成果和表现的有用之法。在评价中使用的评分指南通常被称为评量表,该表是一种学习评级工具,用于呈现在给学生的表现分级中所用的标准。一般而言,每个评量表由一组标准以及与这些标准对应的分数组成。因此,评量表通过在等级量表上的不同分数来描述学生表现,来帮助定义学习成果评价系统的标准。

---

① Brown S. Institutional strategies for assessment[M]//Brown S, Glasner A. Assessment matters in higher education. Buckingham: SRHE and OU Press,1999:1-13.

三是构建学习成果数据共享交互平台[①]。引导高校开展学习成果评价,以证据为基础改进教学,提升教学效能。由独立、专业的第三方评价机构为高校设计、开发学习成果评价工具或者直接实施学习成果评价,开发数据共享交互平台支撑教师对学生学习成果的评价以及全校各部门之间的数据互通。通过顶层规划实现一体化架构,在全校范围内体现课程、专业、通识教育的学习成果关联网;通过数据共享交互平台实现统一的数据交互机制。教师可在此平台进行评分并查看课程学习成果实现程度;学生可查看课程目标、课程成绩、专业学习成果、通识教育学习成果完成程度;各级管理人员可查看本部门相关的学习成果目标完成程度。高校相关部门在系统里预先设置好通识教育学习成果目标、专业教育学习成果目标及课程学习目标。教师只需将评价标准、方法或考试题目与各级学习目标联系起来,评分后系统就会自动产生各级评价数据。将学习成果评价模式与教学自然结合,提高了教师的工作效率,增强共识的同时保障了教师的自主性,有利于教师切实给予评价结果,改进教学实践。

[①] 李昇飞,李艺辉. 从分散走向一体化:美国高校学习成果评估模式新发展[J]. 现代大学教育,2021(4):77-84.

第二章 学习成果评价

学习成果作为高校人才培养质量的主要指标之一,是当前高等教育质量评价的重要维度,逐步成为高等教育质量评价的核心价值[①]。作为新评估范式的重点[②],学习成果评价将成为未来本科教育质量保证的发展趋势[③]。

第一节 学习成果评价的内涵与实现

学生学习成果评价是指收集有效和可靠的证据证明学生在不同学习阶段所知道的和所能做到的,包括教师或学校对学生学习成果内容的描述和统一制定的一系列评价方法[④]。由于评价主要是探索如何使用科学的方法和手段对接受了高等教育的学生的学习成果进行测量和评价,那么何为大学生学习成果成为需要首先界定的重要问题。从内容上看,学习成果是指大学生完成学业后,在知识、技能、能力、态度、行为和价值观等方面的综合表现[⑤],这实际上是比较广义的学习成果定义;而比较狭义的定义,是指学生知识、素质技能等可以通过科学手段测量的内容,以及部分态度和价值观念等个人意识比较强,但仍能够科学测量和评价的内容。从层次上看,课程、专业和通识教育等不同层面的学习成果内容重点各不相同[⑥],如课程和专业层面的学习成果以学科知识为主,通识教育层面的学习成果以学生基本素质和能力为主,它们共同组成大学生学习成果内涵体系。从类别上看,大学生学习成果包括与学科知识相关的学习成

---

① 王保进.建立学生学习成效评估机制之大学校务评鉴[J].评鉴,2010(26):56-58.
② 程星,魏署光.市场竞争中的高校评估及其范式的更新[J].高等教育研究,2008(9):33-42.
③ 黄福涛.本科教育质量保证研究:历史与比较的视角[J].高等教育研究,2008(3):66-72.
④ Ewell P T. Assessing educational outcomes: New directions for institutional research[M]. San Francisco:Jossey-Bass,1985:47.
⑤ Gonzalez J,Wagenaar R. Universities' contribution to the Bologna process: An introduction[M]. 2nd ed. Spain:Publications de la Universidad Deusto,2008.
⑥ Hussey T,Smith P. Learning outcomes:A conceptual analysis[J]. Teaching in Higher Education,2008(1):107-115.

果,与就业相关的职业技能学习成果,以及与学生自身素质能力相关的学习成果,不同类型的高校对不同类型的学习成果各有侧重,比如研究型、综合性大学较为关注学生学科知识学习和研究等方面的能力和素质,而职业技术类学院比较关注学生就业技能相关的能力和素质。对学习成果内涵和概念的理解决定了学习成果评价的目的、内容、重点和方法。另外,学习成果评价不仅可以发现学生学习情况,也具有利用评价结果改善学习和教学的另一主要功能。因此,学习成果评价不仅描述期望的学习成果和评价方法,而且明确了如何管理和解释评价、如何报告结果、如何将结果用于学校改善[1]。

一、学习成果评价的目的

学习成果评价是一种以改进教学与学习、提升高校人才培养质量为目标的系统化与科学化的评价过程,是学习评价的重要组成部分和学生评价的主要形式,是能够真正反映高等学校人才培养水平和能力的重要手段。学习成果评价在高等教育中的使用主要针对四个主题,一是向利益相关者提供学习质量信息,增强透明度,促进问责;二是与教学建构性配合,保障与提升高等教育质量;三是与经济和社会关联,提升学生与经济社会发展需求相联系的知识、技能、才能、责任、态度等多种特质的动态组合;四是以学生和学习为中心,促进教育模式变革[2]。因此,学习成果评价的主要目的包括以下七个方面。

(一)衡量高等教育人才培养质量

由于社会各界对高等教育质量特别是人才培养质量日益重视,学生学习成果评价受到关注,在美国、欧洲等高等教育发达地区,它已成为一项重要的院校质量评估或专业认证标准。换言之,世界主要国家的高等教育质量评估、认证或质量保障机构大都将高校学生学习成果作为衡量高等教育人才培养质量和专业教育目标达成程度的重要依据之一。

(二)判断高校学习和教学质量

在外部质量评估和认证活动的推动下,学校和专业开始主动开展学生学习能力测量和毕业生表现问卷调查,一方面呈现学生学习成果,对学生质量进行把关;另一方面不断改进教学方案,以提升教师教学水平和能力。在美国,学生学习成果评价已被公认为是最有效、最具体的教和学绩效评价方案,联邦政府要求各地区负责大学专业认证评估的机构加强运用各校提供的学习成果评估

---

[1] Bers T H. The role of institutional assessment in assessing student learning outcomes[J]. New Directions for Higher Education,2008(141):31-39.
[2] 彭江."学生学习成果"在发达国家高等教育中的使用及其启示[J].高等教育研究,2016(12):103-109.

认证结果,以判断大学生学习质量和教师教学质量。

(三)加强学生中心教育理念

学生学习成果评价改变了教学和学习的传统理念,从以教师为主的教学中心转为以学生为主的学习中心,并将焦点放在学生的学习产出层面上,而非教学资源等学习输入层面。这一转变符合目前高等教育质量保障和评价发展趋势,并且也影响了教师教学和学生学习理念,评价视角的转变,促进了教师以行动引导积极有效的学生成就,逐步形成以学生为中心的高等教育体系。

(四)提升教师教学能力和效果

Schrodt 等人对美国 4 所大学 1416 位大学生做了问卷调查后指出,教师清晰的学习成果描述和明确的教学行为,会直接或间接影响学生的学习效果[1]。因此,学校在院系层级根据明确的学习成果构建完整的课程体系,并在课程设计过程中,明确了课程结构与内容如何服务于学生基本知识与核心能力的养成,阐明教师课程教学内容与学生学习成果间的对应关系,将会增强学生对课程内容的认同和适应性,从而提升教学效果。

(五)合理配置教学资源

为确保学生学习质量,学校可以根据学院和专业的课程设置和教学内容要求,为学生提供获得学习成果所需要的专业教室、实验室、实习基地等学习空间和环境,配置便于教师和学生使用的基本教学设施设备、信息与图书资源,并根据学生学习成果和反馈调整教学资源的配置。

(六)健全教师评聘机制

以学生学习成果为依据,建立健全教师遴选和考核机制,确保所聘任师资能符合教学要求和学校发展需求,能开设帮助学生达成基本素养与核心能力要求的课程。学校可以将学生学习成果评价结果作为评价教师绩效的重要依据和聘任教师的主要条件,完善教师评价和激励机制,提供促进教师专业化发展机会,帮助教师不断提升教学水平和业务能力。

(七)完善学业指导制度

学生学业指导包括课内和课外两部分。在课堂教学部分,针对学习成果不理想的学生,建立健全学生学习预警制度,依照课程性质和学习成果表现提供必要的学习辅导,帮助学生提升知识掌握和应用能力。在课外学习活动部分,根据学习成果要求,通过实施导师制、课外学习活动计划、社团活动及学生生涯

---

[1] 彭森明.大学校院如何推展学生学习成果评量[J].评鉴,2010(24):28-34.

发展等途径，提升学生基本素养和实践能力。

二、学习成果评价的原则

学习成果评价在学生、课程、专业、学校不同层面都可以进行[①]。一些高校会根据自己的需求和目的采用不同的评价方法，也有很多国家的高等教育评估机构和一些国际组织在开发国际通用的学习成果评价工具，总体上看，学习成果评价遵循的原则是比较明确的，以下从九个方面进行阐释。

（一）学生学习成果评价始于教育价值

评价是教育质量改进的工具。有效的实践始于和发生于我们认为哪种学习对学生有意义，并努力帮助他们达到目标。教育价值不但由我们选择评价的内容驱动，还会指导我们的行动。如果忽视教育任务和价值问题，评价就会避重就轻，而非提升我们真正在意的内容。

（二）当评价能够理解并体现出学习是多维度的、综合的、见效缓慢的特点时，评价最为有效

学习是一个复杂的过程，它不但表现学生知道什么，还有通过这些他们能做什么；它不但包括知识和能力，还包括能影响学习成就和毕业后表现出来的价值、态度、习惯。评价应该通过使用多种方法反映这些理念，用它们展现真正的改变、成长和增值程度。评价旨在呈现更完善和准确的学习画面，产生提升我们学生教育体验更坚实的基础。

（三）当有明确、清晰阐述的目标时，评价最有效

评价是基于学习目标的判断过程，它包括将教育表现、教育目标和期望进行比较，这些目标和期望来自学校的使命，来自教师在专业和课程设计时的意愿，来自学生自己期望学习的知识。当专业目标缺乏共识时，评价很难推动学校制定目标和标准，更难以促进专业教学、学习质量的提升和目标达成。明确的、共享的、可执行的目标是有益评价的基础。

（四）评价需要关注成果，也要关注经历

学生学习成果信息非常重要，但是为了改善成果，我们需要知道这一过程中学生的经历，如课程体系、教学方式、学生投入的时间和精力。这样的学习成果评价能帮助我们理解学生在何种情况下学得最好，以便促进整体学习质量的提升。

---

① Bers T H. The role of institutional assessment in assessing student learning outcomes[J]. New Directions for Higher Education, 2008(141):31-39.

(五)连续性的、而非片段式的评价最有效

评价的力量是不断积累的,虽然相对孤立,但是一次性评价比没有好,而一系列评价活动后才能有最大的改善。这意味着跟踪个体学生的进步,或者一届学生的进步,需要收集同样的学生表现案例或者每学期使用同样的教学方式。关键是监督既定目标的进度,在这一过程中,评价过程本身应该不断被启发、评估和改善。

(六)所有利益相关者都参与时,评价将会促进更大的提升

促进学生学习是大学的最重要职责,评价是践行职责的重要方式。因此,当评价开始时,高校内部制定教育目标,教师起到非常重要的作用,但是如果学生工作者、图书管理员、管理人员和学生等群体没有参加目标制定,评价就不能算是全面的、完整的。评价也包括校外人士的参与(校友、用人单位),他们的经历可以帮助确定更加合适的学习目标和成果标准。因此,评价不是几个专家的任务,而是合作活动。

(七)当评价开始研究和解释人们真正关心的问题时,其核心价值就显现出来了

我们逐渐认识到在质量改进过程中评价信息的价值,但是信息必须与人们真正关心的问题联系在一起才有用。这意味着我们需要通过评价发现证据以做出可靠的、有建设性的、有效的决定,意味着我们需要提前思考信息如何使用、被谁使用。评价不是简单地收集数据反馈结果,它开始于决策者的目的和意愿,根据这些目的收集和分析数据,才能发挥评价的核心作用。

(八)当评价成为可以改变资源配置和管理决策的依据时,质量提升的作用最为明显

评价对学校最大的贡献在于教师教学和学生学习质量可以被明显知晓。在学校,提升教育质量是学校规划、预算和决策的中心,对领导层来说是最重要的办学目标。因此,将学习成果评价信息作为决策的主要依据,可以让有限的教育教学资源得到合理配置和流动,让管理层做出更客观准确的判断和决定。

(九)通过评价,教育可以满足学生和公众的要求

教育对公众负有责任,作为教育者,我们有责任提供关于我们的学生如何达到目标和期望方法及最终成效的信息。远比报告这些信息的责任更重要的是,我们可以提升我们自己、我们的学生和社会。[①]

---

① Hutchings P. Principles of good practice for assessing student learning[J]. Assessing Update,1993(5):6-7.

三、学习成果评价的方法

通过对已有文献的研究发现,对学习成果评价手段和方法的研究主要可分为两类,其一是学习成果评价实践范式和实施原则,如李奇将学习成果评价分为两种:问责范式和改进范式。在战略层面,问责范式的学习结果评价大多是终结性评估,主要用于外部问责,以证明学校或校内某个专业是否达到了相关的标准或要求;改进范式的学习结果评价大多是形成性评估,通常由校内的教师和其他人员进行,评价的信息主要用来改进教学和学习质量[①]。王丽丽等分析了大学的特殊性,提出大学生学习成果评价的主要原则有制定明确的教育宗旨与目标、反映学习多层级化、长期性表现、兼顾学习历程、适当利用资源选择适当工具等,建议采取明确和细化学校教育目标、营造学校文化、设置专职任务单位、明确专职单位的职责等策略,以构建和完善校级学习成果机制[②]。台湾学者彭森明分前置作业、短程方案与长程计划三个部分对学校顺利开展广泛多元的学习成果评价进行了说明,他提出前期要奠定好基础,包括厘清教学基础和评量目标、制定方针和原则、宣传沟通、确定实施单位、配备人力资源;短程方案包括整理资料、编制学习成果指标、试办小型测验;长程计划包括定期举办毕业生综合学识与能力评量、全校学生核心能力评量、间接性评量、建制资料库和网站等措施[③]。其二是对国外已开展的学习成果评价方式和工具的研究,如程海霞通过对澳大利亚、巴西和美国学生学习结果评价的调查,发现主要有两种评价方式,一种是直接评价,即对学生进行测试;另一种是间接评价,主要以调查问卷的形式进行[④]。吕林海比较了美国、英国、澳大利亚、加拿大、巴西等国的14个较有影响力的学习结果评价工具和机制,发现这些评价工具主要关注学生学习的认知结果与非认知结果评价,并且因形式的不同,在评价内容的指向上存在着差异[⑤]。张建功、杨怡斐分析归纳了美国四种高校学生学习成果评价模型:结果导向、能力导向、绩效指标和电子档案袋,并分别概括和分析四种模型的评价目标、思路、参与主体、评价要素和操作步骤[⑥]。周廷勇等分析了美国大学考试中心的大学学业水平评价、美国教育考试服务中心的能力测试以及美国

[①] 李奇.学习结果评估:本科教学质量保障的底层设计[J].复旦教育论坛,2012(4):56-60.
[②] 王丽丽,温恒福.大学生学习成果评估研究[J].教育评论,2014(5):81-83.
[③] 彭森明.大学校院如何推展学生学习成果评量[J].评鉴,2010(24):28-34.
[④] 程海霞.基于高等教育学习结果的评估探析——以美国为例[J].大学(学术版),2010(6):84-89.
[⑤] 吕林海.国际视野下的本科生学习结果评估——对"评估什么"和"如何评估"的分析与思考[J].比较教育研究,2012(1):39-44.
[⑥] 张建功,杨怡斐.美国高校学生学习成果评估模型研究[J].高等工程教育研究,2013(4):116-121.

教育资助委员会的大学学习评价三种在美国具有广泛影响的学生学习成果标准化评价工具,认为三者都从大学生通识能力的角度理解大学生学习成果,运用价值增值评价方法,重视评价大学生批判性思维能力和写作能力;在评价对象的选择、评价对象的具体指标、评价形式和评价报告的呈现形式等方面又各具特点[①]。台湾学者苏锦丽提出所有用于学生评鉴的方法都可以运用到学生学习成果的评价上,包括观察、深植于课本与课程的问题与测验、纸笔测验、口头提问、标杆与参照点设定、访谈、同行和自我、准则参照与常模参照的标准化测验、表现评价、口头或书面报告、展演、档案、企划与产出等。教师与评价者可以依据学习目标与学习成果选用一种或多种的方法[②]。

对于学生学习成果的评价方法,由于视角与维度不同,不同机构和主体选择的方法和工具不尽相同。美国加州大学校长办公室负责院校评估的常桐善教授从教学互动的大背景出发,利用二分法,将学习成果评估的子概念分为10组:基于数据结构,分为直接评估和间接评估;基于评估方法,分为定性评估和定量评估;基于严肃程度,分为正式评估和非正式评估;基于知识建构,分为形成性评估和总结性评估;基于程序阶段,分为过程评估和结果评估;基于质量标准,分为标准参照性评估和常规参照性评估;基于分析单元,分为个体评估和集体评估;基于实施频率,分为持续性评估和终端性评估;基于教学主体,分为学生评判性评估和教师评判性评估;基于评估主体,分为校内组织的评估和校外组织的评估[③]。归纳学习成果评价的核心内涵,均为主体运用科学合理的工具和方法持续有效地分析对象在知识、技能等方面的增值以及情感、态度等方面的变化的信息。以这些信息为直接证据,对比初设的学习目标进行测量和评价,判断教育教学的产出与成效,找出教师教学、学生学习及行政管理人员相关服务中存在的问题,加以改进,使整个教学质量保障体系处于完整 PDCA 闭环。而大学生学习成果评价呈现出两大特点,一是由办学条件转向办学过程和成效,由投入性转为产出性。学校层面的产出侧重学生的整体性表现,如毕业率、学位授予率、学生就业情况、取得职业证书情况、研究生录取率、职业生涯发展、学生经济收入等;教师层面的产出指向课程和教学的有效性;学生层面的产出反映经过高等教育或某一课程学习获得的结果,如知识、技能和态度等。二是关注学习成效增值的直接证据,这些直接证据一方面需要准确的测量工具和测

[①]周廷勇,杜瑞军,张歇雨.美国大学生学习成果标准化评估工具的分析研究[J].复旦教育论坛,2014(5):84-90.

[②]苏锦丽."大学校院学生学习成果评估"相关内涵分析[J].评鉴,2009(21):58-62.

[③]常桐善.建构主义教学与学习评估方法的探讨[J].高教发展与评估,2008(3):47-55,76.

量方法,另一方面需要项目的多样性和实践的持续性。根据对象的不同选择不同的方法,如学生表演、学生个体档案袋、顶峰课程、行为观察、调查访谈工具等方法属于定性范畴,而标准化测试、量规、课程(课业)考试、毕业后的学习和深造比例、职业发展跟踪数据等内容属于定量范畴。除形成性评价和总结性评价、直接评价和间接评价外,本部分将特别介绍美国学者归纳的 50 个课堂学习成果评价方法与学校学习成果评价三步法。

(一)形成性评价和总结性评价

形成性评价被形容为支持学习的评价,这种评价"指老师和学生在评价过程中进行的所有活动,其提供的信息可用作反馈,并可以调整老师的教学活动与学生的学习活动"[1]。换言之,形成性评价有助于让老师和学生自己了解学习的进展如何。形成性评价通常在课程或专业学习之初或之中进行。学生在评价中的表现可以帮助教师做出是否需要改变教学方式的决定,从而更好地促进学生的学习。有研究显示形成性评价能够通过给学生提供反馈帮助学生提高学习与学业表现[2]。形成性评价的主要特征包括:由教师和学生共同确定学习成果以及实现学习成果的标准,学生积极地参与到自己的学习中,老师和学生之间保持良好的互动和沟通,老师对学生的需求做出回应,及时有效地提供清楚明晰、翔实丰富的反馈。形成性评价是教学过程的一部分,而不是评分过程的一部分。总结性评价是指在某个时间节点,通常是课程或专业学习结束时用来总结学生学习情况的评价。总结性评价被形容为"课程结束评价,基本上意味着这种评价会采用一种总结学生学习成果的衡量手段,描述已经取得的成果"[3]。总结性评价通常采用传统的卷面考试形式,而不考虑其他方面,如作业、作品集或论文等。因此,总结性评价会产生确切的分数反映学生的学业表现。鉴于总结性评价并不能使所有的学习成果得到一次性评价,所以比较常用于在某一类或者某一样本学习成果的评价上。

(二)直接评价和间接评价

直接评价,指通过测试、论文、评分量尺、档案袋、毕业考试和研究报告、通识课程和专门学科测试等方式,直接测量大学生的学习结果。直接评价法根据学生的各种学业表现对学生的学习成果进行评价,通过考查学生对工作或项目的完成程度来确定他们是否达到学习成果要求的水平。这种方法通常要求学

---

[1] Black P, William D. Inside the black box: Raising standards through classroom assessment[M]. London: Kings College, 1998.

[2] Black P, William D. Inside the black box: Raising standards through classroom assessment[M]. London: Kings College, 1998.

[3] Brown S, Knight P. Assessing learners in higher education[M]. London: Kogan, 1994.

生直接展现他们能做什么和已经做了什么,如表 2-1 所示。

表 2-1 直接评价学生学习成果的方法[1]

评价方法	评价内容
直接评价	综合性考试 各种资格考试 各种证书考试 学校和专业内部组织的专业知识考试 课程设计中反映学生学习过程的资料 学生学习中和学习结束时的录音或录像 课程论文或学位论文 课程作业、项目等原创性工作 获得其他学者认可,经过同行鉴定的期刊 体现科研共享,致力于学术发展的成果 经同行评议的捐款资助或奖助学金

间接评价指通过学生学习行为、学生经历、学生自我期望和满意度等问卷调查间接测量大学生的学习过程。间接评价法主要是根据学生对自己学习情况所做的自评,其中包括对所受教育经历的价值判断,以及他人通过学生表现对学生学习成果做出判断,见表 2-2。

表 2-2 间接评价学生学习成果的方法

评价方法	评价内容
间接评价	与同类高校进行基准比较,获得学生教育特征的信息 对学生的毕业率和深造率进行调查,以了解课程体系的连贯性、教育环境的合适性、学科规范的社会化程度以及教师贡献程度 对毕业生进行访谈,帮助院系了解学生学到了什么以及关心什么 开展学生满意度调查 调查学生的就业情况,了解校友和用人单位对学生学习成果及价值判断信息 开展对用人单位的调查,了解毕业生的就业准备情况 组织来自本学科领域、企业或大学外部机构的专业人员组成咨询团队帮助院系完善课程体系 开展集中性的小组讨论 组织校友调查 统计校友所获荣誉、奖励及成就 进行等级分布分析 组织课程同行评议 组织专家同行评议

---

[1] 梅基,博科斯基.博士生教育评估——改善结果导向的新标准与新模式[M].张金萍,娄枝,译.上海:上海交通大学出版社,2011:112-114.

两种评价方式各有利弊,直接评价通过纸笔方法,直接测量大学生的学习效果,但直接评价不能涵盖其他因素,如学习动机和学生的期望。因而直接评价无法测量和理解学生的学习过程。间接评价通过对与学习过程相关的学习动机、学习期望、学习满意度、学习参与等因素的自我评价,更加真实地反映学习过程,但间接评价收集的信息是学生学习的外围信息,无法直指学生学习结果的核心[①]。以美国为例,在直接和间接两类学习成果评价方法中,使用频率最高的是国家学生调查,其他使用率从高到低有标准、课堂表现测试、校友调查、学生入学考试、地方性调查、顶点课程、地方性知识和技能测试、普通知识和技能测试、雇主调查、档案袋、外部情境表现测试等,见图2-1。

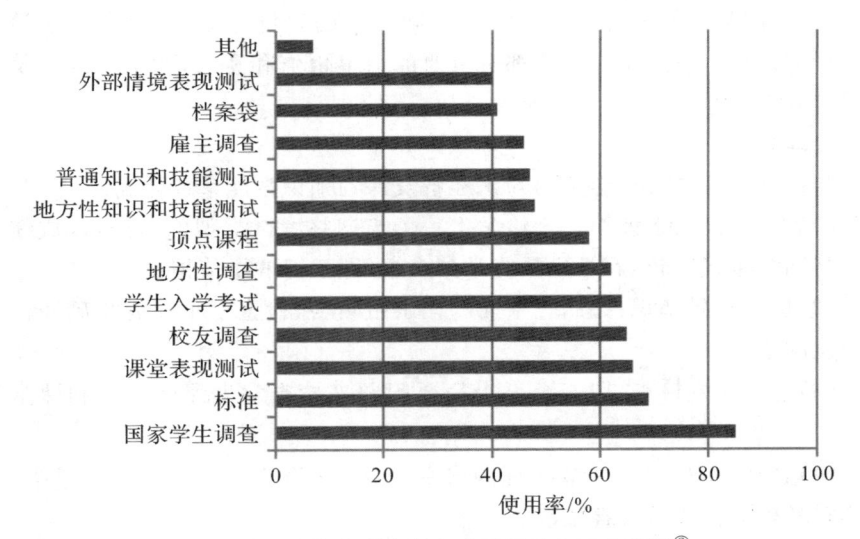

图 2-1 美国高校本科生学习成果评价方法使用率[②]

(三)50个课堂学习成果评价方法[③]

2016年美国学者巴克利(E. Berkeley)和马约尔(C. Major)编撰了工具书

---

① 夏欢欢,钟秉林. 大学生学习结果评价:高等教育质量保障的新视角[J]. 中国高等教育,2018(12):21-24.

② Kuh G D, Jankowski N. Knowing what students know and can do:A current state of student learning outcomes assessment in U. S. colleges and universities[EB/OL]. (2016-05-28)[2019-12-01]. http://www. learningoutcomeassessment. org/documents/2013%20Survey%20Report%20Final%2010-20. pdf.

③ 赵炬明. 关注学习效果:美国大学课程教学评价方法述评——美国"以学生为中心"的本科教学改革研究之六[J]. 高等工程教育研究,2019(6):9-23.

《学习评价技术》,采用了课程设计专家芬克(D. Fink)的教学目标分类系统,为深层学习的六类教学目标推荐了50种评价方法,作者遵循"教学目标性质决定评价方法"的思路,系统呈现了美国教育评价领域真实性学习评价的主要成果,被誉为"里程碑式著作"。这50种评价方法所遵循的深层学习教学目标的六个维度,分别是知识基础、知识应用、知识整合、人文、关心和学会学习。知识基础指课程需要掌握的知识;知识应用指应用知识的能力;知识整合指联系其他学科知识的能力;人文指通过学习对自己和对他人形成新认识;关心指在学习中产生对课程领域的新兴趣和新爱好;学会学习指学习中形成今后能自主学习该学科的能力。如果课程教学能达到这些目标,就属于深度学习,或"显著意义的学习"。不同类型的教学目标应采用不同类型的评价方法,这对大学生学习成果评价不论在理论还是实践上都有重要的借鉴价值和意义,六个维度以及对应的评价方法列举如下。

1. 知识基础

知识基础旨在考查学生的知识准备及课程知识技能掌握情况。

(1)首日终考:上课第一天给学生一个与期终考试类似的考试,该成绩可以用来与期终考试比较,看学生最终学到多少,即学习的增值情况。

(2)检查背景知识:编制一个问卷让学生填写,检查学生已有基础知识和预备知识的情况。

(3)进出课堂检查:用三至五个简要问题来检查学生课前准备和课堂学习情况。

(4)总结填空:编写一个课程内容总结,但在关节点上留空白让学生填写,以检查学生知识要点掌握情况。

(5)综述要点:在一个单元课程结束之后,让学生简要综述该单元知识要点。

(6)快速写作:老师提出一个或一组问题,要求学生当堂快速作答。

(7)最佳总结:在一个单元课程结束时让学生写一个简要总结。

(8)快速检查:出多选题让所有学生作答,检查答题情况后让学生分组讨论他们的答案。

(9)团队测验:让学生以团队方式完成测验。先个人作答,然后分组讨论,提交小组最后答案,以促进学生相互学习。

(10)团队比赛:学生以团队方式参加考试或项目竞赛。

2. 知识应用

知识应用旨在考查学生思维的批判性、创造性和问题解决能力。

(1)预测:在一项学习活动开始前,先让学生预测活动的过程和结果。在活动结束之后,将预测情况和实际情况进行比较。

(2)鉴别事实与观点:让学生阅读若干文献,鉴别文献中的哪些是事实、哪些是观点。

(3)文摘评论:从要求阅读的文献中摘出某些部分让学生做评论。

(4)观点说明:给学生一个文字材料,要求说明个人见解、观点资料来源,以及可能的应用。

(5)指定主题:给学生一个已经学过的概念或理论,要求学生设想新的应用领域。

(6)问题分析:给学生若干问题情境,要求学生识别问题的类型和性质。

(7)问题听与说:学生两人一组解决一个问题,让一个学生讲问题解决思路,另一个倾听,注意思路、步骤和逻辑。然后交换角色。

(8)同伴审查:给每个学生一个问题,做完与身边同学交换过程和答案,彼此相互检查分析过程和答案。

(9)三步法:制订方案、寻找资源、得到最佳效果是真实问题解决过程的三个步骤。给学生一个问题情境,让他们练习使用三步法。

(10)数字项目:给学生一个项目,让他们用数字技术方式呈现。

3. 知识整合

知识整合旨在考查学生联系其他学科知识的能力。

(1)知识网格:给学生一个空的知识框图或思维导图,让学生填写所有空格。

(2)顺序链:给学生一个事件、活动或决策过程,让学生将活动顺序用步骤图的方式表现出来。

(3)概念图:让学生用思维导图的方式表现所学课程中所有概念之间的关系。

(4)问题日记:以现实问题为题,让学生结合学习材料,以日记形式记录事件发展、自己的看法和思考。

(5)二元文章:学生两人一组,读同一篇文章,然后各自提出文章主题和论文写作大纲;然后相互交换,比较彼此提出的问题和写作大纲之异同;最后用评价量表来评价彼此的工作。

(6)综述文章:让学生从就读过的若干文献中选一个主题写一篇正式的综述文章。

(7)案例研究:给学生一个真实案例,让学生结合所学知识撰写一个包括背景、问题、挑战和解决方案的案例研究。

(8)班级文集:让每个学生就课程主题写一篇代表自己最高水平的论文,然后结集发表。

(9)电子学习档案袋:让学生把自己在课程学习期间提交的所有作业,连同教师对这些作业有价值和意义的评价,做成个人电子学习档案袋。

4. 人文

人文旨在考查学生在学习中对自己和对他人形成新认识的情况。

(1)自由讨论:学生小组就课程相关问题自由交换思想,从准备、倾听、表达、深度四个方面评价他们有效参与讨论的程度。

(2)提名:就本专业领域的某个重要奖项,让学生通过集体研究提出一个候选人,并撰写建议获奖提案,包括其个人成就及支持获奖的理由。

(3)编辑评论:找一篇未发表的文章,让学生以刊物编辑身份给作者写信,告诉作者文章的优缺点以及发表与否的决定及理由。

(4)戏剧性对话:设想两个人物(历史、现实、未来均可),让学生就某个问题创作一个二人对话。

(5)角色扮演:让一组学生在教师指导下通过独立学习,创造一个戏剧性问题情景,由学生扮演所有角色,展现这个情景。

(6)伦理困境:就一个专业伦理困境,让学生做出选择,并写一篇论文,说明自己决定的理由和思考过程。

(7)数字故事:用数字技术和方式,针对特定观众讲一个个人生活或学术经验的故事。

5. 关心

关心旨在考查学生学习中产生新关切、新兴趣、新爱好的情况。

(1)立场选择:就一个有争议的问题,先让学生阅读各方观点文献,再让所有学生独立选择立场,然后按立场分组辩论,各组说明自己的立场和理由,辩论过程中允许个人立场转变、重新选组。

(2)三分钟表达:模仿三分钟学术竞赛,让学生用三分钟和一张PPT说明自己的立场和理由,其他学生则用讲演评价量表做出评价。

(3)公益广告:结合课程内容,让学生就一个相关公益问题制作一个有说服力的公益广告。

(4)公开讲演:让学生就本地区的一个公共问题,通过调查研究提出解决方案,并做一个公开讲演,说服当地人重视并解决这个问题。

(5)编辑回信:在教师指导下,学生以刊物编辑身份就文章录用与否给作者写回信。

(6)辩论:就专业领域内有争议的问题组织学生辩论,其他学生用评价量表就辩论过程中的各方表现进行评价。

（7）简要文章：学生以个人或小组形式就一个现实问题进行独立研究，综述主要问题，提出解决问题的行动方案，其他学生用评价量表评价。

6. 学会学习

学会学习旨在考查学生形成自主学习能力。

（1）学习大纲：在教师指导下，学生撰写一份指导他人学习本课程的学习大纲，包括课程内容综述、学习要点和难点、考试准备等。

（2）制作评价量表：在教师指导下，学生就本课程的一个主要作业制定评价量表。

（3）出考卷：在教师指导下，学生就某一个单元的学习内容出一份试卷。

（4）罗列学习目标：在教师指导下，学生就某一个单元或主要学习活动列举学习目标，以及各目标的学习难度。

（5）课程学习日记：让学生在课程学习过程中，以日记形式撰写自己的学习活动和经验体会，反思自己的学习过程、主要挑战及思考等。教师应规定日记需要包括的内容和方面。

（6）掌握情况核查：对一项多阶段、多步骤的学习任务制定一个甘特图，反映各阶段、各步骤要掌握的知识与技能，在学习过程中，学生自己根据甘特图检查自己的学习和掌握情况。

（7）个人学习环境：让学生用关系图方式表现自己在学习时所需各类资源和帮助的来源。

（四）学校学习成果评价三步法

曾任美国高等教育协会评估办主任的佩吉·梅基提出校级层面的标准化学习成果评价实施流程，包括第一步厘清学习成果内涵、确定评估工具和标准，第二步确定评估对象范围、安排评估时间和评估任务，第三步解释评估数据、分享评估结果、提升评估效率[1]，受到欢迎，并很快被予以实践，具体核心要点如下。

1. 第一步：确定学校期望

（1）陈述学校预期结果，例如从统计和图形数据中获取支持推论、从跨学科的角度分析社会问题、评估对社区问题的建议解决方案等。

（2）确定预期结果的产生地方，是在培训班、课程、服务、实习、社区服务项目、工作经验还是独立研究中。

（3）确定评估结果的方法和标准，是采取测试、课堂内的写作样本、课堂内的问题分析、课堂内的团队合作、课程组合、绩效、模拟还是小组讨论。

---

[1] Maki P. Developing an assessment plan to learn about student learning[J]. Journal of Academic Libraianship, 2002(28):8-13.

(4)陈述学校计划的预期绩效水平,例如国家考试的计分、许可证检查的计分、解决数学问题能力的整体得分、最终项目的掌握水平得分、写作样本的掌握水平得分。

2. 第二步:确定时间点,明确评价群体和分配评价责任

(1)确定评价目标,例如全体学生,或某一学生群体,包括被忽视的学生、高考总分在某一分数段的学生、考证的学生、国际学生等。

(2)制定评估表,确定时间节点,如入学时、特定学期结束时、修完一定数量的学分时、计划完成时、毕业时、就业时、毕业后的几年等。

(3)确定谁能更好地开展评价,外部评价员包括机构代表、其他学校教师、雇主、校友,内部评价员包括自然科学团队、图书馆员、学生工作团队代表、跨学科团队、评估委员会、写作中心、学生支持中心、学生工作办公室等。

3. 第三步:解读和共享结果以提高学校效率

(1)调整教学方法、课程内容和课程顺序,通过在整个课程中建立定量推理,确保学生整体知识水平、学习能力和思维习惯得到提高;为学生设计更有效的目标,更有效地描述预期结果;增加课堂学习和课外学习之间的联系;形成制度决策、规划和资源配置机制。

(2)建立定期报告制度,共享学习成果评价结果,如通识教育委员会的年度报告,各部门定期报告;大学规划/预算小组定期报告,董事会定期报告等。

(3)实施改进后重复确定结果、收集依据、解读依据、实施改进这一评估周期,形成不断循环螺旋上升的良好状态。

四、学习成果评价的组织和实施

学习成果评价是一项涉及全校性的工作,与大学教学、人事、财务工作有关,与学院有关,与教师和行政管理人员有关。学校的学习成果评价组织和实施过程应包括评价方案顶层设计、建立管理结构、确定成果内容和评价工具、收集和分析评价结果、反馈改进等几个主要步骤。

(一)顶层设计和管理结构

学校应成立专门的学习成果评价和指导委员会,由学校领导、学院院长,教务处、人事处、质量管理等部门行政人员以及教师和学生代表组成,负责与学院合作开发各专业的学生学习成果评价实施方案,领导并组织实施学生学习成果评价。

(二)评价实施

1. 确定学生学习成果

学生学习成果是教师设计和开展教学活动的重要依据,教师根据预设的学

习成果设计教学方法与活动、学生作业以及评价方式与标准等。不同专业依据学校总体人才培养目标和专业要求撰写不同年级的学生需要达到的学习成果,特别是要根据学习成果描述原则明确学生在学习结束后的预期成果,包括知识、技能、态度和行为等,学习成果描述力求具体明确、可观察、可测量,应该使用分析、分类、预测、组织、规划、整合等主动语气的动词。

2. 开发设计学习成果评价方法和工具

根据专业和课程需要学生达到的学习成果开发和设计多元化的学生学习成果评价方法和工具。如采用标准化测验直接对学生能力进行考查,采用间接的问卷调查了解学生学习投入和毕业后的表现,通过对学生课堂表现进行专题研究的方式了解学生在专业领域中灵活运用知识的能力等都是较为常用和有效的评价方式。

3. 构建学习成果和课程内容对应矩阵

构建矩阵使学习成果和课程相互对应,明确课程与专业学习成果之间的对应关系,有利于教师和学生将学习成果与课程及教学互相结合(见表2-3)。制定完整的课程学习成果评价方案,通过将培养计划、课程计划、学习手册等书面文件向学生公布公开,激发学生学习动机并有效促进学生学习。

表2-3 学习成果与课程对应矩阵[1]

课程名称	学习成果					
	成果1	成果2	成果3	成果4	成果5	成果6
一、	√					
二、	√	√				
…			√	√		
教材1	√	√				
教材2		√	√			
…			√	√	√	
作业1	√	√				
作业2			√			
…					√	√
评价1	√					
评价2	√	√	√		√	
…					√	√

---

[1] 苏锦丽.美国WASC采行的"学生学习成果本位评估模式"[J].评鉴,1998(22):37-41.

4.收集学生学习成果表现证据

在课程学习中定期或不定期收集全部或具代表性的学生学习成果表现证据,如学生作业、考卷、论文、设计作品、资格考试结果等,收集时标注证据的类别、时间地点、收集者和分析目的。同时,可以随机抽样 3 个优良的、令人满意的以及不符合要求的案例,对学生总体表现和个别表现进行专题分析。用于评价学校质量的学习成果表现证据可以跨年级、跨科目进行收集和共同查看,学校相关委员会可以制定五年一期的规划了解学习成果质量的变化情况[①]。

5.分析学生学习成果表现证据

观察学生表现,结合课程教学方法、班级结构和学习环境开展成果表现证据收集,使证据具有较好的信度与效度,为客观分析学习成果表现提供支撑。分析学生学习成果表现证据的三大原则是:公布对学生学习成果的预期要求和标准、评价指标、成果表现程度等级等内容;及时总结,对影响学生学习表现的原因进行深入分析;将其与学生预期表现进行比较,注意关注和记录学生在学习过程中的变化,以便对下一步教学和学习指导做出调整和改进。

(三)结果反馈和质量改进

德雷克·博克在《回归大学之道》一书中指出,大学生需要具备的很多重要能力是完全可以测量和评估的,如学生的写作能力、数理推理能力、外语水平、批判性思考和分析问题的能力等。通过对这些能力的测量,我们将会发现学生是否完全掌握某项基本技能,学生是否得到充分的发展,他们的表现是否达到本应达到的水平。通过对评价结果的总结和分析,教师们应该尝试着对教学方法进行改革,并逐渐开发一些便于操作且易于推广的新教学和评价方法,以帮助学生更好地学习[②],这便是学习成果评价的终极目的。

1.有效反馈学习成果评价结果

学校应建立学习成果评价数据库及网站,公开发布评价结果信息,反馈给教师和行政管理人员参考。这些数据库和评价网站担负的主要功能,一是公布评价结果,增强教师对学生学习表现的认识和了解;二是报道学校各种动态,并提供不同学院、系、专业如何评价和使用学生学习成果评价实例给教师参考;三是公开学习成果评价方法与工具以及评价框架和能力指标等,以超链接方式提供给教师,作为课堂或专业评价参考和使用。

---

① 苏锦丽.美国 WASC 采行的"学生学习成果本位评估模式"[J].评鉴,1998(22):37-41.
② 龚放.本科教育质量:体制制约、内涵界定与维度补缺[J].大学教育科学,2012(5):29-33.

2. 改进教学和学习质量

学习成果评价是一个持续改进的过程,目的在于支持教学和学习质量的持续改善,所以无论学习成果如何,都需要定期评价。质量改进的目标,对教师来说,是使教学达成人才培养目标、改善教学方式和对学生的指导方式,提升教学质量及学生的学习成就;对专业来说,是更有效地为师生提供各种服务和支撑,加强教师专业化发展,提升专业人才培养质量;对学校整体来说,是激励教师采用多元教学模式,开展多种教学改革和实践,反映学校追求教学卓越的核心价值,提升人才培养整体质量。可以有效促进评价并改善学习成果表现的具体行动内容包括①:

(1)教师、系主任和学院院长共同学习有关国家质量评价背景信息。

(2)将学生的学习情况纳入学校各类质量评价体系。

(3)收集并呈现具体的证据,证明院系为实现教育目标正在做什么以及将要做什么。

(4)在院系行政管理工作中安排并突出学习成果评价活动。

(5)通过专题讨论会或其他专门会议向教师介绍如何有效使用学习成果评价方法,以方便他们开展评价。

(6)收集能提高学生学习成果评价表现的证据,如生源质量的提高、学位完成率的提高等。

(7)收集学生学习成果评价结果和信息,向实习单位或用人单位展示学生的学业成绩,以增加学生的实习和就业机会。

(8)利用其他全国性的评估资源,鼓励教师对专业课程结构、内容、学位要求以及教学方法有效性进行研讨。

(9)拓宽对院系学习成果评价的反馈与评论渠道。

第二节 学习成果评价的成效:以 IQA 项目为例②

随着资源竞争的加剧和与社会联系的增强,越来越多的高校意识到质量建设的重要意义,以质量求生存已经成为许多高校的共识。在高等教育外部评估

---

① 梅基,博科斯基.博士生教育评估——改善结果导向的新标准与新模式[M].张金萍,娄枝,译.上海:上海交通大学出版社,2011:116-117.

② 陈凡.高校内部质量保障:作用和成效——基于联合国教科文组织"IQA 项目"案例的实证分析[J].中国高教研究,2016(9):23-28.

和认证工作的引导下,高校内部也开始逐步构建和完善质量保障体系,通过树立先进的质量保障理念、制定合理的质量标准、开发科学的评价工具等途径,发挥质量评价由内而外的作用和影响力①。高校内部质量保障和学习成果评价体系在高校办学中的作用主要表现在三个方面,一是作为学校战略目标制定、实施和评价的基本组成部分,体现学校在人才培养和科学研究等方面的基本标准和要求;二是作为高等教育知识生产过程的重要评价工具,体现学校教师和学生、课程和教学法间的联系和交流方式;三是作为高校进行管理和决策的主要参考依据,体现学校在持续提升高等教育质量的理念、方法和手段上的科学性和客观性。近年来,世界各国高校陆续着手构建内部质量保障和学习成果评价体系,完善内部质量保障管理架构和政策,开发内部质量评价工具和方法,以保证内部质量保障和学习成果评价机制能够切实发挥作用。我们在思考高校内部质量保障体系和机制的框架结构等顶层设计问题的同时,学校选择什么样的方法和工具对学生和教学质量进行评价,评价的过程和结果如何,对学校产生了什么样的作用和影响,是否达到了当初设定的目标,需要进行什么样的改进和调整,是值得我们更加关注的具体问题。2016年,联合国教科文组织国际教育研究所(UNESCO-IIEP)在全球范围内开展了高校内部质量保障优秀创新实践案例的评选,通过高校自荐和专家实地考察等方式,评选出来自亚非拉欧美不同国家8所高校案例,这8所高校以公立或私立综合性大学为主,分别是中国厦门大学、巴林大学、孟加拉国美国国际大学、奥地利维也纳经济大学、德国杜伊斯堡—埃森大学、智利塔尔卡大学、肯尼亚晨星大学和南非自由州大学,这8所高校各自总结了内部质量保障的实践经验,并分别对本校学生学习成果评价工具及其实践成效进行了问卷调查分析。本节以这8所高校的问卷调查数据为基础,从实证的角度分析教师和行政管理人员对学习成果评价目的和方法的认识,以及学生学习成果评价方法的作用和成效。

一、访谈和学习成果评价成效问卷设计

本研究分为三个阶段,第一阶段是对8所大学的教师和行政管理人员进行访谈、座谈,了解不同人群对学习成果评价的重要性、作用、现状和问题的认识,参加访谈和座谈人员包括一线课程教师、学校质量管理部门相关的行政管理人员等,他们熟悉内部质量保障和学习成果评价工作,了解本校内部质量保障和学习成果评价体系及其运行机制,并大都亲身使用过学习成果评价工具,对大

---

① 李国强.高校内部质量保障体系建设的成效、问题与展望[J].中国高教研究,2016(2):1-11.

学生学习成果评价问题有比较深刻的认识。通过对这些人员的访谈和座谈，提取与学习成果评价结构、方法、工具和效果等实践相关的核心要素，并设计大学生学习成果评价情况调查问卷。对大学生学习成果评价作用和成效的问卷调查内容主要分为五个部分：

（1）高校内部质量保障和学习成果评价的实施情况，包括被调查人员对校内质量保障实施情况的认识，如学校内部质量保障和学习成果评价政策以及具体措施的出台情况等。

（2）学习成果评价的主要作用，根据文献分析和访谈，发现大学生学习成果评价的作用在于五个方面：与外部标准保持一致、回应利益相关者的问责、提升教育教学质量、改进教学方法和效果、控制教育教学质量，通过重要程度分析了解教师和行政管理人员对学习成果评价主要作用的认识。

（3）学习成果评价的实际效果，主要从三个方面来认识大学生学习成果评价的效果：对高校的整体贡献，对提升教学、学习效果的贡献，以及对提升行政管理效率的贡献，通过问卷调查收集教师和行政管理人员对学习成果评价贡献程度的认识，判断学习成果评价对学校发展、教学和学习质量提升和管理效率提升的贡献度。

（4）学习成果评价工具的使用和影响，通过文献分析和访谈座谈，先选择较为常用的学习成果评价工具如课程评价、专业评价、教师监督、专业自评、专业监控、学生评价、毕业生跟踪调查、雇主满意度调查、雇主参与专业修订、就业分析、学生能力测量等，并将学习成果评价工具的作用和影响具体化为扩大课程内容的覆盖面、完善专业培养方案和模式、提升教师教学表现、提升学生学习表现、改善教学条件和提升学生就业能力等。从不同学习成果评价工具的被使用程度和不同评价工具对教学、管理等的影响程度两方面开展问卷调查。

（5）影响内部质量保障和学习成果评价的主要因素，包括领导支持、经费激励、学生参与、具体保障举措、数据信息系统、透明的保障流程、保障过程评价科学、利益相关者的积极参与，了解这些因素对高校内部质量保障和学习成果评价作用发挥的影响程度。

二、问卷调查和学习成果评价成效分析

研究的第二阶段是向各高校发放学习成果评价调查问卷，问卷主要以选择题为主，目的是对访谈阶段筛选出来的学习成果评价作用和成效相关核心概念和要素进行验证，并获取学习成果评价的整体情况、主要作用、实际效果、工具使用和影响因素等问题的程度和重要性信息。本次问卷调查历时3个月，在8

所高校分别进行，共收到有效问卷 2227 份，其中教师 1213 份，行政管理人员 1014 份。教师中有教授职称的有 172 人，约占 14%；副教授职称 408 人，约占 34%；讲师职称 341 人，约占 28%；助教 219 人，约占 18%；其他占 6%。行政管理人员中有学校领导 79 人，约占 8%；学校部门负责人 130 人，约占 13%；科室负责人 168 人，约占 17%；无领导职务 403 人，约占 40%；其他占 22%。

第三阶段是对信息和数据进行处理和分析，包括对回收的调查问卷进行筛选，剔除无效的或者不完整的问卷，以保证数据的有效性；对各所学校的数据进行统一规范化处理，以保证数据的可比性；结合文献研究和访谈座谈信息对最终数据进行分析和解读，了解大学生学习成果评价的实施情况、主要作用和实际效果、工具使用和反馈情况以及对高校教学和管理工作的贡献程度。数据分析和结果如下所示。

（一）学习成果评价的主要作用

被调查对象对大学生学习成果评价的主要作用判断较为一致。教师认为大学生学习成果评价的主要作用由大到小为满足外部质量保障标准的要求（34.2%）、回应利益相关者的问责（23.4%）、质量改进（20.0%）、提升组织学习能力（12.8%）、控制（8.5%）；行政管理人员认为大学生学习成果评价的主要作用由大到小为满足外部质量保障标准的要求（30.7%）、质量改进（23.8%）、回应利益相关者的问责（22.1%）、提升组织学习能力（12.6%）、控制（8.5%）。结果说明目前学习成果评价仍然是以外部质量保障的要求和标准推进的，还未内化为高校自觉行为（见图 2-2）。

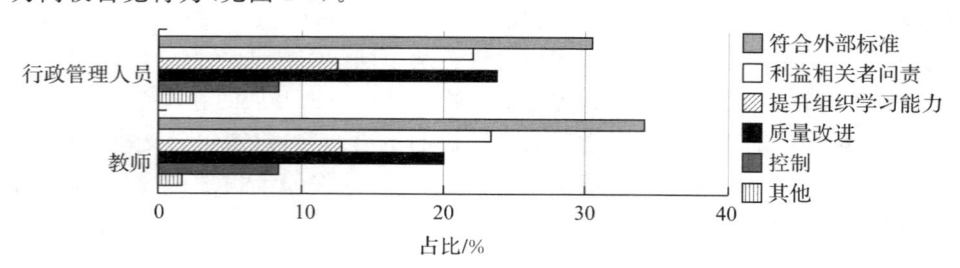

图 2-2 大学生学习成果评价的主要作用

（二）学习成果评价的实际效果

通过学习成果评价对高校整体人才培养质量的提升、对高校教师和行政管理人员管理决策能力的提升、对高校教师和行政管理人员行政效率的提升 3 个方面的问卷，调查教师和行政管理人员对学习成果评价在高校实际工作中的效果的认可程度。每个方面有 6 个等级"非常高""高""一般""低""无""不清楚"，问卷结果统计如下:50.5%的教师认为大学生学习成果评价在提升高校整体效益上起到了"非常高"和"高"的作用;48.5%的教师认为大学生学习成果评价在提升管理决策能力上起到了"非常高"和"高"的作用;49.0%的教师认为大学生学习成果评价在提升行政效率上起到了"非常高"和"高"的作用。54.0%的行政管理人员认为大学生学习成果评价在提升高校整体效益上起到了"非常高"和"高"的作用;61.7%的行政管理人员认为大学生学习成果评价在提升管理决策能力上起到了"非常高"和"高"的作用;60.9%的行政管理人员认为大学生学习成果评价在提升行政效率上起到了"非常高"和"高"的作用。总体来看,大学生学习成果评价的实际效果受到学校教职员工的基本认可,而高校行政管理人员对学习成果评价实际效果的认可程度明显高于教师(见图2-3和图2-4)。

图2-3 大学生学习成果评价的实际效果(教师问卷统计)

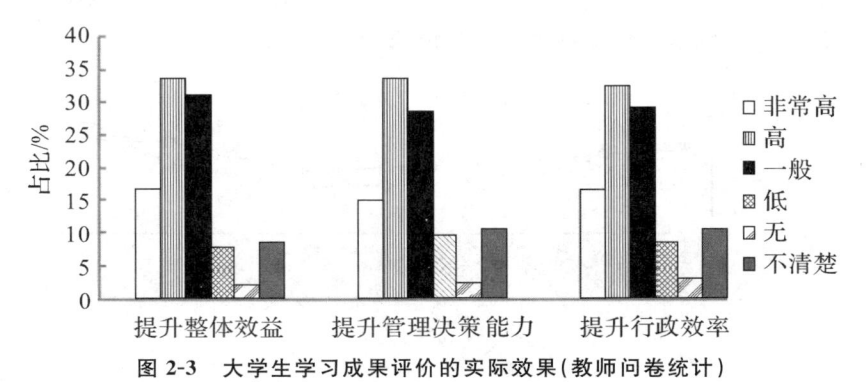

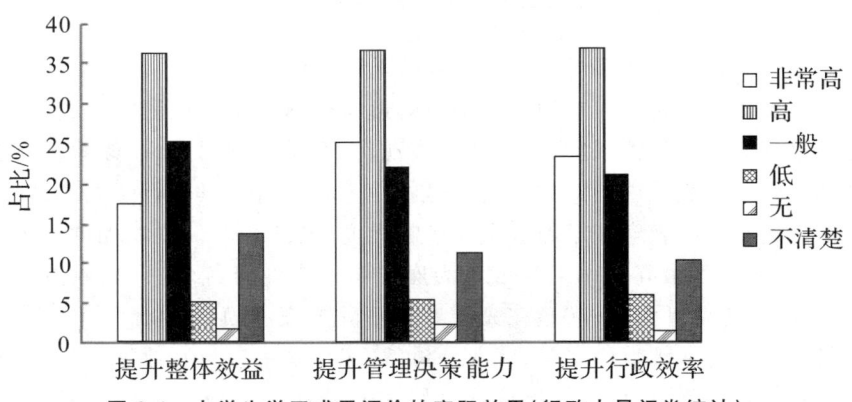

图2-4 大学生学习成果评价的实际效果(行政人员问卷统计)

(三)学习成果评价工具的使用和影响

1. 学习成果评价工具的使用和反馈

与教师相关的学习成果评价工具包括课程评价、专业评价、教师监督、专业自评、专业监控、学生评价、毕业生跟踪调查、雇主满意度调查、雇主参与专业修订、就业分析、学生能力测量等,与行政管理人员相关的学习成果评价工具包括内部评价、外部评价、资格认证、目标达成等。通过对教师和行政管理人员使用这些工具的程度和得到反馈的程度的问卷调查,发现课程评价(3.52)和专业自评(3.11)是教师使用率最高的两种评价工具,资格认证(4.15)和内部评价(3.93)是行政管理人员使用率最高的两种评价工具;与此对应,这四种工具也是教师和行政管理人员得到反馈信息最多的评价工具,评价分分别为3.66分、3.47分、4.91分、3.93分(见图2-5)。外部评价和内部评价有相同的反馈值,总体来看,各学习成果评价工具得到的反馈值普遍高于被使用值。

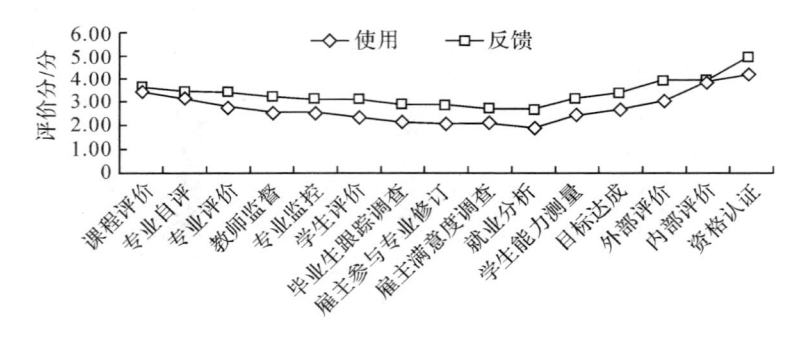

图 2-5 大学生学习成果评价工具的使用和反馈

2. 学习成果评价工具对教学和学习效果的影响

将学习成果评价工具对教学和学习的影响分解为增加课程内容覆盖面、完善专业培养方案和模式、提升教师教学表现、提升学生学习表现、改善教育教学条件和提升学生就业能力六大方面,分别对11种评价工具进行了问卷调查,了解不同工具对高校教学和学习效果的影响程度(见图2-6)。在增加课程内容覆盖面上,影响程度最高3种工具依次为雇主参与专业修订(3.63)、雇主满意度调查(3.51)、专业评价(3.50);在完善专业培养方案和模式上,影响程度最高3种工具依次为专业评价(3.49)、就业分析(3.46)、雇主参与专业修订(3.44);在提升教师教学表现上,影响程度最高3种工具依次为专业自评(3.50)、课程评价(3.45)、教师监督(3.44);在提升学生学习表现上,影响程度最高3种工具依次为学生能力测量(3.39)、课程评价(3.31)、教师监督(3.22);在改善学校教育教学条件上,影响程度最高3种工具依次为专业自评(3.36)、课程评价(3.31)、就业分析(3.27);在提升学生就业能力上,影响程度最高3种工具依次为就业分析(3.46)、雇主参与专业修订(3.38)、毕业生跟踪调查(3.29)。

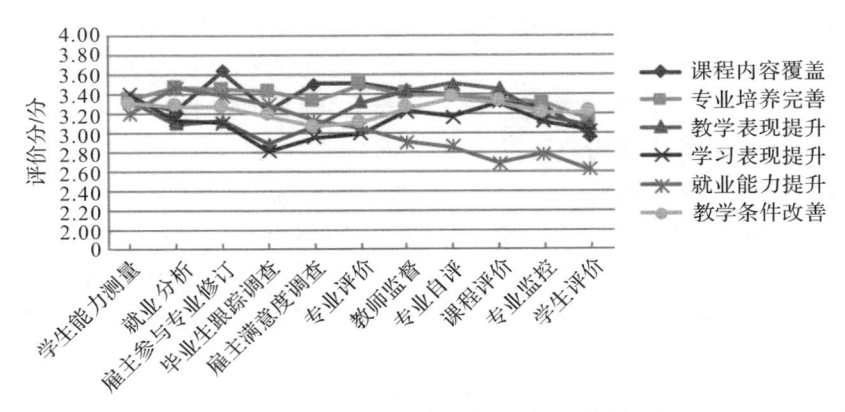

图 2-6 大学生学习成果评价工具对教学的影响

3. 学习成果评价工具对管理的影响

将学习成果评价工具对管理的影响分解为提升学校战略规划能力、加强学校基于证据的决策制定过程、提升行政管理效率和形成服务导向的行政管理机制4个方面。在提升学校战略规划能力上,影响程度最高的工具为高校外部评价(3.49);在加强学校基于证据的决策制定过程上,影响程度最高的工具为高校内部评价(3.44);在提升行政管理效率、促进管理目标达成上,影响程度最高的工具为资格认证(3.51);在形成服务导向的行政管理机制上,影响程度最高的工具为资格认证(3.50)(见图2-7)。

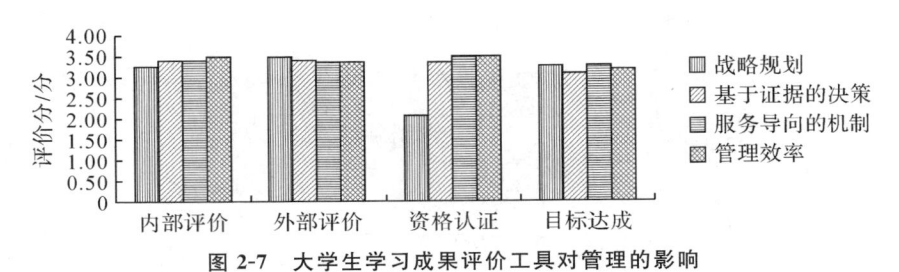

图 2-7 大学生学习成果评价工具对管理的影响

(四)影响内部质量保障和学习成果评价的主要因素

影响高校内部质量保障和学习成果评价因素包括:高校领导支持程度、是否有经费激励措施、学生参与程度、是否有具体保障举措、是否有完善的数据信息系统、是否有明确透明的保障流程、能否对保障过程开展科学的评价、是否有利益相关者的积极参与等。本调查分别统计了不同学校教师和行政管理人员认为影响高校内部质量保障和学习成果评价相关因素的重要性程度值,以及对本校内部质量保障和学习成果评价效果产生影响因素的重要性程度值,重要性程度分5等,"非常高"值为4～5,"高"值为3～4(含),"一般"值为2～3(含),"低"值为1～2(含),"不清楚"值为0～1(含)。根据回收的有效问卷结果对所有数据进行加权算术平均数处理发现,对教师来说,影响高校内部质量保障和学习成果评价效果的因素由强到弱依次为财政激励(4.03)、领导支持(3.68)、过程透明化(3.60)、信息充足可靠(3.56)、科学的过程评价(3.46)、利益相关者积极参与(3.44)、学生参与(3.43)、有具体措施(3.38);对行政管理人员来说,影响高校内部质量保障和学习成果评价效果的因素由强到弱依次为领导支持(4.47)、信息充足可靠(4.31)、过程透明化(4.22)、利益相关者积极参与(4.14)、科学的过程评价(4.07)、有具体措施(4.02)、学生参与(3.95)、财政激励(3.00)。对教师来说,目前影响本校内部质量保障和学习成果评价作用发挥的因素由强到弱依次为领导支持(3.64)、学生参与(3.19)、信息充足可靠(3.16)、过程透明化(3.16)、利益相关者积极参与(3.10)、有具体措施(3.07)、科学的过程评价(3.07)、财政激励(2.46);对行政人员来说,目前影响本校内部质量保障和学习成果评价作用发挥的因素由强到弱依次为领导支持(3.33)、信息充足可靠(3.11)、过程透明化(2.90)、有具体措施(2.88)、科学的过程评价(2.86)、学生参与(2.85)、利益相关者积极参与(2.84)、财政激励(2.45)(见图2-8)。总体上看,领导支持、信息充足可靠和过程透明化是3个公认的重要影响因素,行政管理人员对影响因素的重要性判断普遍高于教师,对影响本校内部质量保障和学习成果评价效果因素重要性判断普遍低于教师。

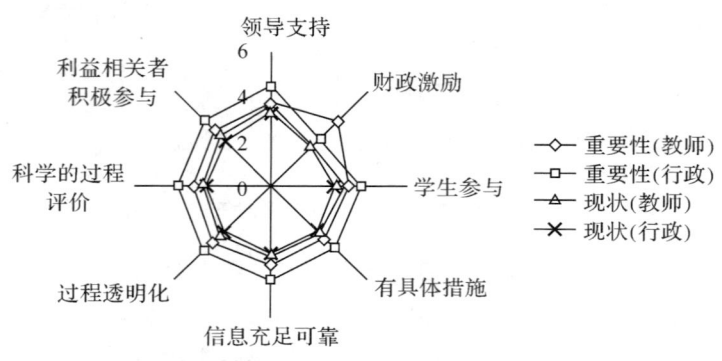

图2-8 大学生学习成果评价效果的影响因素

三、如何发挥好学习成果评价的作用

高校办学质量提高在根本上取决于高校自身的努力,质量责任主要在高校,高校内部质量保障和学习成果评价体系建设具有举足轻重的作用①。从国内外 8 所不同高校的实践情况看,教师和管理人员对高校内部质量保障和学习成果评价重要性认识程度日益增强,高校内部质量保障和学习成果评价专门机构普遍设立,质量保障政策逐渐完善,学习成果评价工具日渐丰富。与此同时,高校内部质量保障和学习成果评价仍然面临很多问题,如对学习成果评价作用的认可程度一般,质量保障和评价还未内化为高校自觉行为;对学习成果评价工具的使用程度不够高,通过工具和评价结果提升教学、学习和管理水平的质量管理闭环还未形成;大学生学习成果评价结果的反馈和利用程度不足,利益相关者的参与程度不够,导致学习成果评价的作用并未完全发挥出来。根据对 IQA 项目实施情况的深入分析和对相关项目负责人的访谈,高校学习成果评价的顶层设计、工具交叉利用、专业化、信息透明化、利益相关者协作、质量文化建设等方面都有待调整和完善。

(一)领导支持,增强学习成果评价与学校整体战略规划的协调和融合

学校和学院领导支持是决定高校内部质量保障和学习成果评价体系成功与否的最重要因素。领导支持包括树立高校内部质量保障和学习成果评价理念,集中内部治理保障资源,建立内部质量保障和学习成果评价文化②;包括将内部质量保障和学习成果评价体系设计纳入高校发展的战略规划,设置质量保障专门管理机构和专业人员,管理部门和学院等不同单位的内部质量保障和学习成果评价程序和工具,形成不同层级的内部质量保障和学习成果评价战略计划,并与学校发展战略相互融合,成为学校发展战略的重要组成部分;包括积极参与内部质量保障的实施过程,出台相关政策措施鼓励教师和行政管理人员使用学习成果评价工具并积极参与其中③。

---

① 钟秉林,周海涛. 国际高等教育质量评估发展的新特点、影响及启示[J]. 高等教育研究,2009(1):1-5.
② Wu D G, Xie Z X. Enhancing teaching and learning through internal quality assurance: The effects on quality and employability at Xiamen University, China[C]. Policy Forum Higher Education Quality and Employability: How can Internal Quality Assurance Contribute, Xiamen, China. 2016.
③ Kuria M, Marwa S M. Shaping internal quality assurance from a triple heritage: The effects on quality and employability at Daystar University, Kenya[C]. Policy Forum Higher Education Quality and Employability: How can Internal Quality Assurance Contribute, Xiamen, China. 2016.

(二)整合共享,提升评价工具交叉使用和评价结果利用效率

在大学生学习成果评价工具中,专业自评、课程评价是教师最常使用的方法,反馈率比较高。但相比较来说,学习成果评价工具使用的多样化和交叉程度仍不够高[①],学生能力测量、毕业生跟踪调查等方法对提升教学、学习和管理质量的优势仍未充分发挥出来,工具评价的结果没有充分在不同的利益相关者之间共享,以评价结果为导向制定的激励政策未落到实处。应对不同学习成果评价工具进行整合,以课程和专业学生的学习成果为基础,针对教学和学习的全过程进行评价,工具应与政策和程序相互配套呼应以提升学习成果评价系统的有效性[②],明确不同利益相关者在质量保障过程中的责任,并在利益相关者之间共享评价和保障结果,以最大化学习成果评价工具在教学、学习和提升学生就业力方面的积极影响。

(三)协作互动,提升学校教学和管理人员质量保障和评价专业化程度

高校在内部质量保障和学习成果评价体系的建设过程中,应重视发挥教师的主导作用[③],根据学习成果评价结果有针对性地提升教师教学表现和教育能力,如根据课程评价结果,组织学习小组为教师提供专业指导,以提升教师教学大纲设计和课堂评价设计能力,建立教师成长档案持续追踪其课堂教学表现。同时,推进学校内部质量保障和学习成果评价主体和各质量管理部门之间的协作和互动,设立专门管理和协调机构,优化学习成果评价和管理过程,通过联系课程设计、人力资源发展、组织发展、机构规划和数据管理,整合行政管理和教学结构,构建互相联系和有效沟通的内部质量保障和学习成果评价体系,培养一批具有高水平质量保障能力的行政管理人员。

(四)公开透明,构建常态化的信息管理、反馈和发布系统

构建常态化的评价信息收集和管理系统,定期从系、学院和学校收集相关数据,并坚持对低年级和高年级学生、校友、用人单位等利益相关者进行跟踪调查。所有信息和数据应及时合成、分析和发布,学习成果评价工具和程序、信息数据发布和反馈都应更加透明,对学校内部质量保障和学习成果评价的相关人员和其他

[①] Ganseuer C,Pistor P. From tools to a system:The effects of internal quality assurance at the University of Duisburg-Essen[C]. Policy Forum Higher Education Quality and Employability:How can Internal Quality Assurance Contribute,Xiamen,China. 2016.

[②] Alhamad B M,Aladwan A. From externally to internally driven quality assurance:The effects on quality and employability at the University of Bahrain[C]. Policy Forum Higher Education Quality and Employability:How can Internal Quality Assurance Contribute,Xiamen,China. 2016.

[③] 魏红,钟秉林. 我国高校内部质量保障体系的现状分析与未来展望——基于96所高校内部质量保障体系文本的研究[J]. 高等工程教育研究,2009(6):64-70.

利益相关者公开①。形成多样化信息数据分析报告,鼓励不同目的、不同组合、不同形式、不同层次的成果质量评价,建立不同利益相关者间的沟通和交流机制。

(五)凝聚智慧,建立利益相关者的实质性参与机制

提升企业和用人单位、校友、同行、学生、教师、家长等利益相关者持续参与高校内部质量保障和学习成果评价体系建设的意识,以达成工作共识并不断提升和完善质量标准要求。一方面加强收集利益相关者的意见,创造机会使各利益相关者能够真正参与决策过程、监督环节和反思活动;另一方面加强利益相关者之间的话语交流和工作协作,促使各方能基于共同信念投入质量保障和评价工作②。高校应形成多方参与的内部质量保障和学习成果评价模式,并将其固定,不能随意改变。

(六)达成共识,加强对内部质量保障和学习成果评价文化的统一认识和对话

从调查中发现,高校教师、研究人员和行政管理人员对质量概念的理解各不相同③,教师理解的质量定义更加专业,行政管理人员的理解更加灵活,应加强与教师和行政管理人员沟通,形成对内部质量保障和学习成果评价理念、标准、工具和程序的统一理解,厘清教师和行政管理人员在内部质量保障和学习成果评价工作中的职责和任务;加强保障和评价信息在质量保障活动中的流动,沟通组织角色和职责。通过对话形成普遍认可的内部质量保障和学习成果评价理念和价值观,概念和基本假设,信念和认知,战略规划和目的等④;通过所有利益相关者在工具和程序等方面的平等参与,加强质量文化,构建各种反馈环,并与学习成果评价机制联系和整合⑤,真正形成质量文化。

---

①Lamagna C, Villanueva C C. At the forefront of internal quality assurance:The effects on quality and employability at the American International University-Bangladesh[C]. Policy Forum Higher Education Quality and Employability:How can Internal Quality Assurance Contribute, Xiamen, China. 2016.

②高飞.欧洲高等教育机构内部质量保障:标准、进展与前景[J].江苏高教,2012(5):35-37.

③Lange L,Kriel L. Integrating internal quality assurance at a time of transformation:The effects at the University of Free State,South Africa[C]. Policy Forum Higher Education Quality and Employability:How can Internal Quality Assurance Contribute, Xiamen, China. 2016.

④Vettori O, Ledermüller K. Developing a quality culture at Vienna University of Economics and Business through internal quality assurance:The effects on quality, employability, and management[C]. Policy Forum Higher Education Quality and Employability:How can Internal Quality Assurance Contribute, Xiamen, China. 2016.

⑤Villalobos P, Honorato F. Mainstreaming internal quality assurance with management:The effects on quality and employability at the University of Talca, Chile[C]. Policy Forum Higher Education Quality and Employability:How can Internal Quality Assurance Contribute, Xiamen, China. 2016.

第三章 大学生学习成果评价的国际经验

　　当前,大学生学习成果评价在国际、国家以及学校层面都有很多实践。在国际层面,学习成果评价主要用于学历资格标准、教育质量保障等,以提升国家和区域之间高等教育质量的透明度和互认性,比较有代表性的包括博洛尼亚进程和世界经济合作与发展组织的实践。博洛尼亚进程教育部部长会议于 2005 年公布了"欧洲高等教育区学历资格框架",规定了本科、硕士和博士不同学历层次的核心学习成果和能力及其通用描述,将学习成果作为成员国间的学历互认和学分转换的主要依据。世界经济合作与发展组织通过组织实施"高等教育学习成果评价项目",提供国家间共同的评价框架,引导和帮助教师通过专门工具对具体的学习成果进行评价。在国家层面,学习成果评价主要用于国家专业和教育质量标准的制定,如英国从 20 世纪 90 年代初开始学习成果评价,英国高等教育质量保障署通过组织召集各学科专家制定并颁布专业基准说明,对专业预期学习成果的基本标准进行描述,以此开展高校学位授予和课程建设指导工作。2006 年,美国联邦教育部发布了《领导力检验》报告,要求认证机构将学习成果等绩效结果作为高等教育质量评价核心。在学校层面,学习成果评价主要用于课程改革、毕业要求和教师与学生发展等事项。在课程改革上,很多高校利用学习成果评价提供的信息改善教学。课程设计者根据学习成果安排课程内容,或者通过学习成果评价提高教学的针对性和学生的就业能力。在毕业要求上,高校通过学习成果评价判断学生达到的专业技能与能力。在教师发展方面,高校不断推动教师对学习成果评价的学习、讨论和实践,促进教师对专业和教学的理解,推动教学方法的革新。很多教师基于专业和课程的学习成果制定课程考试标准与方法,提高了考试的针对性与评价的准确性,也促进了人才培养质量保障体系的构建。在学生发展方面,以学习成果评价为基础的专业与课程说明向学生提供了清晰的学习信息,学生从一开始就可以树立正确的发展观念,更积极主动地学习。总体上看,美国、加拿大和许多国际高等教育质量认证和保障机构对大学生学习成果评价的理论研究和实践探索都非常重视,研究成果和实践经验比较丰富,不同国家、不同高校、不同专业会根据自身的实际情况使用不同的评价工具和方法,通过各种直接测试或者问卷调查来说明某个群体的学习成果表现。很多第三方质量评价机构也通过学生能力测试、用人单位问卷调查、学习档案袋等不同的评价工具提供学生学习成果表现的证据。本章从国际、国家和高校三个层面梳理OECD、美国和加拿大的学习成果评价实践,分析国外大学生学习成果评价的最新进展和发展趋势。

第一节　OECD大学生学习成果评价

一、缘起:政府和大学的博弈

随着欧洲各国经济形势日趋紧张,各国政府一直勉强维持甚至压缩高等教育的投入。与此同时,政府和其他利益相关者更加关注高等教育的产出,对高校的绩效产出提出了更高的期待和要求,各种测量和评价高等教育绩效的设想和实践相继出现[1]。这意味着高等教育发展环境已经在发生变化,政府要求高校充分用好办学资源,并根据办学效益拨款;高校也意识到政府的钱越来越不好拿、越来越不好用,积极反思并着力扩大办学成果,提升办学质量。这场博弈的焦点最终落到如何对高校的办学质量进行客观、全面的评价上:政府想利用高校质量的客观评价引导有限资源合理流动和得到合理分配;高校想利用全面质量评价获取更多的办学资源。2006年,欧洲高等教育领域中出现了"AHELO"一词,其全称是"高等教育学习成果评价"(Assessment of Higher Education Learning Outcomes),以学习质量为主要指标对高校进行外部评价的理念应运而生。随后世界经济合作与发展组织(Organization for Economic Co-operation and Development,OECD)启动展开AHELO项目,力图在以学习成果为基础的质量评价基础上,通过设置统一的学生学习成果标准,呈现和评价不同高校的人才培养质量,这一评价甚至可以在不同国家之间进行。很多政策制定者、专家和利益相关者对这一理念充满热情,认为它很好地契合了从人才培养角度深入了解高校的意图,他们积极参与项目的开发,对项目的未来充满信心。

---

[1] OECD. Assessment of higher education learning outcomes feasibility study report (volume 1): Design and implementation[EB/OL]. (2013-12-22)[2019-12-01]. http://www.oecd.org/edu/skills-beyond-school/AHELOFSReportVolume1.pdf.26.

2007年,OECD召集了三次国际专家会议,对项目进行了全面思考和设计,并提出了若干建议[①],这些建议涉及项目的理念、方法和手段等各个方面,凝聚了各国专家智慧的项目设计总体构想。他们从三个方面对AHELO项目作了顶层设计,实际上构成了项目的基本框架和原则。首先,专家们认为AHELO项目是高等教育质量评价的新趋势,具有先进的理论和实践价值。其次,在具体评估方法上,建议将3年级下学期或者4年级学生作为评价目标人群,从基本通用技能和相关专业能力两个方面评价他们的学习成果。最后,发动不同国家参与测试以验证项目的科学性和实际可行性,在大学生基本学习成果上寻求国家间的一致性。根据这些基本思路,项目进入开发和可行性研究阶段。

二、开发:大学生学习成果的校际评价

AHELO项目的目标是对不同国家高校即将毕业的学生之所学进行评价[②]。项目开发工作主要围绕两个重点问题展开,即什么是大学生学习成果以及如何评价学习成果,这两个问题是大学生学习成果评价体系构建过程中最关键的两个问题,它们与高等教育的目的和宗旨息息相关,也对新的高等学校评价体系的科学性和可操作性产生直接的影响。

(一)大学生学习成果的内涵构建

AHELO项目采用利益相关者会议的方式调查了政府、企业、教师和学生四类专家和代表共154人,分别了解他们对大学生学习成果定义和类型的想法和观点,并从两个角度对调查结果进行了呈现。从频率的角度看,批判性思维、学科知识、问题解决、团队合作、交流、专业技能、道德和价值观、创造性、学会学习等能力被提及次数较多,其中有2人以上选择的成果类型见图3-1。

同时,项目组将不同利益相关者的关注点进行了对比,表3-1是政府、用人单位、教师和学生认为大学生学习成果类型的集中度,其中第一行数字5—1表示选择人数的降序排列,最多人选为5,相对最少人选为1。政府、用人单位、教师和学生最关注的学习成果类型分别是就业能力、交流能力、批判性思维能力和就业能力,政府和学生的关注类型具有一致性。

[①] OECD. Assessment of higher education learning outcomes feasibility study report (volume 1): Design and implementation (executive summary)[EB/OL]. (2013-12-22)[2021-06-01]. http://www.oecd.org/edu/skills-beyond-school/AHELO% 20FS% 20Report% 20Volume% 201% 20Executive% 20Summary.pdf.6.

[②] OECD. AHELO brochure[EB/OL]. (2013-10-25)[2021-06-01]. http://www.oecd.org/edu/skills-beyond-school/AHELO%20Brochure.pdf.

第三章 大学生学习成果评价的国际经验

成果类型频次

批判性思维
学科知识
问题解决
团队合作
交流
专业技能
道德和价值观
创造性
学会学习
国际视野
自我管理
终身学习
灵活性
社会责任感
研究
可迁移技能
学会思考
跨学科
信息管理
信息通信技术
知识应用

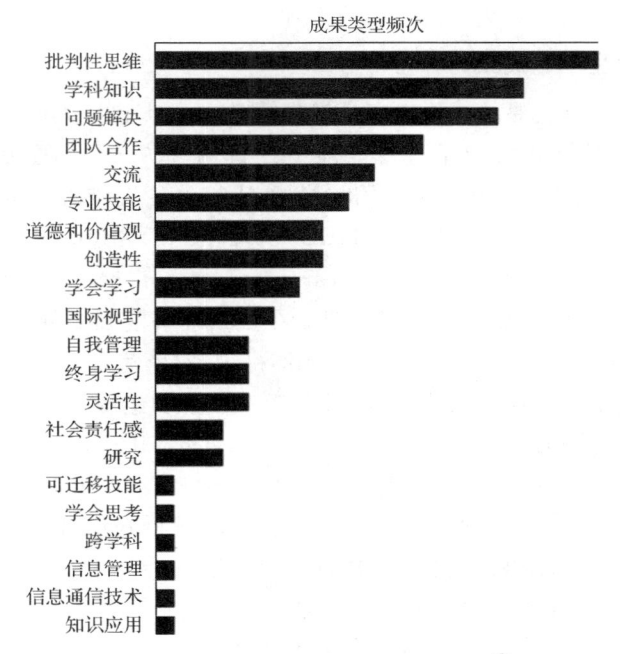

图 3-1　AHELO 大学生学习成果类型[①]

表 3-1　利益相关者认定的大学生学习成果类型[②]

利益相关者	选择人数/类型				
	5	4	3	2	1
政府	就业能力	道德价值观	学科知识	批判性思维	交流能力
用人单位	交流能力	团队合作	问题解决	批判性思维	学科知识
教师	批判性思维	学科知识	交流能力	研究能力	问题解决
学生	就业能力	学科知识	批判性思维	交流能力	问题解决

总体上看，这些能力可以归纳为两类学习成果：第一是学生的基本素质，第二是学生的学科专业知识和技能。因此，AHELO 项目将学生的基本素质和学

[①] OECD. Assessment of higher education learning outcomes feasibility study report（volume 3）：Further insights［EB/OL］.（2013-12-22）［2019-12-01］. http：//www. oecd. org/edu/skills-beyond-school/AHELOFSReportVolume3. pdf. 55-56.

[②] OECD. Assessment of higher education learning outcomes feasibility study report（volume 3）：Further insights［EB/OL］.（2013-12-22）［2019-12-01］. http：//www. oecd. org/edu/skills-beyond-school/AHELOFSReportVolume3. pdf.

生的学科专业能力作为大学生学习成果评价的两个部分，分别进行评估。

（二）大学生学习成果的评价内容

AHELO项目主要的评价内容是学生的基本素质和学生的学科专业能力，分别使用通用技能评价和学科专业能力评价两种方式[1]。通用技能（generic skill）是指与学生毕业后从事职业和个人生活相关的思维方式和能力，这一技能被看作是大学生的核心技能。AHELO项目采用了国际公认度较高的美国大学校际学生学习评价（Collegiate Learning Assessment，CLA）体系对大学生的通用技能进行评估，该测评框架是建立在一致理解基础上的核心综合能力的概念化。学科专业能力（discipline-specific skill）对学生的要求比较明确，也相对容易评估基本的和最小的成果，项目选择工程学和经济学学科作为试点。美国教育考试服务中心（Educational Testing Service，ETS）负责经济学评价的研发工作，其测评框架重在考查学生的抽象思维、分析、归纳和演绎、量化与设计，以及问题架构能力。测评框架共包含五项内容：学科知识理解、学科知识在现实问题中的应用、有效利用相关数据和定量方法的能力、与专业人士和非专业人士的沟通力、获取独立学习技能的能力。澳大利亚教育研究委员会（Australian Council for Educational Research，ACER）负责工程学评价研发工作，其测评框架则是基于运用基础工程和科学原理以及工程流程与基本技能解决问题的能力。[2]

（三）大学生学习成果的评价工具

评价学生学习成果主要有两种形式，选择型问卷（multiple used questions）和问答型问卷（constructed response tasks）。选择型问卷是广泛认可的评价形式，它容易开发和管理，适应性强，覆盖面广。问答型问卷关注讨论框架，通过细致入微地观察测试多项技能，评估结果更加全面完整，更具诊断性[3]。AHELO项目采取了两者相结合的方式，通过加强对评估管理组织人员和评分者的培训，尽量弥补两个评价工具的缺陷和避免相互干扰，尽可能地发挥两个评价工

---

[1]OECD. Assessment of higher education learning outcomes feasibility study report (volume 3): Further insights [EB/OL]. (2013-12-22) [2019-12-01]. http://www.oecd.org/edu/skills-beyond-school/AHELOFSReportVolume3.pdf.

[2]陈涛. 一种全新的尝试：高等教育质量测评的国际动向——OECD"高等教育学习成果测评"的设计与实施[J]. 比较教育研究，2015(2)：30-37.

[3]OECD. Assessment of higher education learning outcomes feasibility study report (volume 3): Further insights[EB/OL]. (2013-12-22)[2019-12-01]. http://www.oecd.org/edu/skills-beyond-school/AHELOFSReportVolume3.pdf.

具的优势。如通用技能测评工具涉及两个结构型问答任务（90分钟），旨在考查学生的批判性思维；若干课程综合能力选择题作为重要补充（30分钟），旨在处理更为广泛的话题和多种思维类型，但不涉及综合思维和写作能力的测试。经济学测评工具包括了一个结构型问答任务（30分钟），旨在考查学生的综合技能和沟通能力；48个选择题（60分钟，分四组，每组12题），旨在考查学生的经济知识、认识和技能。工程学测评工具包括了两个结构型问答任务（30分钟），主要考查学生的四项关键能力：工程基础、工程分析、工程设计和工程实践；40个选择题（60分钟，分四组，每组10题），旨在考查学生的基本工程科学知识。

三、实践：鼓励参与和全方位反馈

由于各国家、州、地区等各级部门组织的高校质量评价项目多如牛毛，高校和学生参与AHELO项目的热情和兴趣并不高，为了提升高校和学生的积极性，AHELO项目提出了三大举措[①]：一是加强宣传，通过媒体、学生社团和俱乐部等媒介广泛宣传学习成果评价的目的和价值；二是出台有效的激励政策，通过国际基金和经费支持对学校进行财政补贴，并建议学校将学生参与评价与学分政策和就业政策结合；三是科学规划，合理组织，做好参与评价的教师和管理人员的培训工作。2012年底AHELO项目完成了评价总体方案的开发和设计，并对17个国家和地区的249所高等教育机构进行了测试，4900名教师和管理人员以及23000名即将获得本科学位的学生参加了测试[②]。同时，项目建立了高质量的评价结果反馈体系，通过学生表现、学科表现、学校表现三个层次呈现数据，对评价结果进行纵向分析、标准分析、比较分析等多维度分析，加强评价结果的解释和利用[③]。

OECD在报告《教育中的评估与创新》（Assessment and Innovation in Education）指出，目前OECD普遍采用的基于标准的评估体系中，学习成果标准、课

[①] OECD. Assessment of higher education learning outcomes feasibility study report（volume 3）：Further insights[EB/OL].（2013-12-22）[2019-12-01]. http：//www.oecd.org/edu/skills-beyond-school/AHELOFSReportVolume3.pdf.86-91.

[②] OECD. Assessment of higher education learning outcomes feasibility study report（volume 1）：Design and implementation（executive summary）[EB/OL].（2013-12-22）[2019-12-01]. http：//www.oecd.org/edu/skills-beyond-school/AHELO% 20FS% 20Report% 20Volume% 201% 20Executive% 20Summary.pdf.2.

[③] OECD. Assessment of higher education learning outcomes feasibility study report（volume 3）：Further insights[EB/OL].（2013-12-22）[2019-12-01]. http：//www.oecd.org/edu/skills-beyond-school/AHELOFSReportVolume3.pdf.92-99.

程、评价三者间的一致性非常关键。首先,评价不应该聚焦于学科内容本身,而应该重视检测学生的认知技能和认知过程。如果要以评价来引导学校重视学生创新能力培养的话,应该注重对高阶思维技能的评价。其次,在三者一致性体系中,学习成果标准应该包括综合性的、被清晰界定的学习内容以及期望学生表现出来的认知技能和认知过程,课程要覆盖学业标准所界定的各项学习目标,考试要检测学生所掌握的学科知识以及学科知识背后的认知技能。该报告是对 OECD 国家十年来的学习成果评价研究和实践的综述,其评估理念将对这些国家下一个十年的评估实践产生重要的影响[1]。

四、案例:澳大利亚 AHELO 的组织、实施和结果[2]

从 2011 年起,澳大利亚开始参与 AHELO 项目,力图通过设计评价工具、实施成果测试以创建更为丰富的信息资源,让教学实践和学习成果获得应有的重视。澳大利亚 AHELO 项目筹备了大约两年,2011 年的重要工作是开展评价方案的审查,记录教师和学生的各项反馈,对反馈进行核对和沟通;2012 年开始招募大学,对学生和教师进行抽样调查,为大学生学习成果评价的实施提供技术支持,确定评价管理机制,对评价方案进行审定。

(一)项目组织

澳大利亚高等教育学习成果评价由澳大利亚联邦政府支持和资助。政府组织建立国家项目评价中心,中心在处理不同机构间的关系、保持有效沟通方面起到关键作用。在项目实施阶段项目评价中心通过电话会议、专题讨论会、实地考察和电子邮件等方式保持与机构之间的联系与合作。

项目评价中心实行项目经理负责制,项目经理的主要职责是在高等教育学习成果评价联合体和经合组织秘书处指导下,开展高等教育学习成果评价可行性研究工作。项目经理通过创新行业科技研究和高等教育部(Department of Innovation, Industry, Science, Research and Tertiary Education,DIISRTE)与联邦政府在整个可行性研究过程中定期保持紧密的沟通,在项目实施期间提供月进度报告,并定期召开电话会议。进度报告和电话会议帮助政府和高等教育部了解项目经理的工作情况和高校领导、教师、学生对项目的认知情况。项目

---

[1] 冯大鸣.西方教育管理 21 世纪进展研究[M].北京:高等教育出版社,2014:92-93.
[2] Edwards D. The AHELO experience-implementation, outcomes and learning from an Australian perspective[EB/OL].(2016-10-22)[2019-12-01]. https://www.nier.go.jp/06_jigyou/symposium/i_sympo25/pdf/7_Edwards/paper_e.pdf.

经理通过高校协调员与高校进行联系和沟通，协调员负责高校内部各项活动。

(二)可行性研究

可行性研究分为两个实施阶段。第一阶段通过调研与经合组织和高等教育学习成果评价联合体进行评价工具的开发及试点测试。这一阶段工作在几个国家同时开展，每个国家有专门的认知实验室对学生进行测试，主要内容包括高校招募、向高校提供详细的项目信息、组织学生参与试点测试、调查和反馈试点结果、审定评估工具、收集学生测试结果和对测试工具的反馈意见、确定反馈的关键点等。第二阶段确定学习成果评价的实施内容，形成测试条件，对高校师生开展调查，开展高等教育学习成果评价，多方收集调研数据。其主要内容包括再次招募高校、开发高校评价指南和手册、协助实施在线测试和招募学生、高校协调员培训、准备测试设备和条件、对测试进行有效监督和管理、对教师学生等相关人群发放调查问卷并回收、招募评分员推动评分工作、数据处理并进行国家间的比较和分析、安排相关人员参加国际培训和宣传会议等。

对参加可行性研究的大学，由项目经理直接联系协调员，为其提供项目总体概况和具体要求。根据经合组织和高等教育学习成果评价联合体的要求，澳大利亚项目中心根据以下原则对学校进行筛选：

(1)高校显示出对高等教育学习成果评价项目的兴趣。

(2)高校协调员提供了具体联系方式。

(3)高校已经设立土木工程专业。

(4)样本应包括一定地理位置的多所高校。

(5)样本应包括不同类别的高校。

(6)样本应包括不同规模的高校。

澳大利亚共有 10 所大学参加了两个阶段的可行性研究：查尔斯达尔文大学、科廷科技大学、詹姆斯库克大学、斯威本科技大学、阿德莱德大学、墨尔本大学、新南威尔士大学、纽卡斯尔大学、悉尼科技大学、皇家墨尔本理工大学。

(三)项目实施

在 2011 年 4 月和 8 月，澳大利亚 10 所高校总计 78 名学生参加了专题小组，完成了评估方案相关问题调查问卷。学生专题小组和问卷调查主要包括的任务有挑战自我、激发兴趣、在实际问题中应用所学知识技能、评价知识和技能的适当范围、与自我学习相关的项目、未来职业发展等几个方面。对学生回答进行的评分被纳入第一阶段国家数据库，并提供给高等教育学习成果评价联合体参考。调查结果显示澳大利亚学生受到非常高的挑战，基本能对调查问卷中所涉及的其他任务做出积极反馈。除了通过问卷形式进行测试评分外,学生专题小组还进行了讨论调查。根据澳大利亚和其他参与国的学生专题小组和学习评价的结果,高等教育学习成果评价联合体对评价工具做了修正。

2012年,高等教育学习成果评价的第二阶段在8所澳大利亚大学开展。参与可行性研究的学生接受了高等教育学习成果评价,包括90分钟测试,一项建设性任务和一个多选题模块。学生在每个测试环节最后还要完成一项背景问卷调查,以收集人口统计相关数据和学生背景特点信息。主要测试的土木工程专业学生学习成果分解描述见表3-2。

表 3-2 澳大利亚 AHELO 土木工程专业学生学习成果分解

技能类型		成果分解
工程通用	A	使用不同方式与工程界及社会进行有效沟通
	B	展示广泛的跨学科工程背景
工程基础	C	掌握和理解土木工程学学科和数学原理知识
	D	掌握和理解工程学分支的核心内容和概念系统
	E	掌握全面的材料和建筑知识
	F	掌握全面的结构工程学知识
	G	掌握全面的地缘技术工程学知识
	H	掌握全面的水利工程学知识
	I	掌握全面的城乡规划工程学知识
工程分析	J	使用现有知识确定、分析并解决工程问题
	K	分析工程学产品流程和方法
	L	选择并应用工程分析和建模方法
	M	使用数据库和其他信息来源开展文献分析
	N	设计并实施科学实验、分析数据并得出结论
	O	掌握工作室和实验室里所需技能
工程设计	P	开发设计工程方案,完成具体工程要求
	Q	理解并运用工程设计方法论
工程实践	R	合理选择和使用材料、设备和工具
	S	运用理论和实践知识解决工程问题
	T	理解应用技能和方法的范围
	U	理解工程实践的非技术含义
	V	理解工程学实践中健康、安全和法律问题和责任
	W	掌握项目管理和商业实践的知识

准备阶段管理的主要任务是按照高等教育学习成果评价协议的要求从每所参与大学收集样本。为了确保 AHELO 数据的国际可比性和有效处理所收集数据,所有参与高校需要提供所有符合条件的学生和工作人员名单。这种做法可以提升评价信度和效度,以便在必要的时候选择样本。澳大利亚参与测试的是土木工程学本科最后一年的学生。

澳大利亚实施高等教育学习成果评价的主要挑战是如何鼓励更多学生参与测试,由于澳大利亚的参加院校类型较多,项目经理采取了灵活的方式激励院校参与,允许院校协调员提出本地化激励措施,由项目经理审批并资助,表 3-3 列举了院校向参与学生提供的激励方案。有些院校学生总人数很少,可以向每位学生提供优惠券;在另一些人数较多的院校,参与者需要抽奖才能获得优惠券。除了现金奖励,有学校向参与的学生解释测试与他们将来工作的相关性以及参与项目对学业成功的重要性。有一所大学不向学生提供现金或其他奖励,完全通过强调评估体验来激励学生参与。项目向所有参与评价的院校和参与测试的学生提供评价结果等级证书,这些证书由高等教育学习成果评价联合体和经合组织颁发,证书上印有经合组织的标志。

表 3-3　8 所院校提供的参与测试激励方案

院校	激励方式
A 大学	每位参与者获得 100 澳元现金券
B 大学	抽奖,为参与者提供午餐并讨论评估结果
C 大学	每位参与者获得 50 澳元现金券
D 大学	抽奖,每个阶段进行奖券抽奖(8 个环节),每次都有机会赢取 200 澳元或 100 澳元的奖券。
E 大学	抽奖,5 份 5 澳元奖金,1 份午餐
F 大学	抽奖,并向学生社团提供 1000 澳元以提高参与率
G 大学	无
H 大学	将测试作为核心课程的一项要求

澳大利亚共有 187 位学生参与了第二阶段高等教育学习成果评价。在所有参与的院校中,1/5 的临近毕业的土木工程专业学生参与了这项评估。然而,此平均值不能代表院校之间的学生参与率存在显著差异。5/8 的院校参与率低于 25%,H 大学几乎所有的学生都参与了这个评估。

(四)评价结果分析和影响

本部分仅限于澳大利亚参与 AHELO 项目学生数据结果的相关讨论,大多数院校参与学生样本数量低于需要采集可靠数据所要求的水平。在此主要对两个问题进行讨论:学生的成绩与高等教育学习成果评价结果间的关系,以及实施工作和高等教育学习成果评价之间的联系。高等教育学习成果评价结果的国际平均值是500，标准偏差是100。图3-2呈现了高等教育学习成果评价结果和学生大学期间在校学习的成绩之间的关系，学生成绩是根据学生自己汇报的情况进行分类的。这表明，名列前茅的学生在高等教育学习成果评价中比其他学生平均得分更高，这一结果在某种程度上证明了高等教育学习成果评价测试的有效性和可信度。

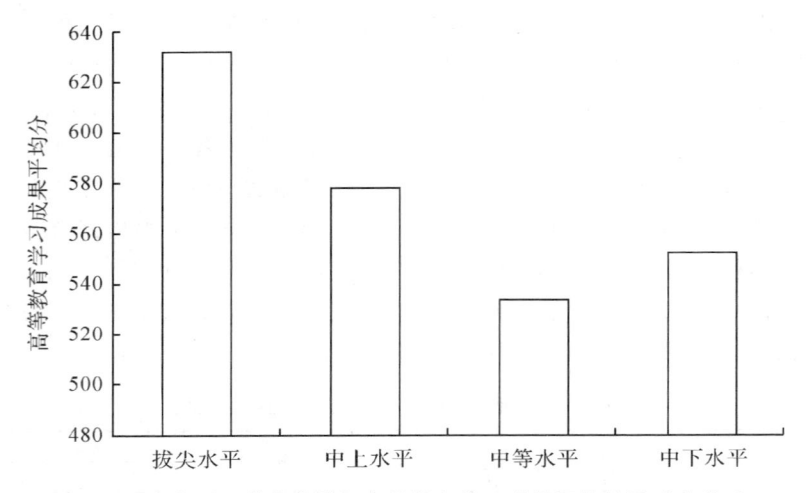

图 3-2 澳大利亚学生成绩与高等教育学习成果评价结果对应关系

澳大利亚在高等教育学习成果评价实践过程中积累了很多宝贵经验。首先，澳大利亚政府积极参加，项目组织过程比较合理，项目构建了有效的监督、实施、协调管理机制，国家项目中心、项目经理和协调员之间开展了有效的合作。其次，高等教育学习成果评价是一项突破性的尝试，学生表示没有接触过此类评估并且相信该评估能够反映个人的学习和发展情况。在项目组织和实施过程中，来自多个国家的工程专家通过会议和在线沟通方式进行合作，为增强国际交流提供了绝佳的机会，同时也促进了工程学院的内部合作。参与工程测试试点使得学生和高校对专业培养都产生了更加深刻的理解。

五、启示与困境

越来越多的学生进入高等教育机构进行不同形式和目的的学习，如何客观评价学习质量成为高等教育面临的新挑战。在这样的背景下，OECD推出首个以学生学习成果为导向的国际质量评估项目，并以克服各种困难、积极推进项目实施的精神和态度完成了若干国家的试点实施工作，该项目在评价思路、评价内

第三章　大学生学习成果评价的国际经验

容和评价结果三个方面进行的战略选择和实践,有着重要的启发和借鉴意义。

(一)学生学习成果是高校质量评价的重要指标

AHELO 项目通过对学生学习成果进行直接测量,一方面将学生作为直接的、主要的评价对象,避免了在高等教育投入和产出之间的非正相关情况,提升了评价结果的可信度,使评价更加科学、准确。我国现有的学生学习评价一般都在高校内部完成,学生通过课程获得学分,达到学分标准即可取得学位,这种评价方式的不足之处在于各校学生培养质量的"各自为政",人们很难对不同大学的学生质量进行统一的评判和区分。因此,设置统一的学生学习成果评价标准,呈现和评价各高校的人才培养质量,是当前高校质量评价改革的发展趋势。

(二)学生评价以深层学习成果为重点

OECD 在基础教育、成人教育领域已经开展了 PISA 和 PIAAC 国际教育测试,针对的主要是小学生和成人的阅读、数学和写作能力,关注基本的学习技能和成果。实际上,学习是知识的记忆、了解、应用、增进、再生产,目标是了解真相、解释过程、加以应用,并且改变个人的观念与行为,它有表层和深层之分[1]。表层学习主要是指与记忆有关的学习活动,包括知识和信息的复制和记忆,目的在于重现学习内容,被动接受各种观念;而深层学习更加注重基于理解的学习活动,学生需要积极与学习内容互动,尤其是与有关新想法和先前理论知识的互动,能将结论和相关经验连接。表层学习和深层学习的划分诠释了学习和学习成果的内涵,真正的高等教育学习是积极主动的、创造的、强调运用的,为达到应用自如和改变观念行为的深层意义,以统整原则对知识进行联系、思考和创造。AHELO 将学生的批判性思维、问题解决和交流合作等能力作为大学生的主要学习成果进行评价,运用评价工具印证支持深层学习的观点,有助于改进传统的教学和学习内容,让评价不仅是简单的能力测量,更积极回应了深层学习的内涵和意义。

(三)学习成果评价以高等教育增值和改进为主要目的

与其他国际评价和排名项目以呈现高校现状为目的不同,AHELO 项目提出其最终目的在于呈现高等教育增值情况和改进高校质量表现。具体表现为项目通过对高校和学生进行不间断的跟踪评价和纵向分析,实现对学生个体表现和高校整体质量的增值评价。评价完成后,项目引导高校提出改进学习教学

---

[1] Harlen W, James M. Assessment and learning: Differences and relationships between formative and summative assessment[J]. Assessment in Education, 1997, 4(3):365-379.

质量的政策建议。根据评价结果进行的改进主要包括三个方面:在改进高校教学方法和课程内容上,通过对教师教学内容和课程设计提出建设性意见,改善教学方法,提升教学效率;在改进高校发展重点和战略上,分析学校教育环境的优点和不足,对学校发展战略和学校质量体系完善等方面提出建设性意见;在改进学生学习成果质量标准体系上,构建国家和高校不同层次学生学习成果质量评价体系,切实加强对学生能力的培养和提供学生学习的质量保障。

在OECD开发的四大国际教育测试项目中,AHELO项目争议可谓最大,它不只是测评方式、内容的转变,更是测评理念的革新。AHELO项目给世界高等教育传达了一个信号,即高等教育必须树立"以学生为中心"的思想。项目开发的学生学习成果国际测评工具,除了呈现和比较功能外,还要支持、促进学生学习成果的改进。从方式上看,AHELO项目尝试采用国际合作的方式,通过国际、国家和院校三方的紧密合作以及商讨、翻译、试测和实施等多个工序的协同研发,将促进质量评估模式的国际化。从内容上看,将学科知识作为学生学习成果考察内容,可以说是高等教育质量评估的重大转变。从技术上看,由于国家、文化和语言背景的差异,测评框架和工具的研发工作更加繁杂,良好的质量控制和质量保证环节比测试本身显得更为重要[①]。也正因为如此,项目本身在实施过程中仍然具有一定难度和存在着很大的问题,外界对AHELO项目的质疑声也从未间断,而质疑的重点集中于其包容性、参与率及工具性三个方面。

包容性方面。项目部分学科测评工具是基于已有欧美测评工具进行修订的,虽然在修订过程中吸纳了世界相关国家和地区专家学者的意见,而且很多国家也在进入具体测评环节之前将实测工具进行了本土化改动,使其适合自身的高等教育体系,但仍反映出各方关注焦点的不均衡性,并未公平公正地考量各成员国的实际情况和实际需要。还有学者从项目共同体的角度出发,提出AHELO项目在很多实施环节存在着同质化的问题,限制了项目的包容性[②]。

参与率方面。由于项目评价样本以大四毕业生为主,很多学生忙于找工作、考研,导致样本资源的流失。而从各项技能测评结果看,不同地区样本回复率呈参差不齐状态,其中通用技能测评的回复率相差最为悬殊,芬兰最低,回复率为3.5%,而哥伦比亚国家最高,回复率达99%。经济学测评中,荷兰回复率最低,为3.8%,而墨西哥回复率高达100%;工程学测评中,澳大利亚回复率是

[①]陈涛.一种全新的尝试:高等教育质量测评的国际动向——OECD"高等教育学习成果测评"的设计与实施[J].比较教育研究,2015(2):30-37.

[②]张悦.经合组织高等教育学习成果测评(AHELO)项目研究[D].长春:东北师范大学,2019:42.

最低值12.3%,而阿布扎比回复率则是100%[1]。参与率问题直接影响了项目测评结果的信度和效度,成为整个项目实施和推广的"硬伤"。

工具性方面。反对者认为AHELO项目是OECD用于评价国际高等质量的工具,旨在为全球高等教育提供一个新的大学排行榜。测评采用的赋分评价可以反映出不同成员国和不同高校的办学质量,无形之中也给高校和高校中的学生,尤其是毕业年级的学生贴上了标签,影响在项目测评中结果不理想的高校的应届毕业生就业情况,降低就业率。同时指责AHELO项目采用统一的评价框架对高等教育质量和学生学业成果进行对比分析,实质上会造成部分国家的盲目借鉴和改革,阻碍了高等教育的多样化发展,对推进高等教育全球一体化产生负面影响[2]。

第二节 美国大学生学习成果评价

从国际上看,对学生学习成果的研究,无论是在理论界还是实务界,以美国最为丰富。美国开展学习成果评价的主要原因是培养高技能劳动力的需求、政府问责的加强以及认证组织的推动,在高等教育愈发强调"说明责任"的背景下,学生的学习成果成为评价一所院校绩效表现的一个重要指标[3]。1992年美国《高等教育法》规定,学生学习成果是认证评估的重要内容,联邦政府组织开展的院校评估和专业认证都将大学生学习成果作为主要依据。州政府对公立高校实施的绩效评估最关注的是本科教育和学生学习成果以及学校如何提高学生学习质量[4],加利福尼亚、佛罗里达和肯塔基等州也通过立法、政策和财政倾斜等方式引导各高校开展学生学习成果评价工作。学生学习成果已经成为当今美国高等教育质量评估的核心内容,是显示一所院校办学成效的最为重要的证据[5]。第三方评估机构也通过调整评价理念、开发评价工具、改进评价方法等措施加大对学生学习成果的评价力度。美国学生学习结果评价在政府、高校

---

[1]王卓."双一流"背景下AHELO项目在我国高等教育中的应用前景研究[D].西安:陕西师范大学,2017:32-36.
[2]陈凤.OECD高等教育学生学习成果评价研究[D].重庆:西南大学,2019:71-76.
[3]蔡国春.美国院校研究的性质与功能及其借鉴[D].南京:南京师范大学,2004.
[4]王建成.美国高等教育认证制度研究[M].北京:教育科学出版社,2007.
[5]马彦利,胡寿平,崔立敏.当今美国高等教育质量评估的焦点:学生学习成果评估[J].复旦教育论坛,2012(4):78-84.

以及专业、课堂等众多层面展开,并表现出以学生为中心的价值取向[①],是关注学生能力提高与个体发展的产出性评估,是注重过程与结果的综合性评估,是以改善教学为中心的持续性评估,也是凸显实证主义的多主体评估[②],是美国高等教育评价由关注资源输入到全面注重学习过程和结果的一次转变。本节对美国大学生学习成果评价的内容和方法、代表性工具、组织机构进行梳理,并对入选美国高校学习成果评价优秀高校案例进行分析。

一、评价内容和方法

(一)评价目的

对于美国大学生学习成果评价的目的,研究者从不同视角出发,给出了多样化的界定。如有学者从过程视角出发,认为学习成果评估"是以改善为目的的系统收集、解析和使用有关学生学习信息的过程";有学者从院校研究角度,认为学习成果评价是"院校自行设计和实行的、以学生学习成果为中心的评价研究,旨在确定院校培养学生的成效,改善教师的教学和学生的学习";有学者从评估重点出发,认为"学习成果评估关注学生及其在课程、专业、学校层面的知识、技能、态度的获得情况";还有一些学者从办学绩效的角度,认为学习成果评价是"为了评判办学绩效,系统地收集学生获得特定水平知识、技能的总体程度的有关证据的过程"。从以上观点来看,美国学习成果评价对象是学生的"学",而非教师的"教";强调"过程",是系统地收集、分析学习证据的过程;最终目的是促进"改进",使用评估结果改进教学,提升质量。[③]

(二)评价内容

美国大学生学习成果概念有三个主要特点[④],一是预设性,在美国的教育实践中,学生学习成果这一概念具有预设性、动态性的特点,它既包括学生学习发生之前对学习成果的预设,也包括学习行为发生期间对学习过程的追踪,及学习行为完成之后对学习成果的判断。二是丰富性,在美国社会多元文化背景下,高等教育学生学习成果的内涵和外延相当丰富。帕斯卡雷拉(E. T. Pascarella)和特伦兹尼(P. T. Terenzini)提出,大学生学习成果主要包括 10 个部分:语言、计数和学科知识能力;认知技能和智力成长;自我身份、自我概念和自

[①] 熊耕. 透视美国高等教育中的学生学习结果评价[J]. 比较教育研究,2012(1):33-38.
[②] 黄海涛. 学生学习成果评估:美国高等教育质量保障研究[M]. 北京:教育科学出版社,2014:39-42.
[③] 刘海燕,常桐善. 美国大学学习成果评价:内涵、现状与挑战[J]. 高等教育研究,2015(7):97-102.
[④] 杨启光,潘秀秀. 美国大学生学习成果评估的内容范畴与测量工具论析[J]. 现代大学教育,2019(1):56-62.

尊的变化;对外部世界看法的改变;态度和价值观;道德发展;学习成就;职业选择与发展经济收益;大学毕业后的生活质量等。三是差异性,不同主体基于不同角度和情境需要,对学习成果有不同的理解,因此学习成果的概念具有情境差异性的特征。库(G. D. Kuh)指出,一个全面宽泛的学生学习成果的概念界定需要回答这些问题:学生本人或者是我们希望学生进入大学后得到什么?学生在大学就读期间究竟发生了什么变化?他认为学生学习成果的概念是个性化的,包括每个学生的"学业成绩,教学活动中的积极参与,满意度,对于所需求的知识技能、能力、学历的习得,实现教育目标以及毕业后的表现"。

  对学习成果概念认知的独特性,使得美国大学生学习成果评价内容层次和类别展现出多元化的特点。从层次来看,有三个层面的评价。一是课程层面的评价。目的是评价单门课程学习的有效性,课程目标是评价标准。课程层面主要评价学生是否清楚课程学习目标;课程作业是否有助于实现学习目标,能否为学习后续课程打好基础;课程结束后,学生是否实现了预期学习目标;课程学习是否有助于专业学习目标的达成等。课程层面的评价证据主要包括学生课程作业(论文、考试、项目),外部或商业化测验,课程档案袋(教学大纲、作品展示、案例)等。二是专业层面的评价。目的是评价学生专业学习的有效性,专业培养目标是评价标准。专业层面主要评价专业课程体系的设计是否与学习目标一致;专业课程体系是否连贯,有助于学生连续学习;学生通过专业学习是否实现了专业人才培养目标,实现程度如何;通识教育实现学习目标的程度如何;专业学习是否有助于大学人才培养目标的实现等。专业层面的评价证据主要包括:课程作业,学习档案袋,入学测验或作业,顶峰体验课程,外部或商业化的测验等。学生入学、中期、毕业是专业学习成果评价非常重要的三个时间节点,尤其是毕业评价非常重要,是评价学生专业学习有效性的重要依据。三是大学层面的评价。目的是从总体上评价大学教育的有效性,促进大学内部改进及回应外部问责。大学层面主要评价学生在大学学到了什么;实现大学人才培养目标的程度如何;大学教育对学生产生了怎样的影响;如何证明大学教育的有效性及大学履行了自身的使命;大学为学生今后的发展提供的准备如何等。大学层面的评价证据主要来自课程和专业层面的累计数据、外部标准化测试以及一些间接的学习成果评价测试等[①]。

  从内容来看,有两个方面的评价。一是通识教育评价,主要由通识知识和基本技能两个方面构成。有问卷调查显示,美国高校在对知识类学习成果评价

[①] 刘海燕,常桐善.美国大学学习成果评估:内涵、现状与挑战[J].高等教育研究,2015(7):97-102.

中，对人文知识的评价最为普遍，对此进行评价的大学占所有回答问卷大学的72%；其次是科学知识和社会科学知识，有大约70%的大学设定了学生在这方面需要掌握的知识。值得注意的是，美国大学对世界文化和多元化知识的关注程度也较高，分别达到68%和57%，其他评价内容包括数学知识、技术、美国历史、语言知识等。技能方面的评价内容最为普遍的是写作能力、批判性思维能力和数理推理能力，70%以上的大学对这三项内容进行了评价；技能方面的评价内容还包括交流能力、理解多元文化的能力、使用信息的能力、道德判断能力、社会活动参与能力、知识应用能力、研究能力和知识融合能力等。二是专业课程知识与技能评价。专业课程评价的学生学习成果主要指向本专业领域的相关知识和能力，尤其强调学生通过学习提升的专业技能。[①]

（三）评价方法

美国高校主要使用的学习成果评价方法主要包括五种。

1. 考试

考试是最传统的学生学习成果评价工具，也是课堂教学中普遍使用的工具。这种直接评价工具主要考查学生知识掌握情况。考试种类包括多项选择题、是非判断题、选项搭配题、短文写作、简要回答、问题解决、口试、实验或者实践技能考试、游戏制作等。

2. 量规

量规也是学生学习成果评价的常用工具，量规大多数是以二维表格形式呈现的，由评价指标（内容）、评价标准（质量）以及评价等级（分数）构成矩阵。量规的运用同样十分广泛，它最大的优点是将学习目的和评价标准有效地结合起来，并且融定性评价和定量评价于一体。

3. 档案袋

学习档案袋（portfolio）是将学生完成的学习任务收集起来像归档一样存放在一起，并通过这些任务的完成情况来评价学生的学习成果。它最大的优点是可以不断积累学生的学习成果和过程资料，从而反映学生在不同时期的学习情况。美国使用学生档案袋搜集课程作业、参研项目、研究报告、毕业论文、艺术作品、表演展示等学习过程资料，通过纵向分析和横向对比，达到评价学生学习成果的目的[②]。随着计算机的普及和网络技术的发展，电子档案袋（electronic portfolio）的出

[①] 杨启光，潘秀秀. 美国大学生学习成果评估的内容范畴与测量工具论析[J]. 现代大学教育，2019(1)：56-62.

[②] 申天恩，申丽然. 成果导向教育理念中的学习成果界定、测量与评估——美国的探索和实践[J]. 高教探索，2018(12)：49-54.

现不仅扩大了学习资料储存的容量,而且有益于共同评价、检索查询等。

4. 顶点课程

顶点课程(capstone course)是一种促进学生整合、拓展、批判和应用在学科领域和跨学科领域中所获得的知识、技能和态度的课程,它不仅要求学生通过课程设置的各种任务展示自己的专业课知识,而且要求学生展示在大学期间的整个就读经验,特别是各种技能。

5. 调查问卷

问卷调查是评价学生态度、情感与价值观变化的最有效工具之一,2000年起实施的美国全国大学生学习投入调查(NSSE)与2002年开始实施的加州大学本科生就读经验调查(UCUES)就是广泛使用调查问卷的典型案例。[①]

美国大学生学习成果评价在课程、专业和学校三方面有不同的方法和路径。如在课程层面有标准化考试、学期论文报告、学生用于课外练习的时数、学生参与课程相关知识等认知活动的时数等。在专业层面有高水平课程占整个教学计划学时比例、学生就业情况、学生自编出版物及举办的学术会议等。在学校层面有通识教育考试成绩、学生学业考试成绩、学生学分绩点等,具体如表3-4所示。

表3-4 美国不同层面学习成果评价方法和工具

层面	直接证据	间接证据	评价方法
学校	通识教育课堂评定量表及成绩、通识教育考试成绩、写作及批判性思维、学业考试成绩、跨学科(专业)课程分数、全校学生必修课程成绩	学校年度教学质量报告、毕业率(保持率)、学生平均绩点(成绩单)、毕业生问卷调查	全国性学生调查、校友问卷调查、自行开发的问卷、新生测验、自行开发的知识和技能测试、雇主问卷调查、通用知识和技能测试
专业	专业实习成绩、学生出版物或做会议报告、资格考试及证书考试通过情况、大四毕业设计情况	访谈师生及雇主情况、专业研究生录取率、高水平课程占比、学生就业情况、专业学生问卷调查、课程按计划实施情况、专业整体情况	
课程	课程作业、考试及随堂测验、标准化考试、研究项目、学期报告及论文、学生参与讨论情况、案例研究及相关分析、艺术作品或临床经验、根据学习标准评定的成绩	课程评价、学生用于课外学习时数、学生参与相关课程知识及文化活动时数、用于主动学习时间占比、教学计划执行情况	量规、基于课堂的表现性评价、外部表现性评价、档案袋

---

① 杨启光,潘秀秀. 美国大学生学习成果评估的内容范畴与测量工具论析[J]. 现代大学教育,2019(1):56-62.

二、代表性工具

美国比较有代表性的学习成果评价工具，包括标准化直接测评工具"大学校际学生学习成果评价项目"(CLA)、调查问卷类工具"全国学生学习投入调查项目"(NSSE)、量规类工具"本科学生学习有效评估项目"(VALUE)以及增值类评价工具"预期核心技能表现评价项目"(EPP)，这几类项目直接或间接测量学生的学习成果，不仅仅涵盖知识层面，还涵盖价值观、态度与情感等非认知层面相关成果，已经得到包括中国在内的世界很多国家的广泛认可和使用。

(一)CLA

大学校际学生学习成果评价项目(Collegiate Learning Assessment，CLA)包含学习测量(CLA Testing)、数据分析(CLA Analysis)、评价培训(CLA Education)、项目研究(CLA Research)等四个部分。CLA评价内容包括科学和实证推理能力、分析与问题解决能力、写作成效、写作技巧、批判阅读与评价能力、辩驳能力。对上述内容的评估，CLA采取横向比较和纵向跟踪两种方式，测量学生学习成果的增量价值；前者同时抽取新生和毕业生进行比较和测试，后者采取随机抽样方式对一年级新生、大二、大三及毕业生展开测量。CLA以考试试卷作为评价工具，题型有选择题与学业表现任务两种题型。选择题通常由25道试题组成，以社论、政客演讲、博客为素材分别评估学生的科学和实证推理能力(10题)、批判阅读与评估能力(10题)、辩驳能力(5题)。学业表现任务通过提供一个真实场景和有关文件库(研究报告、信件、照片、新闻、备忘录、地图、图表等资料)，要求学生在一小时内完成一篇调研报告，以考察其写作能力。CLA整个试卷由题库中的试题矩阵取样随机组合，通过计算机在线完成，即使参加同一测试，学生试题也不相同。测试完成后生成学校、学生两个层面的报告。学校层面提供参评高校的整体表现、每一所高校整体成绩、不同年级的整体表现、高校增值分数及同类院校比较、对评估结果的使用建议等。学生层面要给出CLA总分、学业表现各项得分、选择题得分、单项能力得分以及对比较结果的解释与分析。CLA项目可以呈现与新生入学测试成绩相似生源的高校在教育成效上的差异，亦可呈现学生学习后获得的教育附加值以及产生的教育净效应。

(二)NSSE

全国学生学习投入调查项目(National Survey of Student Engagement，NSSE)是美国影响最为广泛的自陈式量表测试工具。NSSE评价针对学生自身的学习体验，设计学业挑战度(Level of Academic Challenge，LAC)、主动合作学习(Active and Collaborative Learning,ACL)、师生互动(Student-Faculty Interaction,SFI)、教育经验丰富度(Enriching Educational Experience,EEE)、校园环境支持(Supportive Campus Environment,SCE)五个主题。LAC评价指标有指定阅读文献数量、对多方面信息或辩论意见做出价值判断、参加学术活动等;ACL评价指标有参与课堂讨论、课堂展示、参加社区项目等;SFI评价指标有和导师讨论课业任务、和教师共同讨论课外学术活动、和教师讨论职业规划等;EEE评价指标有和朋辈交流情况、运用电子媒体讨论任务、社区无偿服务及志愿者工作;SCE评价指标有为学生获得学术成果提供支持、与其他学生人际关系、和行政人员人际交往情况等。NSSE采用问卷调查方法,问卷由学生在大学活动情况、教育与个人成长、对学校评价三个部分构成。由于调查范围广、办学层次多,NSSE的评价结果既可以用于同一学校同一年级或不同年级学生学习成果的评价,亦可比较不同学校之间学生学习成果结果。有学者总结了NSSE的进步意义,一是认识学习成果增长的曲线规律,不断加深对人才培养的认识;二是抓住学生关键期,实现成果最大化;三是关注学习成果的个体差异,提高针对性;四是通过探究学习成果影响因素,提升大学对学生的教育作用。[①]

(三) VALUE[②]

本科学生学习有效评估项目(Valid Assessment of Learning in Undergraduate Education,VALUE)由美国学院与大学协会(Association of American Colleges & Universities,AAC&U)开发和领导,是一项全国性的院校评估研究与实践。该项目以教师协作设计的课程作业为有效载体,通过设计明确的标准矩阵评估学生在本科阶段真实学习情况,确定学生是否和如何达到本科毕业水平的学习成果、获得雇主和教师都认为必不可少的能力。VALUE于2009年秋季发布,至2018年,VALUE评估标准已经被世界各国5900个组织和个人下载超过6.1万次,其中包括2188所高校与学院。VALUE评估标准已经获批用于美国自愿问责制(VSA)所建立的国家问责标准。使用率和认可度最高的三个VALUE标准评估维度如表3-5所示。VALUE正实现从间接评估到直接评估的开拓性转变,以学生真实的学习成果客观而充分地回应社会问责。这种"直接证据"来自教师精心设计的、不脱离实际课程的课程作业,课程作业经过

[①] 申天恩,申丽然.成果导向教育理念中的学习成果界定、测量与评估——美国的探索和实践[J].高教探索,2018(12):49-54.

[②] 李晓虹,朴雪涛.聚焦直接证据的美国本科学生学习成果评估——以美国大学联合会"VALUE项目"为例[J].外国教育研究,2019(9):116-128.

教师同行评审、协同设计，专门用于学习成果评价，目的性、专业性、形成性和可测性强。作业形式包括论文、报告、案例研究、小组项目、实验、展品、艺术成果、社区服务工作等。课程之前，课程作业的成果目标及任务要求向学生公开，学生基于预设学习成果进行学习和实践，在学习进程中不断依据作业设计的指导性框架及时对学习进行调整和改进，标准量规是VALUE项目评价的主要依据，"直接证据"的获得贯穿学习过程始终。需要强调的是，这种课程作业不同于传统意义上的课后练习或课程附属内容，在"聚焦直接证据"的评估理念下，VALUE回答了"关于学生知道什么、能够做什么和如何改进"的问题，充分反映了学生学习、能力、价值观等增值变化的学习成果。

表3-5 使用率和认可度最高的三个VALUE标准评估维度[1]

标准	评估维度
批判性思维	• 问题的思考与解释； • 证明，包括选择和使用信息来调查一个观点或结论； • 环境的影响和假设； • 学生视角（观点、论文、研究假设）； • 结论和相关结果（启示和结果）。
书面交流	• 写作的背景和目的，包括对读者、目的和围绕写作任务环境的考虑； • 内容开发； • 流派与学科惯例：特定形式或学术领域写作要求中固有的正式和非正式规则； • 引用资料和佐证； • 语法和结构。
量化素养	• 解释，包括能够解释以数学形式呈现的信息（如方程式、表格、图形等）； • 呈现，包括能够将相关信息转化为各种数学形式（如方程式、表格、图形等）； • 计算； • 应用分析，即能够根据数据的定量分析作出判断并得出适当的结论，同时认识到这种分析的局限性； • 假设，即在评估、建模和数据分析中提出重要假设的能力； • 沟通交流，即使用什么证据以及如何规范标准地呈现证据，包括表达定量证据以支持论点。

---

[1] Association of American Colleges and Universities(AAC&U). Assessing outcomes and improving achievement: Tips and tools for using rubrics[EB/OL]. (2020-10-22)[2021-12-01]. https://www.aacu.org/value/rubrics/inquiry-analysis.

(四)EPP[①]

预期核心技能表现评价项目(Expected MAPP Performance,EPP)是美国教育考试服务中心(ETS)针对高等教育领域开发的测评工具,用于评价通识教育的成果,核心技能包括阅读、批判性思维、写作、数学。对这四个技能的测试结果分为1级、2级和3级三个熟练水平。EPP评价中的各模块全部由选择题组成,每个模块包括27道选择题。阅读和批判性思维模块测试围绕人文、社会科学和自然科学三项内容展开;写作技能模块测试主要通过改写句子和选择正确语法两种题型完成。在参加测评的高等院校平均EPP分数和学生大学入学测试(Scholastic Assessment Test,SAT)成绩之间建立一个普通最小二乘回归模型,根据模型用SAT平均分求出EPP预测平均分,EPP实测平均分减去EPP预测平均分即为学校效能(Institution Effect),并通过毕业班学生分差减去新生分差计算得到大一新生和大四毕业生之间的增值。增值的大小因其所处的范围被定性描述为五个等级,分别为远高于预期、高于预期、合乎预期、低于预期、远低于预期。高校预期分数与实际成绩分数标准误差在一个标准误差以内的,属于合乎预期;大于一个不到两个标准误差的被归于高于预期或低于预期;大于两个标准误差的被归于远高于预期或远低于预期。增值评价一般是以院校为单位进行分析,这类评价属于切面样本研究,建立增值绩效的证据轨道需要长期且多个数据收集阶段,需要在每所院校增加抽样才有可能进一步比较和分析。

三、组织架构

美国高校、政府、民间机构发挥着各自的职能并相互配合,形成了各自独立、层级分明但相互联系的组织架构,为学生学习成果评价的运行提供了有效的组织保证[②]。美国联邦政府通过对认证机构的资质认定、学生资格评价标准的制定、政策研究与制定、数据收集与分析等对学生学习成果评价发挥重要影响。州政府通过立法要求高校进行学生学习成果评价,发挥着最为刚性的作用。州政府的各种评估政策直接影响着教育经费的划拨,虽然学习目标和评估方法由高校自行设定,但学校必须向州政府汇报评估结果。地方政府和社区离高校最近,与高校是密不可分的伙伴关系。对公立高校而言,尽管地方政府和

[①] 吴智泉.美国高等院校学生学习成果评价研究[M].北京:知识产权出版社,2019:101-108.
[②] 黄海涛,常桐善.美国高校学生学习成果评估的组织架构及其职能[J].高等教育研究,2014(3):98-104.

社区对大学生学习成果评价没有直接的问责权,但其密不可分的伙伴关系影响着高校的发展。确切地说,地方政府和社区对学生学习成果的评价是一种声誉和服务质量评价。民间评估组织是美国开展学习成果评价的重要力量[①]。很多高等教育质量评价机构虽然得到了政府的资助,仍保持独立性,有严格的评估标准和评估程序。民间评估组织主要有三类,一是全国性的综合性认证机构和协会,主要有 NILOA(学习成果评价国家研究中心)、ACPA(美国大学人事协会)、ACE(美国教育理事会)、CHEA(高等教育认证委员会)及其协会,以及地区认证组织联会等;二是地方性的评估认证机构,主要包括 NEASC(新英格兰院校协会)、SACS(南部高校协会)、NWCCU(西北高校委员会)、MSCHE(中部州高教委员会)、HLC(高等学习委员会)、Western Senior(西部老校协会)和 Western Junior(西部社区学院和初级大学认证协会),这七大地区性认证组织的领导者展开了联合行动,并创立地区认证组织联盟。联盟以推动各个地区认证组织之间的协作与发展为目标,以引导与帮助各个组织顺利开展相关工作为行事准则。各认证机构在遵循联盟准则下,根据本区各高校的实际情况制定符合自己需要的教育评估战略。三是其他民间独立认证机构,很多都具有较高的专业水平。NLASLA(学生学习与问责新领导联盟)便是其中的典型代表,其主要的职责在于对学生学习结果进行评估,这类机构增强了美国的本科教育评价指标与准则的稳定性。目前,美国学习成果评价实践正在发生由外部驱动力、外部需求、外部使用向内部驱动力、内部需求、内部使用的转变。转变过程中,美国学生学习成果评价也面临着信息分享和评估技术两方面的挑战。[②]

高校在学生学习成果评价中担负着最重要的职责,其内部相应机构是重要的评估组织部门。美国高校成立学生学习成果评价的专门机构始于 20 世纪 70 年代中期到 80 年代中期院校研究的启动和发展。很多高校院校研究办公室肩负院校研究和学生评估的双重职责。时至今日,这种模式在美国许多高校依然存在,并成为高校内部评估组织的主要模式之一。无论规模大小,公立还是私立,美国几乎所有的高校都有相应的机构管理学校层面的学生学习成果评价工作:有的称为评估办公室,如佐治亚理工学院就专门设有评估办公室;有的则兼顾院校研究、规划和评估等工作,称为院校研究规划评估办公室,如马里兰东海岸大学;也有的称为评估和质量保障办公室,如加州州立大学斯坦尼斯劳斯分校。主管评估或者院校研究办公室的学校领导岗位设置,有的是由学校教务长

---

① 韩莹.美国大学生学习结果外部评估研究[D].开封:河南大学,2017:30-35.
② 王兴宇.美国高校学生学习成果评估的价值转向[J].高教发展与评估,2019(5):27-37.

或主管教学的副校长负责，有的是由主管学生事务的副校长负责，也有相当一部分高校设置专门的副校长或者助理副校长负责。是否设有专门的校级领导职位负责评估工作主要受学校规模的影响，同时也与学校的办学性质有关。教学型大学以及社区学院更倾向于设立专门的校级领导岗位负责评估工作，例如，查尔斯顿学院就设有专门管理规划、院校研究和评估的副院长职位。有的高校还在院（系）层面设置学生学习成果评价协理员职位，以协调学校和学院的评估工作。另外，为了加强学生学习成果评价的有效性，许多高校还成立了校级评估委员会，例如，锡拉丘兹大学设立了"全体大学学生学习成果评价委员会"，该委员会是一个独立的临时机构，委员会主席由校领导担任，成员主要包括教师和管理人员。有的校级评估委员会也吸纳学生、校友、企业管理人员、社区人士参加，职责包括调研和参与制定学校的有关评估政策，以及开发评估项目和促进教师参与评估活动。评估办公室通常为评估委员会提供数据支持和专业服务。

美国詹姆斯麦迪逊大学有比较典型且完备的学习成果评价组织架构，该组织由领导部门、执行部门及监督部门组成，结构如图3-3所示。其中，董事会在美国高校的内部治理体制中是最高权力机构，校长是最高行政管理者，学校的事务都受董事会和校长的领导和管理。该校学生学习成果评价包括两部分，一是属于学术事务的"学生学习评估"，主要评价学生与学科相关的知识能力素质，由学术事务副校长兼教务长负责；二是属于学生事务的"学生发展评估"，主要评价学生与实践相关知识能力素质，由学生事务副校长负责。校级领导的主要职责是支持和监管学生学习成果评价。在执行层面，由于学习成果评价内容的多样性，学校不同的部门负责不同的评估内容。评估研究中心提供评估专业知识和技术的支持，而院系和学生发展部门则提供评估具体领域知识（如学科知识）和技能的支持。事实上，评估研究中心是全校学生学习成果评价的核心，承担学校约75%的学生学习成果评价工作，除负责通识教育评估外，还负责评估方案的设计与评估活动的元评估，提供量表编制等技术支持。学校设立了学术事务评估咨询委员会和学生事务评估咨询委员会，分别对学术事务和学生事务中的评估工作进行监督并提出改进建议。学术事务评估咨询委员会有12名成员，其中1名成员是评估研究中心的主任，1名成员来自学生事务部门，其他成员来自各院系；学生事务评估咨询委员会有14名成员，其中1名成员是评估研究中心的教师，1名成员是学术事务部门代表，其他12名成员是来自各学生

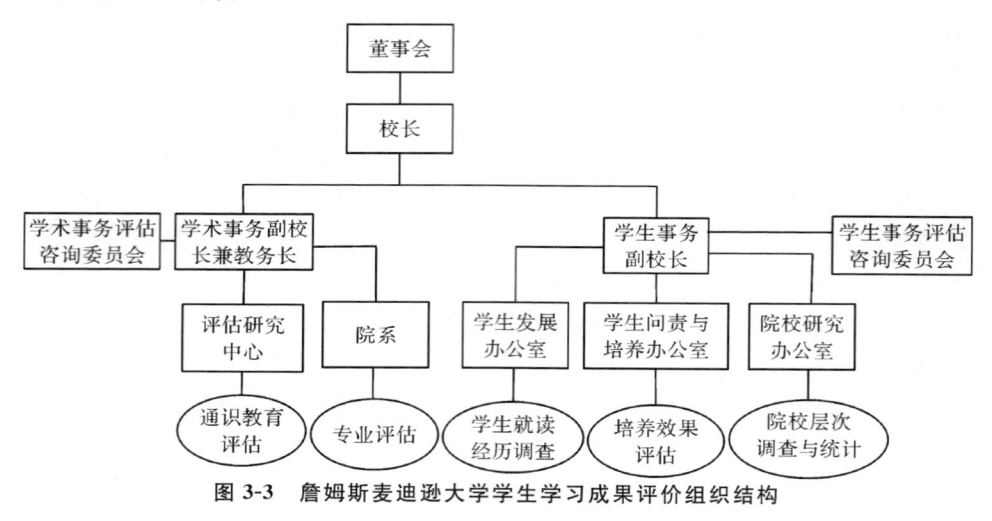

事务办公室的代表。①

图 3-3 詹姆斯麦迪逊大学学生学习成果评价组织结构

四、分层评价与协同改进：阿尔维诺学院案例研究

美国一些民间评估组织提供学生学习成果评价研究、交流的平台，促进和提升高校学生学习成果评价工作的专业化水平，其中影响最大的是学习成果评价国家研究中心（National Institute for Learning Outcomes Assessment，NILOA），该研究中心成立于 2008 年，基本任务是开发并有效地向社会各界分享利用评估信息提高本科教育质量的方法，希望和政策制定者、学生家长以及对学生学习成果评价感兴趣的各方人士进行交流，近年研究成果非常丰硕。2012年起，NILOA 陆续遴选并发布了美国不同类型高校的学习成果评价优秀案例，极大丰富了学习成果评价实践。比如，加州大学伯克利分校教师采用多样化方法评估学生的课程学习成果，包括直接评估、间接评估、形成性评估和总结性评估，明确阐述学习成果以及评价内容与专业教育目标之间的关系，将专业教育目标中的知识应用能力、解决问题能力、沟通技能、批判性思维能力等纳入课程学习成果评价中。在所有的这些方法中，使用最频繁的是期中考试、期末考试和项目论文，而且这些评估方法所占总分的分值比例最高②。本部分选择 NILOA 优秀案例之高水平文科类学院阿尔维诺学院学习成果评价实践，并对其

---

① 刘声涛，赵万. 高校学生学习成果评估的组织与实施——美国詹姆斯麦迪逊大学案例分析[J]. 大学教育科学，2019(6):96-101.
② 赵凡凡. 加州大学伯克利分校本科课程学习成果评估研究[D]. 西安:西安外国语大学，2018:35-39.

评价内容和评价体系进行梳理和分析[①]。

(一)阿尔维诺学院学习成果评价的主要内容和标准

学习成果评价贯穿于阿尔维诺每个学生学习的全过程,评价以学生学习为中心,依次在课程、专业至学校范围开展。每个层次的评价都提供学生表现数据。不同层次的学生表现数据分别能促使学生不断提高自己的学习能力,推动教师提升学生的学习效果和反思自身的教学质量,为管理层提高培养质量提供依据,以及公众严格审查学生的学习成果。

阿尔维诺现在的学习成果评价模式始于1973年,当时学校开展了关于大学学习本质的讨论,教师们都表达了自己对于学生毕业时应该掌握的知识的看法。他们得出的结论是学习的目的不只限于让学生了解知识,而是让学生能够将自己了解的知识付诸实践。学生整合学科知识,并顺利将其迁移到工作、家庭、社会生活的复杂多维的表现之中的能力是获得学位不可或缺的一部分,培养学生的这些能力、把这些能力融入学科和跨学科教学具有重要意义。因此,要让学习成果评价对每个学生都有意义,应该首先对学生在学习过程中需要定期检查和完善的核心能力进行定义。经过多次的讨论和优化,阿尔维诺学院将八种能力作为学习成果评价对象,并从初到高按6个等级描述了各项能力应该达到的标准,形成了学习成果评价的核心能力标准体系。[②]

(1)交流能力(听、说、读、写、量化素养、计算机素养)

初级:能使用自我评价的方式识别并评价自己的交流能力

等级1——能识别自己在不同交流模式下的优势和劣势

等级2——能识别各种交流模式涉及的过程以及这些过程的互动方式

中级:能在交流过程中使用学科概念和框架,并逐渐增进理解

等级3——能有目的地运用交流在多种学科背景下创造意义

等级4——能结合各种不同的交流模式并能将其有效融入学科框架

高级(专业领域):能在更有创造性和互动性的展示中有清晰而敏捷的表现

等级5——能结合学科或专业框架来选择和使用交流策略

等级6——能使用可以体现某一学科或专业的交流策略、理论和技术

(2)分析能力

初级:能观察某些现象中的各个独立部分以及它们之间的关系

[①]Loacker G,Roger G. Assessment at Alvemo College, student, program institutional[M]. Milwankee,WI:Alvemo College Institute,2005:4-33.

[②]Alverno College Faculty. Ability-Based Learning Outcomes:Teaching and Assessment at Alverno College (Sixth Edition) [M]. Milwaukee,WI:Alverno College Insititute,2005:13-18.

等级1—能准确观察

等级2—能从观察中进行合理推测

中级：能使用学科概念和框架，并逐渐增进理解

等级3—能理解并建立联系

等级4—能使用分析框架和结构

高级（专业领域）：能有意识、有目的地运用学科框架来分析复杂现象

等级5—能完善对框架的理解并建立标准来决定什么框架适合解释某种特定的现象

等级6—能独立运用各类学科框架来分析复杂的问题

（3）问题解决能力

初级：能清楚地说明问题解决过程并了解学科框架如何用于问题解决

等级1—能清楚说明解决问题的各个步骤

等级2—能联系解决学科问题的各个要素

中级：能审慎思考并提出解决问题的方法

等级3—能运用学科知识制定解决问题方案，对方案进行评价，并开展实际或模拟实施

等级4—能对多种方法进行独立分析、选择、制定和评价来改进解决方案

高级（专业领域）：能将问题解决策略运用于多种情境

等级5—能将对问题解决过程的了解转化为实际的合作性问题解决

等级6—能运用学科的方法和框架，将这些方法和框架整合运用到特定的领域当中，并能够在建构和实施问题解决的策略时展现出独立性和创造力

（4）决策中的价值判断能力

初级：能探索价值判断的过程

等级1—能了解自己和他人的价值观以及这些价值观引发的主要情感

等级2—能将自己的价值观和行为联系起来，并从认知和精神维度阐述这一过程

中级：能更准确地分析团队、文化和社会在价值观形成上的作用，以及团队、文化和社会在道德体系和伦理框架下如何表达价值观

等级3—能分析自身价值和社会背景之间的相互关系，并能探索这种关系如何起作用

等级4—能使用特定的学科概念来解释道德判断和决定

高级（专业领域）：能探索并应用某个领域的核心价值观和道德规范

等级5—能运用某个专业核心价值观，将重要问题放在个人、专业和社会的

背景下来处理

等级6——能经常审视并优化自身价值体系,并起到带头作用

(5)社交互动能力

初级:能学习支持任务导向的团队互动框架和自我评价技能

等级1——能将分析框架作为方法论来观察自己在互动中的行为,从而更充分地参与到互动中

等级2——能在社会文化背景下,对互动带来的情感和现实影响有所洞察

中级:能在多种情境中使用分析框架和自我意识与他人进行有效互动

等级3——能基于社会文化背景对自己和他人进行观察和分析,以更有效地参与到团队互动和人际交往中

等级4——能在团队互动和人际交往中洞察自我及他人行为和情绪,并能持续地进行有效互动

高级(专业领域):能将特定学科的框架和社会互动模式整合起来,从而能在专业领域与不同的利益相关者之间顺畅互动

等级5——能持续自主地运用多种学科框架解读他人行为和监控自身行为,从而有效地参与专业互动

等级6——能在人际交往和团队互动中运用领导力推动职业目标的达成

(6)全球视野

初级:能识别是什么形成了自己对国际事件的观点和判断,以及这些观点和判断能够在多大程度上反映多重视角

等级1——能评价自己思考和参与国际事件的知识和技能

等级2——能观察到构成国际事件的复杂关系

中级:能从多角度回应问题并运用学科框架反思自己对问题的判断

等级3——能运用学科概念和框架收集信息并尽可能寻找国际事件的答案

等级4——能运用多学科框架来阐述自己对事物的判断

高级(专业领域):改善通识能力并将其与主要研究领域框架和概念整合起来,从而进一步拓展全球视野

等级5——能运用理论分析某个特定的国际事件,形成实践性的方法

等级6——能针对某个特定的国际事件,创造性地独立提出理论性和实践性的方法

(7)合格公民素养

初级:能够识别重要的社区事务并拥有评价参与这些事务的能力

等级1——能发展自我评价能力并找到描述社区事务的框架

等级2—能使用学科概念描述某件事如何成为问题,能够收集信息、做出合理决定或参与决策制定过程

中级:能同时在组织环境和社区环境中工作

等级3—能通过了解个人如何与他人合作逐渐理解一个组织,并达到共同目标

等级4—能制定策略和标准评价计划是否有效

高级(专业领域):能在处理组织事务和社区事务中发挥领导力

等级5—能在社会领域或专业领域有效地与他人合作

等级6—能尝试运用理论来预测可能出现的问题,并设计处理方案

(8)审美能力

初级:能形成对艺术的开放心态

等级1—能做出合理的艺术选择和阐释

等级2—能阐明艺术选择及阐释基本原理

中级:能将自身的审美体验与学科理论、社会文化背景相结合,优化艺术选择和阐释

等级3—能结合学科背景优化选择

等级4—能意识到富有艺术创造力和阐释性的过程

高级(专业领域):能创造出结合了个人喜好和学科概念的艺术作品

等级5—能培养并表达个人的审美眼光

等级6—能将审美眼光融合到学术、职业和个人生活中

所有教师都致力于培养学生核心能力,这些能力与本学科紧密相关。例如,尽管各个院系教师都要培养学生的分析和沟通能力,但人文系和美术系的教师侧重于培养和评价审美参与,而科学等专业领域的教师侧重培养解决问题的能力。这些专门的能力与其他能力以及相关学科素养结合成一个整体。比如,在《英语》课程中,高阶学习活动包括参加某个作家或某一作品的电台脱口秀;在《美国政治》课程中,学生需要参加模拟参议院会议。每门课程都需要学生将各种能力进行整合,《英语》课程要整合社交互动能力、价值判断能力以及审美能力;而《美国政治》要整合问题解决能力、口头表达能力以及合格公民素养养成的能力。

将学习和教学嵌入评价将会对实践的各个层面产生影响。如何知道学生、课程、专业和学校的表现?如何评价这些表现?尽管学生、专业和学校评价的直接目的不同,但是否可以制订方案让这三者联系在一起?在努力推动学校高质量发展时,是否可以确保一个过程始终引领每个学生的学习?答案就在基于核心能力的学习成果评价中。

(二)关键评价原则

阿尔维诺的学习成果评价被纳入每门大学课程和大学预科课程中,被称为"课程嵌入式"评价,该评价不但用于学生日常课程评价,也用于专业和院校评价,整体化、全方位为学生学习服务。学校各个层面的评价都基于明确的学习成果,以学习成果为目的进行设计和实施,通用标准与特定标准相结合,评价过程是评价者和参与者之间的动态互动。

原则一:评价基于明确的学习成果并将通用标准与特定标准相结合,是评价实践的首要原则。学习成果既关系到每一名学生,也关系到学院以及外部。

原则二:评价以学习为目的进行设计和实施,保证评价更具针对性。

原则三:评价建立在一个动态过程和结构网络中,由学生评价委员会和学科与能力部负责合作监督学生的学习评价;教育研究与评价部、研究与评价委员会的教师和管理人员,负责合作指导专业和院校评价。该网络依赖于学生和教师、教职员工和管理人员之间的紧密互动,以确保评价的设计、实施和评价结果的有效使用。

(三)评价方法

1.学生层面的评价

对学习来说,评价是一个不可或缺的过程,需要根据明确的公共标准对每个学生的表现进行观察、分析、解释和判断,并将结果反馈给学生。学习成果评价既注重呈现每个学生的学习能力,又注重通过他们的学习表现来改进学习,因此需要通过两种方式来进行。一方面,评价以学生的知识和能力发展为中心,学习成果作为学生毕业时的学分和课程体系的一部分,具有总结性意义。另一方面,评价被嵌入学习过程中,主要目的在于改善学生的学习状况,因此还具有成长性意义,这里的"成长性"一词还有责任的含义,意味着评价是一个累积的过程,而不是离散的高风险评价。学校制定合适的成绩标准来判定学生在课程中表现情况,成绩标准有助于学生更好地把握自己的发展阶段,并更好地了解自己在整个课程中所学的知识;为教师提供更有效的教育框架,用于组织教学、阐明对学生表现的期望并给出富有成效的反馈。

(1)学生自我评价。在评价体系构建之初,评价就被设计为以学生自我评价能力的发展为基础,这是学校将终身学习作为教育的首要目标的核心所在。学校公开学生学习成果以及成果标准帮助学生逐渐学会评价自己的学习表现。入学前,学生在诊断性评价中培养自我评价能力;入学后,学生逐步对体现不同学科内容与学科实践基本能力标准有更充分的理解。例如,以"有效结构"这一标准来审视自己的文章，学生可能会检查文中是否有清晰的序言和结论。大学毕业后，如果使用同类标准，学生就能确定自己的文章是否语境清晰、主题鲜明，是否能以一种既能体现自己对学科概念的理解、又能有意识地引导读者阅读的写作方式组织文章的主要思想，并能写一个引人深思的结尾。无论是在科学、文学还是商业领域，学生都应不断提高自我评价能力，了解自己的优缺点。自我评价内化为一种习惯，既可用于学生对学习的自我监控，也可用于制订学习计划。例如，教育专业学生如果能够对自己在实习中的表现进行自我评价，之后在评价自己的教学时，就能判断自己教学策略的有效性以及自己在教育理论概念的理解等方面的表现。护理专业学生可以通过一系列临床经验，评价自己在护理知识和能力方面的综合发展。帮助学生进行反思是记录课程关键表现的电子档案袋的一项要求。电子档案袋包括学生所有的自我评价和反馈，学生可以随时随地进行访问，并定期分析自己的学习情况。通过电子档案袋学生可以充分地理解能力与知识相结合的有效表现方式，并将自我评价运用到今后的工作中。

（2）教师对学生的评价与反馈。学习成果评价的第三项原则是"评价过程中评价者和参与者之间的动态互动"，评价是教学的重要组成部分，反馈是评价的重要组成部分。学生理解自己的评价结果，看到自己能力中好的方面，意识到自己的错误想法、错误方向以及在知识和清晰思路上的差距，必须通过教师的及时反馈。比如，教师对学生某篇短篇小说的批判性分析评价道"非常好！"，但如果学生不知道自己批判性分析中具体的优点和不足，这种好的表现就很难再次出现。学生如果不理解老师的评价，老师可以再次讲解良好批判性分析所需的要素。教师提供的反馈应帮助学生了解自己在整合知识与能力方面所表现出的具体优势和局限性。当学生听到反馈："你的作业表明你理解了这个故事，你的分析对高中生读者具有潜在价值。关于主题的背景信息简明扼要、具有针对性，并与课程概念建立了一些有意义的联系。你的文章中主要需要改进的地方是提供更多支持你观点的具体依据或示例，这样你的论点会更具说服力，你的文章对于读者而言也会更加生动具体"，学生对自己已经知道但却需要更深入理解的标准要求会更加清晰。

2. 课程层面的评价

教师依托课程对学生学习表现进行持续评价。课程成果整合了核心能力与学科知识，课程层面的评价可以关注若干学习成果的组合，也可以只关注单个学习成果。不论学生为文学刊物撰写的分析性文章，还是制定商业计划，都需要证明自己对学科知识的理解和运用。图3-4说明了历史专业学生的学习成果、特定课程成果和具体评价及其标准之间的关联，而不同类型的课程也需要安排不同的评价方式。

第三章 大学生学习成果评价的国际经验

学校学生学习成果	历史专业学生学习成果	《世界古代史》课程学生学习成果示例（第六学期课程）	课程学习成果评价示例
■交流能力 ■分析能力 ■问题解决能力 ■价值判断能力 ■社交互动能力 ■全球视野 ■合格公民素养 ■审美能力	学生能够： ■发现过去影响人们感知和行为的文化基础因素，并确定影响其自身感知和行为的因素。 ■发现并评论历史学家用来解释历史的理论、概念和假设。 ■确定、分析并表达自己和其他历史学家在课题研究、理论方法和解释中所依据的价值观和价值取向。 ■独立运用理论和概念框架组织、汇总和表达对历史现象的理解。 ■在各种个人和专业场合中公开表达自己对历史的理解。	学生能够： ■运用历史概念框架对文化发展、价值观和实践做出说明。 ■说明并评价他人的见解，并对这些解释性内容隐含的价值观保持敏感。 ■将自己对历史的理解转化为对不同受众有意义的词汇和案例。 ■通过积极的沟通促进他人的批判性思维，以增强他们基于文化的自我意识。	形式：课堂上陈述研究发现的视频、同伴评审、书面研究报告，以及书面自我评价。 成功的标准 学生能够： 1. 制定解释性框架以提出待回答的问题或提出待证明的论点。 2. 提供合理的论据，使描述性证据相互关联，并与解释性框架相联系。 3. 阐明自己的观点如何影响信息来源的选择和解释。 4. 持续与他人交流，根据他人的背景和经验调查观点和信息。 5. 运用有效模式促进他人对自己观点的批判性评价。

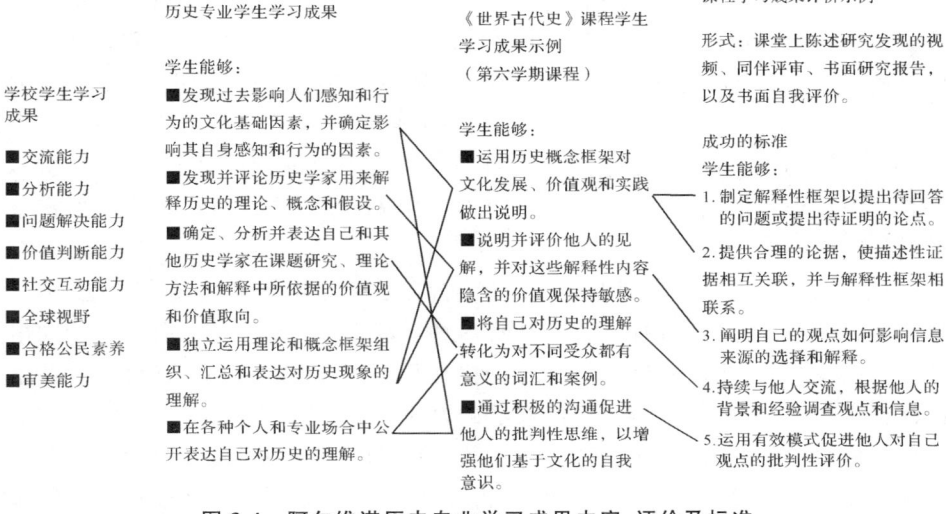

图 3-4　阿尔维诺历史专业学习成果内容、评价及标准

（1）基础课程中的学生学习评价：评价如何在基础课程中发挥作用？

心理学课程。在心理学课程中，以"生命周期发展"为例，要让学生以至少两个理论框架系统分析人类发展，可以安排学生带两个三岁的孩子去吃午餐，仔细观察孩子的行为，运用儿童发展理论写一份分析报告。报告评价标准是："使用研究概念和理论，准确清晰地比较两个孩子的行为并准确地将观察到的具体行为按生物社会、认知、语言和心理社会等领域进行分类。"

专业沟通课程。在专业沟通入门课程中，学生们要展示他们在不同类型的语篇中对非语言交际、人际距离学、触觉学和角色扮演等学科概念的应用能力。比如，期中评价要求学生分析一个采访，而这个采访是一名问题少年和家人间的互动。在观看采访之后，每个学生都要写一封信给采访者，信中要解释为什么观察他的访谈，要推断为什么他选择了这些方式，还要评价他的语言交流与非语言交流分别有什么效果。这封信要求学生能够"就采访者交际策略的有效性做出有理有据的推论，通过恰当的词汇选择来表明自己对访谈双方关系的认识"。

（2）中级课程中的学生学习评价：中级课程中的表现评价是什么？这些评价的标准是什么？

英语课程。第四学期的《文学批判实践》课程可以把两项成果有效结合并进行评价："将批评理论恰当地应用于文学作品"，以及"反思个人或学术经验的扩展和价值观的变化如何影响对艺术作品的判断"。其中一个评价方式是让学

· 89 ·

生作为成员参加当地学区课程委员会。该委员会被要求审查托妮·莫里森的小说《苏拉》，这本小说现在用于一所高中高级英语课程。当地家长和教师协会的一些成员认为这本小说"不利于孩子的道德发展"。在讨论结束后，委员会要决定这本小说是否可以继续用于教学。评价学生在这一讨论中的表现的几个标准是能够"有效地运用三种文学批判观点对该小说进行详尽、全面的分析"，并且准确地识别辩论双方基本论点的价值，预测该小说在课堂中的去留所带来的后果和影响。

化学课程。以第五学期课程《光谱分析方法》为例，该课程要求学生"可以像一名科学家一样以多种模式进行交流，如实验演示、撰写实验报告和资助申请书"，以及"学习几种光谱分析方法的操作原理、局限性、优势和应用"。在这门课程中，学生通过实验学习光谱仪器的基本原理，他们要在专门的实验室或学校担任科学家的角色，详细研究科学家可能使用的专门设备。每个学生要为研究所需的光谱设备写一份资助申请书，并将其提交给同行评审委员会。用于评价学生表现的两个标准是："充分理解该设备所依据的原理，能清晰说明该设备相对于其他同类设备所具有的优势和局限性。"

(3)高级课程中的学生学习评价：学生是否达到高级课程的学习成果水平？

工商管理课程。工商管理专业的一名学生在第七学期选修了《小型企业管理》课程，因此有机会参与社区活动，并为一家新的小型企业制定了一份书面商业计划。学期末，她到校外与当地一位银行家会面，为公司建立银行业务关系。除了导师对她的计划进行评价外，她还有机会获得外部评价。银行家与教师合作制定了评价标准，银行家根据自己的从业经验和专业知识来评价学生的计划并进行反馈，教师对学生的成绩作出最终的评定。所评价的课程成果之一是"应用综合沟通技巧来制定商业计划"，评价标准包括运用学科概念、原理和框架作出合理的商业决策，通过识别计划中各部分的关系来呈现商业的统一图景。在银行家多次反馈和帮助下，教师们不断改进和完善了这些评价标准。

管理会计学课程。会计学专业学生在高年级时会学习《会计环境管理学》课程，该课程包括一项公文处理测试，用于评价本课程的学习成果。比如，针对"合理运用专业行为准则发现和解决道德和专业问题"，假设学生在一家小型企业中担任财务总管，她需要了解国家审计标准以及管理层和审计师各自的职责，能够应对相关问题，并进行有效的书面沟通。她的表现是以五条标准来评价的，包括"准确运用行为准则来辨别和解决与审计事务相关的道德和专业问题"和"选择相关的审计概念和原理并从管理角度有效解决审计问题"等。

每门课程中此类评价的数量取决于课程的性质、评价的性质以及教师对展示每门课程成果所需和可能的情境数量的判断。在课程中,阿尔维诺的教师经常需要评价学生整合学习的能力,以及把学习迁移到课堂之外的能力。

(4)课程学习的外部评价:是否将学习迁移和整合的期望有效传递给了学生?

通识教育。例如,外部评价侧重于让学生在课程之外再次展示自己作为合格公民的素养,以及在特定问题上具备全球视野的能力。参加外部评价的学生已经在 300 项针对不同问题(如全球水资源、难民和国际移民)的多层次课程中证明了自己拥有这些能力。课程还要求学生选择并研究一个非政府组织(NGO),证明自己的全球视野。学生要撰写一篇论文,内容涉及自己所研究的非政府组织及其对某个问题的看法以及其他组织的观点,还要向美国政府提出一份政策建议。在评价中,来自不同专业的学生以五人或六人为一组。每个学生代表一名受美国政府官员(由评价员扮演)邀请的 NGO 成员,分享自己对关于该问题国内外政策的观点。评价学生表现的不是授课老师,而是志愿者评价员,他们由教师、校友或社区专业人士组成。评价员让学生阐明问题,并分析学生对这些问题的认识和他们的观点。每次评价结束,评价设计团队会对评价结果进行常规审查,保证判定质量。

艺术课程。艺术系学生在初级课程后,将会接受一次外部评价。她要向所有艺术专业的学生介绍她的代表作品集。她可以着重展示自己在本学期创作的单个艺术作品,也可以展示自己的系列作品;展示过程必须包括对作品创作过程的说明以及对作品选定框架的分析。评价标准强调对艺术词汇的理解、创造性的学习方式以及作品中的个人想法。评价分书面反馈和口头反馈两部分,口头反馈由教师和中级课程学生完成,帮助初级课程学生为中级课程和正在进行的作品集创作做准备;教师的书面反馈详细说明每项标准的符合情况。

教师通过研究学生课程评价中的表现改进教学和评价标准的设计。以上文提到的《会计环境管理学》课程为例,每个学生需要完成公文筐测试,模拟职业生涯中一天的工作,解决组织环境中的问题。教师在首次评价时,发现学生们能够理解相关会计学概念和原理。但是,许多学生不能解决好自己遇到的沟通问题,例如解释、劝说、介绍等。于是,教师在下学期的教学大纲中,增加了一项沟通能力成果,并设计了教学环节,让学生能够在模拟的组织角色中逐步养成和展示这种能力。另一案例中,早期评价要求英语课上的学生为本科教材撰写一个章节,供其他学生学习使用。但所有学生提交的章节中都包含对某一文学作品的分析,显然,他们不知道文学文本诠释和分析之间的区别。因此,教师在课堂上增加了更多时间来让学生练习区分诠释和分析,以便学生明白何时需要二者选其一,何时需要有意地将二者恰当结合。

3. 学科专业层面的评价

课程嵌入式评价计划推动了学生个人、专业和学科能力的衔接,通过研究学生在课程核心能力中的表现,教师能够从课程内容、新课程设置等方面提高专业教学成效。学科专业层面的评价通过组织教师集体讨论、系统评价,以及可视化汇总评价和外部评价等重要方式开展。

(1)集体评价。集体讨论课程改进计划是专业评价的重要环节,主要基于学生的学习成果标准以及评价学生是否完成学习成果的结论。例如,哲学专业学生的学习成果之一是能够用一致性和逻辑性两种工具阐释哲学家的观点和论据。教师们观察到学生能够很好地阐明特定哲学观点的原理,但有时却找不到某些观点的推理路线。因此,该系组织教师集体讨论后设计了课程作业和相关学习活动,使学生既能分析哲学家提出的论点,又能提升自己提出论点的能力。社会科学系教师在高级课程的综合评价中观察到,有些学生尝试使用社会理论分析社会问题且为了解决该问题提出创新性的建议时,效果并不好。如学生难以完成"培养社会想象力——在解决社会问题时展现出创造性思维……并寻求最好的旧方法同时寻找新的方法"这一目标。因此,教师们仔细讨论了社会科学系的课程和具体评价方法,确定教授哪些理论,同时确定何时、以何种方式教学生使用理论以及用于什么目的。他们发现关于社会理论的课程存在巨大的缺口,而社会科学系的跨学科性质加剧了这个问题,因为各个学科(即社会学、城市规划、政治学和人类学)都采用了大量的理论。因此,在课程改进计划中,教师把具体的理论融入具体的课程,从而贯通了整个社会科学课程。

集体讨论学生在外部评价中的表现,判断学生是否能将课程中学到的知识进行整合和迁移,可以帮助教师制定更合理的专业学习目标,并改善课程教学和评价方式。例如,艺术系的老师会评价每个学生的展览作品,这是室内艺术、艺术疗法和艺术教育专业共同的外部评价的最终部分。然而,教师发现他们对学生审美能力的判断彼此大相径庭,这些差异反映了不同专业教师在教学方法和艺术观点方面的差异。经过讨论,他们意识到这些差异的根源在于不同专业对学生毕业后所需审美能力的期望不尽相同。在后续课程中,他们区分了治疗艺术中有效象征主义与室内艺术的艺术技巧,并在高级课程和外部评价中区分了不同艺术专业的标准和表现模式;同时对一些跨艺术专业的共同术语和概念做了批注,形成专业教学、学习和评价指南。对学生而言,指南阐明了不同艺术领域中的结构主义、解构主义和形式主义框架中的一些主要概念,以及如何理解艺术内容、形式和目的三者之间的关系。虽然课程互异,学生仍能对其所在领域有更好的理解和获得更强的专业认同感,这在外部评价审美能力中得到体现。

专业评价中有一个值得注意的问题是在教师评价学生学习表现的过程中,专业的进步是如何产生的?评价质量建立在学科教师分享的教学经验基础之上,教学内容和能力的整合是一门以学科为框架构建学生学习经验的学问。即使教授不同的课程,教师也可以彼此分享他们观察到的学生表现。这种对话的持续进行,再加上教学案例的渗透,引发了教师们对学生学习的集体关注。通过这种方式,教师可以合议修订课程目标,增加必要的学习活动,同时加深对学生是否以及如何满足学院对其在课程中特定表现的期望的共同理解。对于老师而言,分享对学生表现的观察,最重要的是形成一个评价共同体决定如何整合专业评价和学生评价。这个共同体所秉承的理念是学生表现评价不是准确且严格制定的测量体系,而是一个渐进的过程,可以有不同意义的解读。学校向评价者与学生开放评价标准,一个重要原因是评价即学习。"对标准开放"的理念向学生传达了他们所学知识具有复杂、多维度的潜在特征。学生需要了解如何解读标准,以便跟随学习进度创造性地构建和调整意识和行动。与之形成鲜明对比的是,他们最初将标准视为公式化的刻板步骤,就像看一本食谱学习做菜一样。

(2)系统评价。系统评价由教育研究与评价部和学科与能力部联合开展。这种合作一方面能够阐明院系、学科教学和学习间的概念性框架,还能呈现学生的持续评价与学科标准间的联系。合作有助于系统评价学生表现,教育研究与评价部使用的战略是在评价者的最初判断中寻找规律,有时需要汇总学生几个学期的表现加以判断。研究者发现呈现和讨论评价者对学生总体表现的评价(例如,"学生总体上达到了初级、中级或高级课程设定的标准了吗")与满足了哪种标准和要求能力的特定评价二者间有所联系。老师能将改进课程的精力集中在设计学习活动上,帮助更多的学生达到更高一级的表现标准。系统评价是一种协作过程,包含了教师、职工,以及行政管理人员对在校生和毕业生表现的相关标准和效率指标的观察、分析、解读和判断。

另一种系统的评价方法是让教师讨论一系列复杂且多维的表现,这些表现从专业培养关键节点的学习成果评价中提取出来。这些表现能使教育者对学生学习情况进行新的洞察和解读,共同确定学生学习成果中的优缺点,从而探寻标准的潜在差异,进而修订标准、批判性地聚焦专业改进。例如,13名教育系教师利用一场会议对11名参加教学成效项目的学生表现进行评价。在两次为期九周的实习中,为了评价教学成效,每位教师对以下各方面进行了记录:教学环境、学生前期理解力水平、教师课程和单元教学计划、学生评价策略、对三个不同程度学生的表现分析、教师依标准开展的自我评价以及对目前以及学生未来发展的反思。教育研究与评价部设计评价学生和教学表现结构化过程,并提供后勤支持。每位老师首先对其中四项表现进行评分,以确定它们是没达到、达到还是超过了学校制定的教学标准。教师作出的独立判断及评分标准是院系成员讨论学生表现的基础。每位教师参加小组讨论,每组都对已评分的表现进行讨论,独立提出结论。专业层面的讨论既确定了表现的共同标准,也体现了教育系老师对学生表现的集体关注和系统评价。

(3)可视化汇总评价。专业评价教学成效项目发展的一个关键方面涉及协调毕业生要求具备的能力与州和国家两级专业能力要求之间的一致性。依据评价结果和学习档案袋里学生的表现总结,教育研究与评价部研究人员根据外部标准对师范专业培养质量进行评价和问责,这在师范专业认证中起着核心作用。例如,研究人员通过关注实习课程计划、评价体系设计、学生表现分析以及成长型教师表现的自我评价系统评价了40名实习生的教学表现,并从实习生对学生参与度的关注、自身的教学过程等多个分析维度总结典型和优异的表现。研究者们基于学院的自我评价框架以及毕业五年的学生有效表现制定了特定标准,对学生的书面自我评价进行编码。编码分析为评价者提供了可靠的判断依据,这些互补的定性研究方法(编码和主题分析)为实习生的表现提供了三角互证和有理有据的描述。美国教育部调研团队将这份报告作为师范专业质量的总结性论据,学校师范专业也使用该报告指导改进。

(4)外部评价。学校强调教师和研究团队承担的集体责任,即对学生定期课程作业完成的情况进行集中评价。课程嵌入式评价直接将教师个人的教学责任(设计学习活动、评价每个学生的表现、改进课程)与专业的集体责任联系起来。另一方面,为了持续改进,学校还拓展反馈信息的来源,各系使用范围更广的外部数据,对照外部标准、收集不同利益相关者的观点,对专业培养计划的有效性进行诊断性评价,通过入学考试、注册记录、实习记录、就业记录、雇主调查、毕业生职业调查、焦点小组调查和专业资格考试等多样形式记录了学生的多重能力和成就,专业认证也会要求使用这些数据。同时,学校还开展对学生学习成果的协作性探究,并为质量问责提供支持。例如,教育研究与评价部通过参与国家教师预备计划研究,极大地补充了对课程嵌入式评价中学生表现的持续讨论,并可以直接将该领域的外部标准和学生毕业表现的评分规范进行比较。

各院系还将专业标准和实际情况进行比较,以集中精力制定改进计划。这种外部比较有助于教师在课程设计方面保持前瞻性,主动解决学生毕业后需要知道什么和能够做什么的问题。例如,护理专业重新认证之后,护理系教师对影响护士职业准备的若干因素进行了系统研究。教师们发现医疗机构一直强调护理系毕业生作为医疗团队的问题解决者、沟通者和协调者的专业优势,这些都是 20 世纪 80 年代专业对预期能力要求,并在优秀护士的表现研究中得到验证。然而,最近医疗机构为适应医疗制度的变化,希望毕业生能够迅速进入护理领导岗位,具备一定的监督和管理能力。护理系老师经过不断讨论,开设了一门关于领导能力的专门课程,将领导技能和对领导力概念的更广泛理解作为护理研究的重点,推动护理系更深入引导学生开展"影响一生的长远学习"。教师还努力将领导力课程理论和实践相结合,贯穿于整个专业学习。护理系综合多方面的关注点和证据,就如何改进学生课程做出了整体决定。他们重新设计课程,除了领导力课程外,还在社区护理和更广泛的文科能力上建立专业优势,并在经济学和医疗政策方面建立新的内容优势。

4. 院校层面的学习成果评价

院校评价的重点是探究学校课程和学校文化是如何影响学生学习成果的,这涉及文理科专业课程和通识课程的结合,决定了阿尔维诺大学学位对于学生、雇主和社会大众的意义。教师必须思考如何让学生毕业后将他们所学的知识发挥作用。能力本位课程能够持续推进教师对学习内容如何延伸出校园的思考,也能够表达学校对毕业生将自己所学运用于实践的期望。阐明能力本位课程的基本学习原理、学习假设和概念连贯性已成为教师开展学术研究的核心内容。学生们在课内获得的通识能力如何迁移到课外?毕业生是否能够整合他们所学的东西,并沿用到以后的工作和家庭中?如果有可能,又是如何做到的?回答这些问题需要大学教育研究与评价部的专业技能,但是嵌入通识教育专业中的学生表现评价结果已经直接或间接地影响了院校质量。

(1) 校友表现评价。学校教育研究与评价部努力研究毕业生对事业、家庭和公众所作贡献的质量,这是工资和就业率等客观数据无法完全表现出来的。研究人员将校友表现信息作为院校研究的基础,使用行为事件访谈法建构的全景图展示了毕业五年的校友在工作、家庭和其他方面的能力①。这种行为事件访谈是整个学校学习成果纵向研究的一部分。通过研究调查,了解学生学到了什么、他们毕业后又如何将所学带出校园。研究人员访谈了211位毕业5年的校友,设计了6种特定场景,记录他们可能运用到的能力。每次访谈都会询问受访校友在特定场景中的行动、想法和感受,并和其他受访者进行对比。访谈后对能力进行编码。经编码的能力在校友不同的职业成就中得到不同的体现。研究人员从几个类似场景中准备了几组校友的表现,教师根据表现的程度进行挑选和分类,确定什么能力对校友毕业后在工作、家庭和社会上的贡献最为重要。教师对校友表现的判断与被编码的能力是相关的,以印证什么能力是校友需要的。基于对这些表现的研究,教师就能够顺着某一特定联系反推课程能力的培养,诸如学生该如何用合作的方式来解决问题。

另外,全体教师集体评价了典型杰出校友的表现。教育研究与评价部准备的案例体现了校友的总体水平和展现出的各种能力,及其与专业人员表现之间的联系。教师成员合作发掘现有课程能力的培养途径,思考如何通过对校友的研究发现来改进这些课程,是集体评价最显著成果之一。通过对评价结果的讨论,工商管理专业的教师得出结论,他们一直以来基于文献和课堂研究认定的会计专业人员所需要的能力,与研究人员识别出的有助于校友表现的协同组织思维和行动等工作能力是相符的。

(2)多元纵向评价。为了探寻学校教育与学院学习原则和假设的关系,研究部门通过多种途径收集评价数据,并进一步发现了更多的学习成果。1976年学校创办了教育研究与评价部,并投入资金设计和推动学校纵向评价研究。作为一种探究和多视角观察学生学习成果的方式,纵向研究借鉴了多重方法范式,并参照了大量学习、表现和发展的理论。该研究的重点是探索学生在相关能力的成长,这些能力包括批判性思维、逻辑推理和自我整合等。研究表明学生在这几个方面均有纵向的成长,从数据上看,学生在逻辑推理和自我整合上的成长与课程是相联系的。研究人员还发现用这些工具测量出来的整体发展结果,与教师对学生表现中创造力、独立性和自我意识等特质的培养是有关的。从纵向研究得到课程改进建议,都来自开放式的深度访谈,访谈引导学生和校友表达他们对学习的看法,以及是什么帮助他们学习、成长和获得能力。纵向研究中,教育研究与评价部成员在每一学年末,都会进行一次这样的访谈,并在

---

① Adam S. An introduction to learning outcomes in EUA Bologna Handbook[M]. Berlin:Raabe, 2006.

学生毕业五年后再进行一次。研究人员分析了308次访谈,发现学生和校友均能内化课程能力。在学习课程的过程中,他们能够理解课程所定义的能力,并将其作为概念化模式来建构自己的学习和表现。评价分析突出了能力本位课程特有的元素以及学院的文化,而这也让学生对自己的学习更具责任心,以及在社会上更有成就。学生访谈分析可以支持教师、研究人员和管理层之间的讨论,即反馈、肯定、共情、自评、实习、结伴学习和其他因素是如何、在什么时候、又是为什么对课程学习至关重要。教育研究与评价部门成员定期在小规模研究中使用类似的学生访谈,因为这些定性数据能提供有用的信息,并且具有说服力。

(3)基准评价。学校每两年参与一次全国学生学习投入调查(NSSE),在大一和大四学生中做抽样调查,理解学生对学习的看法。近三次的调查发现,学生倾向于给他们的学习体验打高分。他们称他们的课堂学习体验"很好地"强调了高度有序的学习过程,他们也"经常"或"很经常"收到教师关于他们学业成绩的及时反馈。当然学生的反馈中也有不太好的方面,其中之一就是关于教师和大四学生的课外互动。遵循学校处理院校评价研究结论的原则,负责全国学生学习投入调查数据的专业人员开发了一套程序,能使更多教师参与课外互动,进而参与解读和运用评价结果过程。全国学生学习投入调查数据和报告涵盖所有参与院校的基准比较,学术事务部和教育研究与评价部都做了研究。这两个部门联合为全体教师做了一个关于基准研究的简要报告。教育研究与评价部成员对数据进行量化分析后又举办了一次研究论坛,由一组社科教师来讨论这些分析结果,基于这个讨论形成进一步的报告和研究,并与评价委员会进行了讨论。这些探讨支撑并发展成为面向全体教师的深度报告,由研究与评价委员会成员对研究发现进行评论。全体教师都有机会分享和探讨什么才是和学生进行课外互动的最佳策略。最后,一系列全校范围内的新方案就开始实行了,例如每周开展学生和教师之间的圆桌讨论,建立一个国际与跨文化中心等。这些研究发现被提交给学校咨询委员会,委员会随后进行进一步的分析,组织更多的教师进行讨论,研究一些冷门专业的教师如何在他们的专业计划之外进行改进。就这样,院校评价与所有实践层面上的调查研究联系了起来。因此,在学习成果评价中,仅给予教师实践层面的支持是不够的,还需要学科内和跨学科的持续讨论,而这些讨论既要关注到学生表现,还要考虑已有课程的学习框架。在这样的讨论中,课程嵌入式评价将两种评价目的结合了起来,一种是院校评价和专业评价以提升和展示课程成果;另一种是学生评价以提升和展示每个学生的学习成果。这样,阿尔维诺大学就将评价贯穿于每个学生学习的始终。

(四)评价与改进的四个协同

阿尔维诺的学习成果评价既注重呈现每个学生的学习能力,又注重通过评价结果来改进学生的学习。在此过程中,学校作为一个相对独立、自主、开放的责任主体,从目标、内容、主体、组织四个方面构建了成果评价和质量改进协同机制,自觉、主动地寻求发展和提升。

1. 建构性一致的"评价—改进"目标协同

明确的、共享的、可执行的目标是有益评价的基础。阿尔维诺学院开展学习成果评价的终极目标就是为了改进,教师以多种方式参与阿尔维诺的评估工作,明确传达学生满足什么学习结果,给学生提供周到、透彻的学习和课程表现分析,最终目标是为了改进教学、提升学习成效。维护阿尔维诺的评估模式给教师带来了繁重的工作量,新教师完全适应这个体系需要大量的培训和指导,这一过程一般需要五年时间。一位教师描述其为"持续学习过程",需要灵活性、纪律性和耐心。在这一过程中,难度最大的部分是将评价作为教育质量改进的工具。以持续改进为宗旨的成果评价前提是学习目标、教学策略和成果评价的实施相互协调一致,预期学习成果、教与学活动与评价活动相互呼应、协同开展。"评价—改进"目标协同应包含三大基本任务:明确定义学习成果;选择能够实现学习成果的教学和学习方法;评价学生的学习成果,检查其与预期成果的吻合程度并进行改进。这是阿尔维诺学院将评价与改进有效协同的首要策略。

2. 以核心能力为基础的"评价—改进"内容协同

阿尔维诺学习成果评价模式始于1973年,当时学校开展了关于大学学习本质的讨论,教师们都表达了自己对学生毕业时应该学到什么的思考。讨论的结论是大学学习的目的不仅限于让学生掌握知识,还能让他们将自己掌握的知识应用于实践。因此,要让评价对每个学生都有意义,首先需要确定学生在学习过程中需要定期检查的核心能力。经过多次的讨论和优化,阿尔维诺学院将交流、分析、问题解决、决策、社交互动、全球视野、合格公民素养和审美等八种核心能力作为学习成果,并从初级、中级、高级描述了各项能力应该达到的标准,形成了学习成果及等级标准体系,其中学习成果是学生完成学业需要具备的核心能力;等级标准是区分学生表现的依据,是学生必须展示的、能取得更高等级的规定。基于学习成果和等级标准,阿尔维诺学院建立了评价体系。在课程和专业学习之前,教师向学生们清楚说明学习成果和等级标准,希望学生能够以达到最高水平的表现为目标。只给学生划分一个基本等级并不能对他们的表现给予充分准确的反馈,因为等级只表明总体能力,无法说明某些具体学习成果的优缺点。因此,在实践过程中,每个等级描述还有两类不同的表现。将学习成果等级标准与评分指南结合,成为解决学生改进学习成果和表现的有效方式。阿尔维诺学院所有学习评价都是基于核心能力的评价,评价内容的一致性为基于结果改进的协同性奠定了基础。

3. 多元利益相关者参与的"评价—改进"主体协同

确定价值判断的理念是引导评价活动符合主体需求的首要任务。综观不同国家和国际组织对学生学习的评价,由于视角与维度不同,评价主体选择的方法和工具不尽相同。但归纳其核心内涵,均为评估主体运用科学合理的评估工具和评估方法持续有效地分析评估对象在知识、技能等方面的增值状况以及情感、态度等方面的变化信息。阿尔维诺学院学习成果评价体系打破了以往以教师为单一的学习评价主体模式,在评价中引入了学生、管理人员、研究人员、用人单位、校友等不同主体,通过共享、共商和共同评价使结果更客观、更全面、更公平。在不同主体参与评价过程中,建立的常态化集体协商机制带来了协同性、整体性的质量改进,教师主体对课程评价结果的集体分析促进了教学内容的调整和教学方法的创新,提升了学习效果;管理人员和研究人员参加评价并分析评价结果,推进了教学内容对学习目标的支撑和评价标准的优化;校友、用人单位等校外人士的参与帮助确定更加合适的学习目标和能力框架。因此,评价不是几个专家的任务,而是多主体合作活动;而没有多主体的参与,改进就不能算是全面的、完整的。评价和改进存在于动态的过程和结构中,它有赖于学生、教师、管理者和校外人士等利益相关者的密切互动,以确保所有参与评价设计与实施的主体的意见都能纳入考虑,一致行动提升改进的协同性和有效性。

4. 基于研究共同体的"评价—改进"组织协同

在开发和完善学习成果评价体系过程中,构建教、学、评协作框架,以及为教师和管理人员提供共同学习研究的条件是格外重要的。为了做到这一点,阿尔维诺学院重构了组织结构,学校所有教师之间能够开展持续而富有成效的协作探究。学校学习成果评价主要由教育研究与评价部(现更名为评估与服务部)负责。该部门除了定期从系、学院和其他部门收集相关数据,对低年级和高年级学生、校友、用人单位等利益相关者进行跟踪调查等常规职能外,还与教师合作研究设计和实施评价过程,关注专业中不同成绩的学生,或者毕业于某专业的校友,将评价结果与教师共享,以便教师完善专业教学;该部门也会自己设计和实施评价过程,对在校生和毕业生进行纵向研究,与教师们反思研究结果,这对学校层面的改进具有重要的意义。学校成立了学科与能力部,有不同学科专业、不同课程和年级的教师共同研究高等教育评价文献和实践经验、自由发表关于课程教学和成果评价的观点。该部门为跨学科的讨论提供了场所,有助于形成协作探究的文化,而这种文化持续地使学生核心能力得到清楚的阐明和加强。学校还成立了研究与评价委员会,由高级教师以及教育研究与评价部、教务处等部门的成员组成。该委员会最关键的职能是协同各部门制定有效策略,推进专业评价过程进一步深化和发展。这些部门和组织之间职责清晰、又相互协作,理论与实践相融合的复合研究团队在探索改进和解决评价实践问题的基础上共同构建起适合本校实际的成果评价体系。学校还建立了常态化的协作制度,如每周五下午不安排课程以便专门开展探究协作;每年举办三次学会(分别在一月、五月、八月),教师、教育研究与评价部等部门成员分享他们在教学、学习、评价等方面的观点和实践。通过组织和时间的重构,学校形成了协作探究文化,以及教师、职能部门和委员会间有效的"评价-改进"组织机制,共同探究关于学生、专业、院校的评价与改进。

(五)启示

有效的学习评价体系不仅描述期望的学习成果和评价方法,更重要的是明确如何管理和解释评价、如何报告结果并将结果用于改进。将评价作为教育质量改进的工具,当评价开始研究和解释人们真正关心的问题时,才能显示核心价值。学校认识到在质量改进过程中评价信息的价值,但发现信息必须与人们真正关心的问题联系在一起才有用。这意味着需要通过合理的评价方法发现证据,以做出可靠的、建设性的、有效的决定,也意味着需要提前思考信息如何使用、被谁使用。评价不是简单地收集数据反馈结果,它取决于决策者的目的和意愿,根据这些目的和意愿收集和分析数据,才能发挥评价的核心作用,才能有效帮助持续改进。如何开展学习评价以及如何利用评价结果来改进教学和学习效果,阿尔维诺学院的实践给我们带来的启示有以下几点:

第一,确定好核心能力和等级标准。大学生核心能力是学习成果评价的理论基础和实践基础。能力即成果,学习成果包括两个方面:一是学生学习成果的内容,即哪些能力是大学确定的学习成果,确定后所有层面的评价就以这些能力为对象;二是这些能力的等级标准,它标识了期待学习成果的达成度,评价标准和构成其基础的评分准则及其范例,是一种在学习成果评价中提供透明度的方式,有效向学生传达对他们的预期要求。学校各个层面的评价都应基于明确、统一的学习成果,学习成果和等级标准为评价者提供了专业的评价框架,用于组织教学、阐明对学生表现的期望并给出富有成效的反馈,将通用标准嵌入特定内容标准中,并且一切设计和实施过程都为学习服务。

第二,加强评价组织的协同性和研究性。在应对外部评价相对模糊和相互冲突的要求时,很多学校常常陷于一种"有效性文化"中,他们选择相信和完全依赖第三方评估力量开展的评估,但这些评估并不一定能产生预期成果,或者常常与学校政策和实践脱节。相反,基于真正的学校需求以及提升学习质量为目的进行的评估,通常会产生有价值和实用性的证据成果。如果高校内部有专业的评价组织机构,通过构建评价和改进协同机制,采用科学合理的质量评价和改进方法,让评价和改进内化成为教师和学院日常工作,人才培养质量将自然得到提升。专业的评价组织管理部门,一方面承担协同评价职能,专门负责对教师教学和学生学习成果进行评价,协同学院、专业教师和外部评价者开展评价和改进,不断实验和实践,形成学校学习成果评价流程和改进方法;另一方面具有较强研究能力,能定期发布学习成果评价结果报告,组织召开学习成果评价研讨会,深度分析评价结果并指导质量改进,保证学习成果评价结果能够改善教学效果和学习效果。

第三,构建好多元评价主体间的协商机制。相互协调、以行动为先导、利益相关者积极参与的学习成果评价,有助于避免对评价有效性的怀疑。高校现在所收集的来自校内外关于学生及其学习情况的数据信息远远超出以往,但很多数据信息并没有得到充分有效的利用。主要表现为现有的评价结果还没有被转化为行动提升学生的表现,或者说现有的评价结果不够直观,很难被理解并直接转化为行动。有效的解决方式是构建起校内外主体间的协商机制,在学习成果评价项目的起始阶段让重要的利益相关者(教师、学生、学校领导、管理人员、用人单位等其他相关群体)参与进来,鼓励每个群体提出感兴趣和需要深入了解的问题和事宜,作为学习成果评价的设计和实施目标。设计能够产生各类学习表现和成果证据的评估方法,确保关键的利益相关者能够理解并使用这些证据。在分析学习成果评价结果的过程中再次聚集同样的这群人,询问他们是否对所关注的问题和事宜有了答案,以及对接下来所采取的行动的意见。协商机制的构建使评价设计、实施和改进过程有机联系和衔接,成为提升整体学习质量的重要途径。

第三节 加拿大大学生学习成果评价

一、高校学生学习成果评价:理念和实现路径[①]

加拿大的高等教育以严谨著称,教育水平居世界前列。加拿大属于教育分权制国家,中央政府对高等学校"有责无权",高校的真正管理者是地方政府。安大略省是加拿大拥有大学数量最多的省份,是加拿大优质高等教育资源的集中地。2005年,安大略省政府成立安大略省高等教育质量委员会(Higher Education Quality Council of Ontario,HEQCO),其最重要的任务就是对高校进行评估,通过实证研究不断改进省内的高等教育质量保障体系,并为政府教育部门提供政策建议。近年来加拿大政府和社会不断强调高等教育的责任和产出,HEQCO开始有针对性地进行高等教育质量保障改革,其重要举措之一是探索建立大学生学习成果评价体系,通过学生学习成果表现对高等教育质量进行监控和改进。仅2012年,HEQCO联合安大略省大学委员会(Council of Ontario Universities)、安大略省学院质量保障服务中心(Ontario College Quality Assurance Service)等机构针对学习成果评价开展了全省调优(tuning)项目、土木工程专业评价项目和院校批判思维测量项目等近50个项目[②],大学生学习成果评价已经成为HEQCO优先研究和实践领域,从顶层设计到实施都赋予其更重要的价值和意义。学习成果评价在安大略省高校质量保障体系中的重要作用以及HEQCO在学习成果评价中所采取的一体化战略手段,有其独特性和代表性。本节以六所试点高校的实践经验为对象,对加拿大大学生学习成果评价的设计理念、实现路径和发展趋势进行解读和剖析。

(一)构建以结果为导向的高等教育质量评价体系

学习成果评价来源于结果导向教育(Outcome-based Edcation,OBE)理念,该理念认为教学不应仅以知识为中心、按照学科体系设计课程,更加应该以学生为中心,先明确学生需要学些什么、能做些什么,然后根据这些成果来设计课

[①] 陈凡.加拿大高校学生学习成果评价:理念和实现路径——基于安大略省6所院校的实践[J].外国教育研究,2016,43(4):49-58.

[②] HEQCO. Annual report 2012/2013[EB/OL]. (2014-12-29)[2019-12-01]. http://www.heqco.ca/SiteCollectionDocuments/heqco_AR13_EN_final.pdf.

程和教学,这种以学习成果为中心的理念是对教育功能和架构的重新思考,逐渐成为20世纪90年代初期国外高等教育评价改革的重要思潮[1]。结果导向教育理念的原则是明确学习成果的重要性,从最终学习成果开始设计课程,强调对学生成功的高期望,并为学生成功提供机会和支持[2]。

1. OBE 理念运用于高等质量保障领域

最初的结果导向教育实践是从基础教育领域开始的,随着21世纪高等教育与社会发展和创新的联系逐渐紧密,社会对大学生素质和能力要求越来越高,结果导向教育理论被引入高等教育改革实践中,结果导向教育模式包括能反映教育目标、目的和价值的学习成果内容,使学习成果能够达到的过程和战略(课程、教学、学习、评价、支持和引导方法),与成果相连的学习评价标准三个要素[3]。结果导向教育促使传统上重视学科内容学习的课程发展方式,转变为重视学生行为改变与能力增长的课程发展方式,它不仅需要明确什么是学习成果,还需要将这些成果与课程内容、教学方法、学习战略和评价、教育环境相联系起来[4],这成为结果导向教育能够提升高等教育质量的关键特征。

随着加拿大政府和社会对高等教育产出和高校毕业生质量要求的不断提高,以及在国际高等教育质量保障趋势的影响和学生国际交流不断增加的客观需求下,学习成果评价在加拿大高等教育政策领域备受关注。2005年,加拿大公共政策领域专家Finnie和Usher提出"学习产出"和"最终成果"应成为高等教育质量评价框架的重要组成部分,引发了高等教育质量评价改革[5],高校开始对学习成果评价的方法和手段进行专门探索。2012年,安大略省审计长办公室将学生成果作为判断教学质量的一项指标,安大略省培训、学院和大学部(OMTCU)开始持续关注学习成果,并将其作为完善安大略高等教育的方式之一,决定选取若干试点高校开展评价实践。2014年,加拿大总理给OMTCU新

---

[1] 徐联恩,林明吟. 成果导向教育(OBE)的教育改革及其在美国实践的经验[J]. 教育政策论坛,2005(2):55-74.

[2] Spady W G, Marshall K J. Beyond traditional outcome-based education[J]. Educational leadership,1991,49(2):67-72.

[3] Jackson N. Programme specification and its role in promoting an outcomes model of learning[J]. Active learning in Higher Education,2000,1(2):132-151.

[4] Harden R M. Outcome-based education: The future is today[J]. Medical Teacher,2007(29):625-629.

[5] Finnie R, Usher A. Measuring the quality of post-secondary education:Concepts, current practices and a strategic plan[EB/OL]. (2005-04-01)[2019-12-01]. http://citeseerx.ist.psu.edu/viewdoc/download;jsessionid=D19F334AA0D165942E774770873BD303? doi=10.1.1.382.8230&rep=rep1&type=pdf.

任部长的委任书中,指出学习成果评价应成为该部门的首要任务[①],学习成果评价逐步成为安大略省高等教育领域的政策性举措,在高校质量评价和保障方面发挥日趋重要的作用。

2. 大学生学习成果评价的战略意义

HEQCO将学生学习成果评价誉为加拿大高等教育质量评价领域的"变革者"(game changer),认为通过评价学生学习的结果判断高校的教学水平和专业质量、证明高等教育机构在人才培养方面的价值增值的做法,改变了高等教育质量评价的游戏规则,甚至是大学的运行体制机制。具体说,大学生学习成果评价通过将高等教育质量评价内容的焦点从强调对学生客观上的课程安排和学分要求,转变到强调学生主观上对知识、技术的获得和能力的增加上;将高等教育质量评价标准的焦点从高校财富和科学研究能力,转变到学生表现和教育增值上;将高等教育质量评价方法的焦点从相对随意、有较大差异性和选择性到相对统一、注重学生学习成果证据的收集和数据的比较上[②]。HEQCO认为大学生学习成果评价体系是加拿大实现高等教育系统现代化的重要基础;通过建立完善的大学生学习成果评价体系,安大略省将会拥有世界上最现代、最先进的高等教育系统。基于这样的认识,HEQCO大力推进大学生学习成果评价的理论研究和实践探索。

3. 大学生学习成果评价的目的和内容

大学生学习成果评价主要是探索如何使用科学的方法和手段对接受了高等教育学习的学生的学习成果进行测量和评价,那么何为大学生学习成果成为评价需要首先界定的重要问题。加拿大高等教育机构由大学和学院组成,从功能来说,大学主要培养研究型人才,学院主要培养应用型人才,从安大略省大学生学习成果评价的实践来看,将学习成果作为一个多层次、多类型的内涵概念的趋势比较明显。从内容上看,学生学习成果包括学生知识的掌握、技能的运用;从类型上看,大学生学习成果包括与学科知识相关的学习成果、与就业相关的职业技能成果,以及与学生自身素质能力相关的学习成果,不同类型的高校对不同类型的学习成果各有侧重,比如研究型、综合性大学较为关注学生学科知识学习和研究等方面的能力和素质,而职业技术类学院比较关注学生就业技

---

① Liu Q. Outcomes-based education initiatives in Ontario postsecondary education[EB/OL].(2015-04-21)[2019-12-01]. http://www.heqco.ca/en-ca/Research/ResPub/Pages/Outcomes-Based-Education-Initiatives-in-Ontario-Postsecondary-Education-Case-Studies.aspx.

② HEQCO. Learning outcomes assessment consortium[EB/OL].(2014-12-10)[2019-12-01]. http://www.heqco.ca/en-ca/Research/LearningOutcomes/Pages/loac.aspx.

能相关的能力和素质。

4.大学生学习成果评价的方法[①]

加拿大一直十分注重高校学生学习成果评价方法和工具的设计开发。1978年,加拿大自主开发了"全国毕业生调查"(National Graduate Survey,NGS),用于调查高校毕业生在毕业两年及五年时的职业发展状况,间接评估毕业生的职业胜任力。目前,加拿大基本形成了多元化学生学习成果评价方法体系;其中最常用的评估方式主要是标准化测试、量规、表现性评估以及问卷调查等四种类型。

(1)标准化测试。标准化测试是指直接通过统一标准化考试来评价学生是否掌握了一定的知识或技能。在加拿大,常用的标准化测试主要有高等教育学习成果评价(AHELO)、大学学习测试+(CLA+)、批判性思维评估测试(Critical Thinking Assessment Test,CAT)、学生入校考试等。其中学生入校考试是一种直接测量高校一年级新生在特定领域(如英语、写作、数学等)的知识与能力的评价方法,常见的有 ELP、CAEL、CELT、TOEFL、ACCUPLACER、ACT Compass 等等。

(2)量规。量规是加拿大高校学生学习成果评价比较常用的工具,它融定性评价和定量评价为一体,可用于评估学生知识、技能、态度等方面认知性和非认知性学习成果。在评价量规的使用中,部分加拿大高校借鉴了国外知名的评价量规,如本科教育学习有效评价量规(VALUE Rubric);有的高校则是自主研发评价量规,如可用于设计、沟通、团队合作、问题分析和调查等五个关键能力领域学习成果的分析型评价量规。

(3)表现性评价。目前,加拿大高校常用的表现性评价方法,一是基于课堂的表现性评价,即通过观察学生在课堂模拟、综合考核、课堂评论等真实情境或模拟情境中的真实任务行为表现来评价学生的实际能力;二是外部表现性评价,即通过考查学生在实习、社区实践项目等实践活动过程中的真实行为表现评价学生的实践课程学习成果;三是档案袋评定法,即把反映学生在一定时期内学习过程与进步状况的真实资料,以文件形式呈现,用档案袋汇总保存,据此对学生一定时期内学习过程与进步状况作出全方位的真实性评价;四是顶点课程(项目),即通过要求学生展示将所学领域的知识和技能应用于现实生活的能力来判断学生是否达到了高校要求的培养目标。

[①] 蒋家琼,郑惠文,龚慧云.加拿大高校学生学习成果评估的内容、方法及启示[J].大学教育科学,2020(3):111-116.

(4)问卷调查。面向在校大学生、校友、雇主等不同群体开展问卷调查,是加拿大使用最广泛的高校学生学习成果评价方法,它属于间接性评价,重在评价学生的非认知学习成果和一般性能力。在加拿大,典型的学生调查工具包括加拿大全国大学生学习投入调查(Canadian National Survey of Student Engagement)、本科生就读经验调查(Undergraduate Experience Survey)、社区学院学生学习投入调查(Community College Survey of Student Engagement)以及各高校自主开发的调查(如女王大学开发的可迁移学习情况调查)等。学生毕业后的跟踪调查也是加拿大评价高校学生学习成果的一种方法,如全国毕业生调查和毕业生跟踪调查(Follow-up Survey of Graduates)可用来追踪评价毕业生的职业胜任力。雇主调查、焦点访谈也是加拿大高校使用较多的评价方法。

(二)大学生学习成果评价的实现路径

大学生学习成果评价对高等教育质量保障政策的制定和实施产生了重要的影响。在大学层面上,安大略省大学委员会指导的2010年质量保障框架(Quality Assurance Framework)要求大学明确相关专业的学习成果,以及学位水平期待(degree level expectations)与大学任务和目标的吻合程度,这也成为安大略省所有大学质量保障过程的重要组成部分[1]。在学院层面上,安大略省已于2007年开始实施专业质量保障过程审核评价(Program Quality Assurance Process Audit),该评价需要专业明确学习成果、制定政策支持学生专业学习成果的获得,保证专业教学和学生评价都与专业学习成果保持一致,结果导向的审核评价已经直接影响了学院新专业的开发、课程设置、教学和评价。外部影响带来了高校内部质量保障体系的巨大转变,各所大学纷纷开展大学生学习成果评价改革,2012年12月,HEQCO成立了学习成果评价联盟(LOAC)[2],将安大略省六所高校作为试点单位率先开发和使用学习成果评价工具和技术,以便今后在所有高校推广实施。参与评价的六所试点高校中,有三所加拿大高水平研究型和综合型大学:多伦多大学、女王大学、圭尔夫大学(多伦多大学是加拿大最古老、最大的大学之一,研究水平世界一流;女王大学学术水平和教学质量

---

[1] Liu Q. Outcomes-based education initiatives in Ontario postsecondary education[EB/OL].(2015-04-21)[2019-12-01]. http://www.heqco.ca/en-ca/Research/ResPub/Pages/Outcomes-Based-Education-Initiatives-in-Ontario-Postsecondary-Education-Case-Studies.aspx.

[2] HEQCO. Learning Outcomes Assessment Consortium[EB/OL].(2014-12-10)[2019-12-01]. http://www.heqco.ca/en-ca/Research/LearningOutcomes/Pages/loac.aspx.

第三章　大学生学习成果评价的国际经验

水平很高,被称为"加拿大的普林斯顿";圭尔夫大学专业门类齐全,是加拿大高水平综合性大学之一),以及三所学院:德汉姆学院、汉博理工学院、乔治布朗学院(德汉姆学院学生质量和就业率名列本省学院第一;汉博理工学院是加拿大最有特色、最有创意、最出色的理工院校之一;乔治布朗学院是加拿大最大的社区学院之一),六所高校实际上是不同层次、不同类别、不同发展方向和定位的高等教育机构代表。2015年,六所高校将学习成果评价进展情况做了阶段性总结。从文本材料上看,六所高校的学习成果评价实践在建设思路、进展情况、开发过程、工具选择等方面具有较多的共性,基本呈现了大学生学习成果评价的主要路径。

1. 采取项目管理制,提供专门经费支持

各高校对学生学习成果评价都非常重视,将其作为学校的专门项目,以项目制方式进行开发和管理。在开发阶段成立研究组和开发组等专门机构,一般由专业教师、教育研究人员和技术开发人员组成;在实践阶段成立项目委员会等专门机构,由专业教师、教务部门和相关学院的管理人员组成,项目配有专门的协调人员和管理人员。如汉博理工学院学生学习成果评价项目委员会由教师、试点专业和相关部门的协调员组成[1],还有高校吸收了学生成员参与。同时,学校提供专项资金支持项目的开发和推进,女王大学学习成果评价项目还吸引了财团投资,资助三年,旨在全方位开发学生学习成果和认知能力评价技术[2],其重要意义可见一斑。

2. 试点先行,逐层推进

在学生学习成果评价项目建设思路和过程的问题上,六所高校表现出了很高的一致性,将项目分解为基础分析、评价工具的开发和设计、试点评价、数据分析和工具修正、评价推广五个阶段。这五个阶段不是每个学校都经历的,各校根据自己的实际情况确定,HEQCO对此并没有统一的规定和要求。其中,基础分析主要包括背景环境分析、学习成果评价相关文献分析和现有工具分析等内容,主要为评价工具的开发奠定理论和实践基础。工具开发是各高校根据基础分析和学校实际需求进行的,这一阶段所花费的时间基本在六个月左右,学校通过聘请专业人士和校内人员成立开发组开发设计各类量表,并测试其效

---

[1] HEQCO. Learning Outcomes Assessment Consortium—Humber College[EB/OL]. (2014-12-10)[2019-12-01]. http://www.heqco.ca/SiteCollectionDocuments/LOAC-HumberCollege.pdf.

[2] HEQCO. Learning Outcomes Assessment Consortium—Queen's University[EB/OL]. (2014-12-10)[2019-12-01]. http://www.heqco.ca/SiteCollectionDocuments/LOAC-QueensUniversity.pdf.

度和信度。试点评价是各高校在评价工具开发完成后,在校内选择部分专业学生进行评价,女王大学选择了艺术和科学学院的心理学、戏剧和物理学专业,工程和应用科学学院的化学工程、土木工程、地质工程、机械工程专业的 2000 名一年级和四年级学生进行独立评价[1];而圭尔夫大学的评价试点在文理和工程学士专业展开,文理学士项目采取一门课程内通过 3 项任务评价 3 项成果的评价方式,工程学士选择通过几门课程和整个学期表现评价毕业生问题分析能力[2]。2015 年,六所高校大学生学习成果评价试点基本完成,有的高校已经着手开始修正量表,虽然进展不甚相同,但是对于下一步计划都已达成共识,即进一步推进学习成果评价实践。实践的推进主要从三个方面展开,第一是从课程到专业,第二是从学院到学校,第三是从校内到校外(见图 3-5),三个箭头各表示一个阶段。每个阶段评价的重点不尽相同,在课程层面高校更加侧重评价学习经历和成果,专业层面更加侧重评价学科知识成果,学校层面更加侧重评价学生的素质和特点,当大学生学习成果评价达到省级层面时,是否达到整体的培养目标、能否顺利通过认证是重点问题。这三个环节是逐渐递进的,只有完成前面一个环节,并不断进行反思和提升,才更有利于下一个阶段的推进和实践。

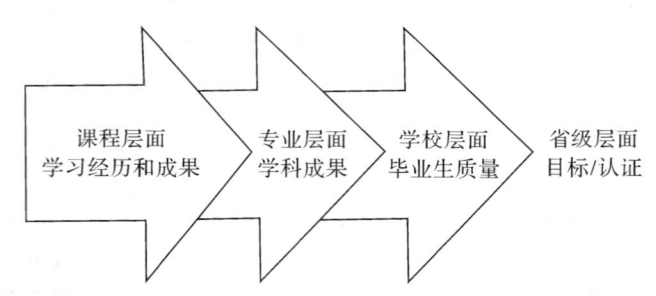

图 3-5 安大略省大学生学习成果评价实践推进过程[3]

3. 实行教师教学、学生学习、成果评价过程一体化战略

大学生学习成果评价主要是针对学生之所学,对于大学生来说,最重要的

---

[1] HEQCO. Learning Outcomes Assessment Consortium—Queen's University[EB/OL]. (2014-12-10)[2019-12-01]. http://www.heqco.ca/SiteCollectionDocuments/LOAC-QueensUniversity.pdf.

[2] HEQCO. Learning Outcomes Assessment Consortium—University of Guelph[EB/OL]. (2014-12-10)[2019-12-01]. http://www.heqco.ca/SiteCollectionDocuments/LOAC-UniversityofGuelph.pdf.

[3] HEQCO. Learning outcomes assessment:A practitioner's handbook[EB/OL]. (2015-03-10)[2019-12-01]. http://www.heqco.ca/SiteCollectionDocuments/heqco.LOAhandbook_Eng_2015.pdf.

学习经历来自课堂,因此,以学生学习成果为基础的评价改革是从改变教学和学习战略开始的。所有课程中的教学和学习都与所要评价的学习成果相契合,学生在评价活动中证明他们的课程学习成果[1],即教学方法和学习活动是以帮助学生在课程中获得所要评价的学习成果为前提和目的设计和组织的。在具体实践过程中,首先由高校教师根据学生学习成果评价的目的制定和完善新的课程教学目标,开发新的课程教学战略,把学生学习成果评价内容融入课程教学活动中,并在教学过程中注意不断收集学生表现和学习成果相关的数据和证据,使用学校开发的学习成果评价工具对学习情况进行评价,课后及时与同行和学生进行交流和反馈,调整教学内容、改进教学方法,最终促进学生学习质量的提升。这一过程实际上已经超越了学习成果评价本身,并非仅为了得到结果而进行评价,而是将教师教学、学生学习和成果评价作为相互支撑的一体化过程,这三个部分相互影响,不断循环,评价的最终目标是为了改善教学、提升学生质量。乔治布朗学院在学生学习成果评价项目中,召集了六个通识教育和文化研究课程的教师共同制定了新的教学战略,将提升学生批判思维和交流能力要求加入课程教学目标中,设计介入式课程评价获取学生在这两项能力上的表现情况。学生在课程结束后要进行自我评价,教师相互分享和讨论使用评价工具的经验和心得[2]。这种介入,不是简单地将成果评价嵌入课程教学过程中,而是从评价内容和目的着手,将重要的成果和能力作为课程教学目的,改变教学内容和方法,在教学过程中收集学生学习成果数据和资料,评价完成后及时与未嵌入课程进行比较和分析,是真正意义上的将教学、学习和评价一体化的实践探索。

4. 开发专业化和技术化评价工具

评价工具的开发是大学生学习成果评价最核心的环节。各校开发的评价工具呈现出专业化和技术化特点,主要表现一是都有校内专业教育技术人员的参与,二是借助外部专业教育技术管理平台的力量进行联合开发,如圭尔夫大学和德汉姆学院选择与教育科技公司 Desire to Learn(D2L)联合开发评价工具,这是安大略省大学生学习成果评价实践过程中的新尝试。D2L 是国际上首个综合学习平台的创造者,它通过将学习理论与数据技术相结合,为不同地域

---

[1] Biggs J, Tang C. Teaching for quality learning at university[M]. 3rd ed. UK: McGraw Hill, 2007: 12.

[2] HEQCO. Learning Outcomes Assessment Consortium—George Brown College[EB/OL]. (2014-12-10)[2019-12-01]. http://www.heqco.ca/SiteCollectionDocuments/LOAC-GBC.pdf.

的各类学习者提供教学、学习和结果评价的个人体验。D2L 成立 15 年,已有包括高等教育、基础教育、政府和企业等 1100 位用户和 1500 万学习者[①],为不同的学习者量身定制学习管理方案是其擅长的领域。D2L 与高校合作开发学生学习成果评价工具并进行学习成果管理的实践仍处于探索过程中,这一过程也面临技术上的困难和挑战,突出表现在与圭尔夫大学的合作上[②],两方合作的重点在于根据学校学生学习成果评价的目标对学习管理和评价软件进行整合和升级,目前合作主要工作包括开发在线学习成果抓取和评价工具、评估试点测试适用性以及对评价工具的测量结果进行初步研究等。为了保证评价工具的科学性、有效性和可操作性,圭尔夫大学预计需要较长时间完成这一过程。德汉姆学院与 D2L 合作相对比较简单,他们选择使用 D2L 已有的电子档案袋平台对学生的学习成果进行记录和评价,D2L 根据学校使用者的要求对电子档案袋平台进行了改善,并对教师和学生进行了使用培训;丰富了教学资源,加强了项目实施过程中的技术支持,并顺利完成项目工具的开发[③]。

5. 评价内容与学校类别高度相关

各校根据基础研究和自身情况,分别确定了学生学习成果评价内容,这些内容均与学生通识教育的基本素质和能力有关,如交流能力、批判性思维、团队合作、问题解决等。总体上看,交流能力和批判性思维能力是所有高校均需要评价的内容,说明各校对这两项能力都很重视。除此之外,大学和学院两个类别的高校在评价内容的选择上表现出了不同的倾向,应用型学院将"核心就业技能"的评价作为重点,如德汉姆学院提出的团队合作能力和汉博理工学院提出的问题解决能力;而研究型综合性大学评价的内容比较丰富和多样,如女王大学提出终身学习能力,圭尔夫大学提出读写能力、国际视野、专业和道德行为等。图 3-6 说明了应用型学院和研究型综合性大学学生学习成果评价的主要内容,左边的圆圈内是应用型学院的评价内容,右边的圆圈是研究型大学的评价内容,两个圆圈有交叉,表示是两种类型的所有高校共同的评价内容,而交叉区域外的表示两类高校各自提到的评价内容。其中团队合作和问题解决虽然在两类高校中都有罗列,但由于不是所有高校都将这两项作为评价内容,故没有

---

① About D2L[EB/OL].(2015-02-15)[2019-12-01]. http://www.d2l.com/about/?_ga=1.33699297.1953408068.1426409130.

② HEQCO. Learning Outcomes Assessment Consortium—University of Guelph[EB/OL].(2014-12-10)[2019-12-01]. http://www.heqco.ca/SiteCollectionDocuments/LOAC-UniversityofGuelph.pdf.

③ HEQCO. Learning Outcomes Assessment Consortium—Durham College[EB/OL].(2014-12-10)[2019-12-01]. http://www.heqco.ca/SiteCollectionDocuments/LOAC-DurhamCollege.pdf.

列入交叉区域中。可以看出,研究型综合性大学学生学习成果内涵覆盖面更广,指向学生的多种基本素质和能力;而应用型学院更加重视学生就业所需的基本技能,评价内容和高校类别表现出了高度的关联性和契合度。

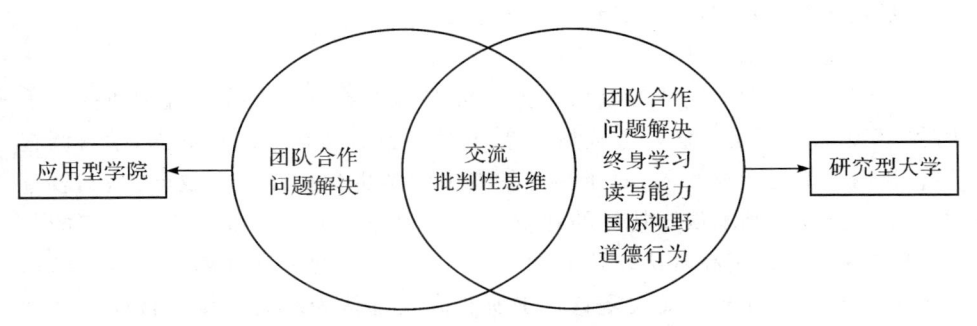

图 3-6　学生学习成果评价内容和高校类别的关系

应用型学院 ← 团队合作 问题解决 | 交流 批判性思维 | 团队合作 问题解决 终身学习 读写能力 国际视野 道德行为 → 研究型大学

(三)加拿大大学生学习成果评价的下一步战略

在完善高等教育质量保障体系的过程中,HEQCO 高度重视组织化、专业化的学生学习成果评价,认为这种新的评估范式可以有效提升人才培养质量,强化高等教育机构的增值意识和表现。从这六所高校大学生学习成果评价试点项目的经验来看,公认的学生学习成果内涵的界定、可信有效的学生学习成果评价工具的开发和评价配套机制的建立是下一步安大略省完善大学生学习成果评价体系的主要任务。

1. 构建公认的大学生学习成果内涵体系

在诸多因素的影响下,高等教育的目的和学生学习成果的内涵一直在不断演进,不同时期的学习成果内容反映了社会对大学所培养人才的要求的变化,表达着社会发展对大学教育理念、课程改革、办学使命的价值诉求。高等教育大众化阶段,人们对高等教育人才培养的规格和质量要求渐趋多样化和多元化,因此对学生学习成果概念界定和具体内容陈述也有较大差别。安大略省目前进行的学生学习成果评价项目大部分都是在高校范围内展开的,这一范围甚至可以缩小到课程和专业,对课程和专业学习成果的评价仅是高校内部质量保障手段之一,要把学习成果评价作为高等教育外部质量保障体系的一部分,首先是要明确省一级甚至国家一级对高等教育人才培养质量的目标和要求。学生学习成果的内涵是多层次、多类型的,构建一定范围内公认的大学生学习成果内涵体系是大规模开展和推进学生学习成果评价的基础。校际、省内甚至国内公认的学习成果内涵的研究包括两个方面,一是学生学习成果的内容,即哪些认知能力和技能是高等教育质量评价体系确定的大学生的学习成果；二是这些能力和技能的具体内容和范围，即它们可以被分解为哪些具体的测量指标或者描述性的定义等。构建公认的大学生学习成果内涵体系是学习成果评价的理论基础和实践基础，有着重要的指导意义。

2. 开发大学生学习成果综合评价工具

目前已有的大学生学习成果相关评价方法主要包括直接评价和间接评价两种，其中直接评价方法有考试测验等，间接评价方法包括统计数据、学习调查问卷和用人单位调查等[1]。对于高等教育中的学生学科知识和技能、基础教育中的学生读写等基本认知技能的评价在国家和国际范围内都达成了一定的共识，但是对于评价更高阶认知技能的可行性，如学生的批判性思维等能力的探索仍在进行中。加拿大安大略省几乎所有高校都认为对高阶认知技能的掌握是高等教育主要人才培养目标，但事实上仍未有合适的方法用以测量这些技能的掌握程度。对于如何评价这类学习成果没有达成实质性的一致意见，一部分原因在于这类评价是相对新兴的研究领域，可以评价的学习成果范围实在广阔；另外一个重要的原因是高校以学科和专业为基础的教学特征，这决定了课程主要以学科知识为教学内容，教师在课堂上很难获得关于学生交流、批判性思维、团队合作、问题解决、终身学习、读写能力、道德行为等这类能力的表现信息，而由不同教师负责的课程教学更是很难对学生的表现和能力进行综合评价。有效学习成果测量工具的开发难点，不仅在于课程中如何对学习成果做出客观评价，还有如何在专业和学院层面用一种真实、可靠、可持续的方式评价学生学习成果。因此，这绝非一个单一的、一次性的评价工具就能完成的任务，这里提出的所谓大学生学习成果综合的评价工具，有很多设想，比如可以体现在评价的过程上，即在课前、课中、课后，学期前、学期中、学期末等不同阶段分别对学生进行连续的客观分析和判断，以获得学生学习增值的证据，从而评价学习质量和效果；可以体现在评价的方法上，即通过直接和间接方法相结合的方式对学生的学习成果进行评价，对学生学习成果表现进行更清楚全面的描述和解读；可以体现在评价的重点上，即根据不同的评价内容采用不同的评价方法，将评价的碎片收集起来成为一个整体的评判。但这些，都有待实践的检验和时间的证明。

---

[1] Klein S P, Kuh G, Chun M, et al. An approach to measuring cognitive outcomes across higher-education institutions[J]. Research in Higher Education, 2005(46):251-276.

3.完善大学生学习成果评价配套机制

新的评价战略给学校质量评价管理提出了新的要求,理念上的革新和变化需要学校高层管理人员、职能部门负责人和教学管理人员等对高校质量的管理和评价进行重新思考和适应,并制定和形成相应的内部质量保障运行体制以配合学生学习成果评价的开展。构建以结果为导向的质量评价体系,高校需要改变目前以科研成绩指标和教学投入指标为重点的评价方式,增加学生学习成果相关的标准和指标。与此同时,在将学习成果评价嵌入课程的过程中,教师需要承担大量的工作,如重新设置课程目标、增加新的课程内容、制定新的课程评价方式等,因此需要建立有效的激励机制,充分调动教师的积极性,激励教师改变评价战略。此外,高校需要进一步改革和完善现有的学生和教师评价体系,将学习成果作为师生评价的重要标准。与高校内部质量保障体系相联系的外部质量保障体系,也需要进行相应的改变,如进一步完善国家高校质量评价体系和政策,增加学生学习成果相关的标准和指标权重,将高校质量评价逐渐导向学习成果和增值。

经过近十年的探索,加拿大安大略省不同类别的高校在学生学习成果评价体系的构建上积累了大量的实践经验,学生学习成果评价改变了传统的课程教授和学习方式,丰富了学生的学习经历,教师有意识地调整教学战略使学生在交流能力、批判性思维能力等方面得到了更多的培训和指导,学生对这一评价的接受和认可程度逐渐提升,新的评价方式的积极影响已经初步显现出来,评价结果和数据被用于项目评审、战略规划制定、课程优化、专业认证、回应外部问责和院校改进等方面。但是总体上说,学习成果评价仍是高等教育质量保障领域的新生事物,在理论和实践上仍然面临多种挑战,如教师参与率较低,评价结果的使用以及教学中心的支持力度还不够,与学生学习成果相关的大量数据引发了有关数据访问、安全、存储和隐私的问题等[1],但是建立以结果为导向的高等教育质量评价和保障体系仍然是当前加拿大安大略省高等教育委员会应对质量问责的重要实践。

二、大学生可迁移技能评价:方法和影响机制[2]

2012年,HEQCO将学生学习成果分解为学科知识、基本认知技能、高阶认

---

[1] 周琪琪.加拿大安大略省高校学生学习成果评价体系研究[D].重庆:西南大学,2021:35.
[2] 陈凡.大学生可迁移技能评价:方法和影响机制——以加拿大女王大学为例[J].外国教育研究,2017,44(3):38-47.

知技能和可迁移技能等四个类型,招募六所试点高校率先开展学习成果评价实践,将高等教育质量评价改革推向了新的阶段。2014年,HEQCO对大学生的实际学习成果情况进行了调查和分析,发现相比较其他三类学习成果,可迁移技能是高校在人才培养过程中最被忽视的学习成果,对其理论研究和评价实践也最为缺乏[①]。2015年底,HEQCO对六所高校大学生学习成果评价实践阶段性进展情况进行了总结和分析,认为在可迁移技能评价中,女王大学从评价体系设计、评价方法和评价主体的选择、评价结果的呈现和影响等方面都有非常精心的思考和设计,并通过评价结果有效提升了学生可迁移技能,成为可迁移技能评价的优秀实践案例。根据报告结论和学习成果实践趋势,本部分将可迁移技能及其评价作为对象,以女王大学可迁移技能评价实践为基础,对该类学习成果的定义内涵、评价方法和影响机制进行深入分析,以拓宽大学生可迁移技能评价相关理论和实践研究思路和视野。

(一)可迁移技能:被忽视的学习成果

20世纪50年代末,Yntema在芝加哥大学商学院毕业生宴会上做了题为"可迁移的技术和能力"(transferable skills and abilities)的演讲,正式提出了可迁移技能的概念。他认为发现和解决问题能力、有效交流沟通能力、合作和组织能力等是不论从事何种职业的毕业生都需要的技能,因为这些技能在各种职业中是可以迁移的[②]。与其他认知技能不同之处在于,可迁移技能主要体现和应用于职业和工作中,Richard将可迁移技能定义为职业生涯中除岗位专业能力之外的基本能力,是个人最能够持续运用和依靠的技能,可以迁移应用于不同的工作环境[③],因此,有时被认为是非认知技能或者高阶认知技能。联合国教科文组织将可迁移技能定义为一种运用于工作并维持工作的必备能力[④],包括分析和解决问题的能力、有效传递信息和交流观点的能力、创造能力、领导能力、责任感以及创业能力。这些技能均属于行为能力,与个人学习、理解自身与他人关系和工作环境等方面的能力相关,并在可以不同的情境、不同的工作角

[①] Weingarten H P. Managing for quality: Classifying learning outcomes[EB/OL]. (2014-02-13)[2019-12-01]. http://blog-en.heqco.ca/2014/02/harvey-p-weingarten-managing-for-quality-classifying-learning-outcomes/.

[②] Yntema T. Transferable skills and abilities[J]. Journal of Business, 1958, 31(2): 91-94.

[③] Richard N B. What color is your parachute? 2012: A practical manual for job-hunters and career-changers[M]. Berkeley California: Ten Speed Press, 2011: 76-86.

[④] UNESCO. The education for all development index[EB/OL]. (2013-08-27)[2019-12-01]. http://www.unesco.org/new/fileadmin/MULTIMEDIA/HQ/ED/pdf/gmr2012-edi introduction.

色中进行迁移①。

　　高等教育与现实社会的联系日益紧密,不同利益相关者实质性参与高校办学和人才培养程度逐渐提升,HEQCO和加拿大工程认证局(Canadian Engineering Accreditation Board)以及相关的用人单位调查等已将可迁移技能作为大学生学习成果的重要组成部分和评价高校毕业生素质和专业质量的重要依据。根据HEQCO对不同大学生学习成果表现的调研报告②,在大学生四类学习成果中,学科知识成果表现最好,需要改进的并不多;基本认知技能成果需要提升,建议在学生入学和毕业时开展读写等基本认知技能测试;将高阶认知技能作为高等教育学习成果已得到广泛的认同,对于如何测量这些能力仍有较大争议,开发有效、可靠的技能评价的重要研究正在进行。而用人单位最为看重的可迁移技能是高校最为忽视、大学生最为缺乏的学习成果,目前正规学校教育中并未考虑和实施可迁移技能的培养和评价。可迁移技能是职业生涯成功的最前提条件,甚至能对学生毕业后的个人生活,特别是在生活幸福和满意提升方面有着非常重要的帮助。因此,对可迁移技能的评价,以及通过评价结果提升人才培养质量和水平,契合高等教育与社会联系紧密的现实背景,满足利益相关者实质性参与高等教育的需求,是提升大学生的就业能力和用人单位满意度的有效路径。

(二)大学生可迁移技能评价体系的构建

1. 自主设计评价框架

　　学生学习成果评价是女王大学教学改革的重点项目,学校安排专项资金、成立项目专项管理小组以项目制方式运作和管理,项目管理小组包括主管教学的副校长、工程和应用科学学院院长和相关研究管理人员。项目计划用四年的时间建立完整的学生学习成果评价体系,目前项目已经完成评价工具的开发和设计、试点评价实施、数据初步分析。在项目开发和实施过程中,如何对学校和专业学生学习成果进行客观、有效、持续的评价一直是研究和实践重点。鉴于可迁移技能在评估和认证过程中的重要性,项目组经过对管理层和教授进行问卷调查的方式协商确定了需要评价的学习成果内容、设计了评价框架、确定了

---

① Robinson N, Vickers S. Monitoring and assessing transferable skills[C]. The Workshop on Integration of Transferable Skills in TVET Curriculum. Teaching-Learning and Assessment. Bangkok: VTCT UK, 2014.

② Weingarten H P. Managing for quality: Classifying learning outcomes[EB/OL]. (2014-02-13)[2019-12-01]. http://blog-en.heqco.ca/2014/02/harvey-p-weingarten-managing-for-quality-classifying-learning-outcomes/.

评价方法。女王大学将批判性思维、创新能力、问题解决能力、终身学习能力作为学校层面拟评价的可迁移技能,根据已有的实践经验,确定了多元化的评价方法和工具,构建了可迁移技能成果评价框架(见图3-7),即主要通过四种方式对学生可迁移技能进行评价,其中两种为直接评价方式:测试和标准,另外两种为间接评价方式:问卷调查和数据分析,采取自行开发和对已有评价工具的本土化两种途径,确定几种不同的评价工具和方法从不同角度对学生可迁移技能进行质化和量化的评价分析。

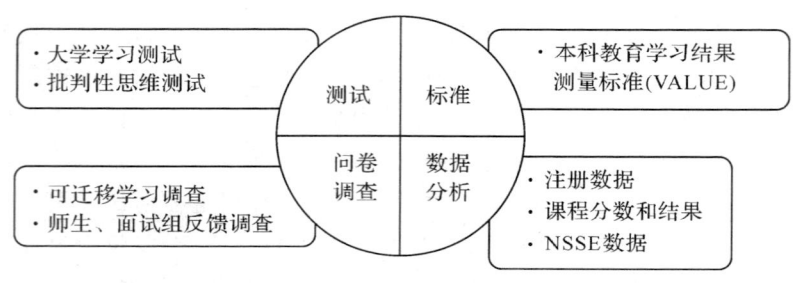

图3-7 女王大学学生可迁移技能成果评价框架

2. 多元评价工具相结合

为了客观科学评价学生的可迁移技能,女王大学一方面成立了评价工具研发小组,根据已有的学习成果评价实践经验、项目目标要求和教师需求开发了问卷调查和数据分析工具;另一方面与美国权威机构合作,对已有的权威测试和标准进行改编,形成了特色鲜明又适用于本校目标和要求的评价体系,本部分选取三种具有代表性的可迁移技能评价方法和工具,对其目的和实施过程等进行逐一分析。

(1)在线测试工具评价学生批判性思维能力。在线测试工具是指直接通过统一标准化考试来评价学生可迁移技能的掌握情况。可迁移技能测试风险等级比较低,高校一般采用已有的、并已在一定范围和规模内经过实践检验的在线测试工具。女王大学主要是通过大学学习测试、CLA和批判性思维测试(Critical-thinking Assessment Test,CAT)工具评价学生的可迁移能力。其中CAT是由美国田纳西技术大学开发的、专门针对学生批判性思维进行评价的测试工具,测试主要评价学生四个方面的能力:信息评价能力、创新性思维能力、学习和问题解决能力、交流能力①,这些技能被认为是批判性思维重要组成部分。该测试一般有 15 道简述题,测试时间为 1 个小时,测试包括两个部分,一是思维能力测试,主要目的是通过连续提问促使学生深入思考,并获得表现证据。这部分问题主题较广,但都来源于现实,学生需要分析假设和观点,提供不同的观察解释,描述其他完整评价观点的信息(例题见表 3-6)。二是问题解决能力测试,学生需要先阅读 8 篇短文了解信息,综合和运用这些信息提出问题解决方案,并解释不同情境对方案的影响。在线测试比较容易实施,结果客观有效,利于相互比较,但是如何保证考试结果的可信度是测试工具面临的主要问题。CAT 测试通过设置详细具体的评分指南、对阅卷人进行综合评分训练、召开培训者研讨会、多评分者等方法保证评分的准确性和客观性。

表 3-6　CAT 思维能力测试例题②

　　一位在政府部门工作的科学家认为面包中含有的某种成分导致犯罪行为,并提供了以下证据:99.9% 的罪犯犯罪前买了面包,不卖面包的地区犯罪率非常低。
　　问题:①科学家提供的数据有力地支持了他的推论吗?
　　　　　②除了科学家的推论,数据有其他解释吗? 如果有,请描述。
　　　　　③有其他信息或者证据可以支持科学家的推论吗?

(2)标准工具评价学生问题解决能力。标准工具通过分解不同类型的可迁移技能、设定可迁移技能等级和具体内容、对照并判断学生可迁移技能的达标情况。由美国学院与大学协会(AAC&U)开发的,VALUE 是近几年新兴的标准等级评定工具。该工具将本科教育核心学习成果分解为若干种能力类型,由高校教授和行业专家组确定各类型标准等级和具体内容,以证明学生在这些能力中的达标情况。所有标准不是针对某一学科或专业,而是针对不同年级学生,用来评价非传统意义上的以学科知识为主的学习成果,适用范围较广③。女王大学主要使用标准工具对学生的问题解决能力进行评价,以 VALUE 工具为基础,结合学校自身课程、专业要求,将学生问题解决能力分解为回答开放式问

---

①Critical thinking assessment test[EB/OL].(2016-04-05)[2019-12-01]. https://www.tntech.edu/cat.

②Critical thinking assessment test[EB/OL].(2016-04-05)[2019-12-01]. https://www.tntech.edu/cat.

③Valid assessment of learning in undergraduate education (VALUE) rubrics[EB/OL].(2016-04-21)[2019-12-01]. http://www.queensu.ca/qloa/assessment-tools/value-rubrics-0.

题或者达到既定目标的方案设计、评价和执行过程,从陈述问题、确定方法、提出方案、评价方案、执行方案、评价结果六个方面对能力内涵进行分解,并对每个分解内涵的优、良、中、及格四个等级进行描述说明(见表 3-7),分别对应大学生问题解决能力从四年级到一年级应该达到的程度。在实际评价过程中,评价者参照不同等级的描述将学生的表现分为不同等级。

表 3-7 VALUE 问题解决能力标准内涵和等级①

	优	良	中	及
陈述问题	问题陈述清晰、深刻,包含所有信息。	问题陈述详细,包含大部分信息。	问题陈述浅显,包含大部分信息。	问题和信息陈述能力有限。
确定方法	确定多种有效解决方法。	确定多种问题解决方法,但只有部分有效。	确定一种解决方法。	确定的解决方法并不适用于具体问题。
提出方案	提出的一个或多个解决方案考虑了具体情况和道德、逻辑、文化因素。	提出的一个或多个解决方案考虑了具体情况和道德、逻辑、文化因素之一。	使用现成方案,未针对具体问题专门设计。	方案模糊,或者与问题不直接对应。
评价方案	方案评价深刻、简练,说明完整深入。	方案评价合理,说明完整。	方案评价简单,说明不够深刻。	方案评价肤浅,说明浅显。
执行方案	充分考虑多个情境,方案执行完全。	考虑多个情境,表面上执行。	根据情境执行方案,但忽视情境。	未根据情境执行方案。
评价结果	总结结果,完整、具体说明了下一步工作。	总结结果,说明了下一步工作。	总结结果,较少说明下一步工作。	简单总结结果,未说明下一步工作。

(3)问卷调查评价学生终身学习能力。终身学习能力是加拿大高等教育非常重视培养学生的技能之一,针对该项技能,女王大学开发了可迁移技能学习情况调查问卷(Transferable Learning Orientations Survey),即通过学生自评的方式判断学生终身学习能力,旨在给学生和教师提供终身学习方法和技能发

---

① Valid assessment of learning in undergraduate education (VALUE) rubrics[EB/OL].(2016-04-21)[2019-12-01]. http://www.queensu.ca/qloa/assessment-tools/value-rubrics-0.

展的可靠信息①。问卷工具通过对试点问卷的改良、VALUE 终身学习能力标准的调整和对开放性问题的回答确定了主要框架和要素,从意识和行为两个层面,成果动机、学习信念、自我效能感、知识转化、自我管理和学习组织六个角度分析学生自我效能、深层学习和制定学习策略能力,以此判断学生终身学习能力(见图3-8)。

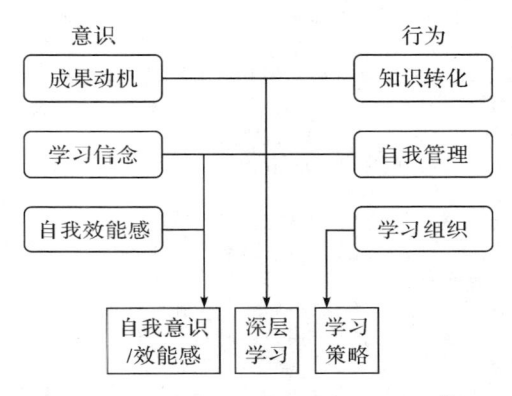

图 3-8 终身学习能力问卷调查框架②

可迁移技能学习情况调查问卷具体包括五个方面,分别是学生学习动机、学习信念、自我效能、知识迁移和学习计划(见表3-8),每个方面包括3～4个描述性语句、1个开放式问题和1个选择性问题,分别通过里克特测量法和三角测量方法对学生终身学习情况进行量化分析,并将结果提供给教师进行等级评定和反馈。最终测量结果等级分为1到4,表示终身学习能力由低到高,1代表学习者只是表面投入学习,思维模式固定,不够自信,缺少有效的学习计划和组织,终身学习能力弱;4代表学习者深入学习,思维模式灵活、自信,学习行为具有高组织性,终身学习能力强。

---

①Simpera N, Kauppb J, Frank B, et al. Development of the transferable learning orientations tool: Providing metacognitive opportunities and meaningful feedback for students and instructors[J]. Assessment & Evaluation in Higher Education, 2015, 41(8): 1159-1175.

②Simpera N, Kauppb J, Frank B, et al. Development of the transferable learning orientations tool: Providing metacognitive opportunities and meaningful feedback for students and instructors[J]. Assessment & Evaluation in Higher Education, 2015, 41(8): 1159-1175.

表 3-8　可迁移技能学习情况调查问卷①

可迁移技能	学习情况
学习动机	1. 我喜欢有挑战性的任务,因为我可以从中学习,成绩不是最重要的。 2. 对我来说现在最重要的是得高分。 3. 我想在这门课上表现好,证明给家人、朋友、老板和其他人看。 4. 你上这门课程的动机是什么?(开放式问题) 5. 下面哪条最符合你的情况? 　A. 我主要的学习动机是避免让别人打败,或者被认为是失败者。 　B. 我主要的学习动机是学业成功,但是我还喜欢探索学科知识。 　C. 我的动机是理解学科知识和学业成功,这两者对我同等重要。 　D. 我被强烈的探索学科知识的好奇心驱使,学业成功排在第二。
学习信念	6. 没学好这门课,是因为我不够努力。 7. 没有好好学习是我自己的错。 8. 第一次学习没有理解的知识,我就不再想去学了。 9. 如果足够努力,我就能学到课程知识。 10. 反思自己的学习经历,哪些因素影响了你的学习成绩?(开放式问题) 11. 下面哪条最符合你的情况? 　A. 我的学业表现取决于我无法控制的因素。 　B. 有些影响学习的因素我可以控制。 　C. 我可以控制大部分影响学习的因素。 　D. 我能够改变我的学习思维和方法,我完全可以控制影响学习的因素。
自我效能	12. 这门课没什么需要好好掌握的知识和技能。 13. 我相信我能在课程考试中表现很好。 14. 我相信我能掌握这门课程相关的知识和技能。 15. 我确定我能理解课程基本概念。 16. 描述任何一项你没有掌握的课程内容。(开放式问题) 17. 下面哪条最符合你的情况? 　A. 我的知识或技能不一定达到课程要求。 　B. 我相信我的知识或技能能达到大部分课程要求。 　C. 我相信我的知识或技能能达到所有课程要求。 　D. 我非常相信我的知识或技能已经超过了所有课程要求。
知识迁移	18. 我尽力将这门课程的知识点与其他课程的知识点联系起来。 19. 学习这门课程时,我会将其与已知知识联系起来。 20. 在实验室或报告会上,我常将阅读和报告提到的概念联系起来。 21. 今年你如何应用认知策略?(开放式问题) 22. 下面哪条最符合你的情况? 　A. 我喜欢记忆某个领域的关键信息,即使以前学过相似的内容。 　B. 我喜欢记忆关键信息,也会将以前学过的观点与之联系起来。 　C. 当我将知识和技能应用于课程学习时,会不断将新观点和已知观点联系起来。 　D. 当我创造性地将知识和技能应用于课程学习时,会在新旧学习间建立有意义的联系。

① Transferable learning orientations (TLO) survey[EB/OL]. (2016-06-21)[2019-12-01]. http://www.queensu.ca/qloa/assessment-tools/transferable-learning-orientations-tlo-survey.

续表

可迁移技能	学习情况
学习计划	23. 我经常列出提纲帮助思考。 24. 学习时,我尽力寻找最重要的观点或者最合适的过程。 25. 我发现很难坚持学习计划。 26. 我根据课程量合理安排时间。 27. 你如何组织课程学习?(开放式问题) 28. 下面哪条最符合你的情况? A. 我的学习安排不连续,我经常改变计划满足个人需要。 B. 我尽力安排学习,并根据截止日期制订我的学习计划。 C. 我根据短期和长期目标积极制订学习计划。 D. 我对日程进行战略性管理和合理安排,优先满足所有目标。

3. 专业试点实践初现工具优势和评价结果

确定了可迁移技能评价框架、完成可迁移技能评价工具的设计后,女王大学从专业层面着手,开始学生可迁移技能的试点评价工作。学校共有569名一年级工程专业学生参加了可迁移技能学习情况问卷调查,250名学生参加了在线测试,150名学生参加了第一学期作业标准评级,118名学生参加了第二学期作业标准评级;还有40名来自土木、地理、机械和跨学科工程专业的四年级学生参加了可迁移技能学习情况问卷调查[1]。从不同年级的两组学生学习结果的对比来看,不论通过测试工具、标准评级工具和问卷调查工具,四年级学生可迁移技能表现明显好于一年级学生,说明了大学生学习经历给学生带来的可迁移技能增值表现是显而易见的。从三种工具的实施过程和效果看,测试工具可以获得比较客观的结果和证据,但是需要学校投入大量时间、人员和经费,组织学生和教师参与并进行管理,存在参与成本高、参与率较低的问题;标准评级工具的主要依据是学生的作业和设计,因此参与成本和难度较低、参与程度较高,而且还可以将评价标准和学习任务结合起来,为教师提供学生课堂表现证据,从而有效影响和改善教学,相对来说,优点比测试工具多,但标准评判需要专门训练的评分人员严格依据统一标准进行,否则很难保证评价结果的公平性和合理性,其透明度和可信度显然不如测试。三项工具的评价结果显示大学生的学习信念、自我效能与测试评价结果具有很强的正相关性,学生批判性思维、问题解决能力对学生终身学习能力的自我评价结果有很大的影响。对于提升学生可迁移技能表现,从短期来看,标准工具比较有效;而从长期来看,测试工具评价更加客观且易于比较。

---

[1] Frank B M, Kaupp J A. Multi-method longitudinal assessment of transferrable intellectual learning outcomes[C]. 122nd ASEE Annual Conference & Exposition. Paper ID#13653,2015.

(三)循环改进:可迁移技能评价的影响机制

1. 将技能评价结果作为课堂教学改革的起点

一般来说,高校课堂教学改革是从制定新的人才培养目标开始的,学校和教师关注人才培养目标是否契合社会发展和需求、是否体现学校优势和专业特色,很少有人关注人才培养目标最后是否达成以及达到何种程度。可迁移技能评价所收集的学生学习成果证据以及学生学习表现分析使高校真正了解所制定的人才培养目标达成程度。实际上,只有全面客观了解了人才培养目标的达成情况,才能更加有针对性地改善教学方法、调整教学资源、优化教学组织管理,进一步调整并设置更加合理的人才培养目标,不断循环改进最终完成高质量的教学改革过程。结合可迁移技能评价项目,女王大学成立了教师教学指导中心,通过学生表现证据和评价结果专门研究和帮助教师改进课堂教学方法,切实提升学生在可迁移技能方面的学习表现①。收集学生可迁移技能评价证据和结果、了解学生可迁移相关能力的掌握情况、对学生能力的强弱项和差距的分析,可以说是高校课堂教学改革的起点和直接依据,是以学生为中心、以提升学生学习成果为目的教学质量循环中最关键的一环。这一循环将学生技能评价结果作为人才培养模式改革的起点,依据结果对课堂教学进行提升和改进、监测和调整,最终使教学和学习表现都达到更好的状态和效果(见图3-9)。

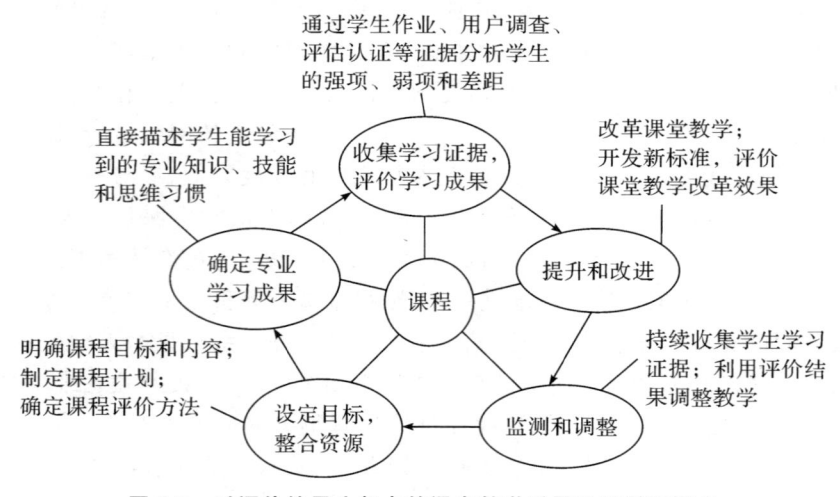

图3-9 以评价结果为起点的课堂教学质量改进循环模式

---

① Curriculum design and renewal[EB/OL].(2016-03-10)[2019-12-01]. http://www.queensu.ca/ctl/what-we-do/learning-outcomes-coursecurriculum-design-and-review/curriculum-design-and-renewal.

2. 促进学习、教学和评价内容一体化

女王大学在应对社会和学生多元需求的过程中,将可迁移技能作为人才培养模式改革的突破口,把提升学生可迁移技能要求作为课程教学目标之一,设计介入式课程帮助学生掌握相关技能、获得学生相关表现证据[①]。这种介入,不仅将评价嵌入课程考试和测验中,更重要的是将可迁移技能作为课程教学目的,专门选择和设计有针对性的教学内容和方法,在教学过程中收集学生学习成果数据和资料,评价完成后及时与未嵌入课程进行比较和分析,并提出意见不断改进,真正意义上做到学习内容、教学内容和评价内容一体化。"把评价用于教学,就是促进学习的评价"[②],评价的直接目的是改善教师教学,最终目的是促进学生发展,评价不是游离于教学之外,而是与整个教学活动紧密结合和融合,成为教学的有效调节器,在实现学习、教学、评价一体化的同时,最大程度达成了教学的最终目的——促进学生的学习与发展。

3. 推动构建以学生为中心的高校内部质量保障体系

传统上,高校内部质量保障体系是以教学为中心构建的,主要过程包括设定教学目标、设置课程和教学方案、配置教师和教学资源、教学组织和评价、教学反馈和改进,这一体系对提升教师教学水平和质量起到重要的保障作用。但是,从另一方面看,随着社会分工的精细化和生产力水平的提升,不同行业对大学毕业生的素质能力要求更加具体和多元化,社会对高等教育的关注从学校、学科、专业、教学转到了学生本身,学生质量才是高校教育教学质量的最直接反应,是评价高校教育教学质量的重要指标,因此高校内部质量保障体系的首要职责应该是对学生质量的保障[③],以学生可迁移技能为基础的学习成果评价有效推动了以学生为中心的高校内部质量保障体系的构建。从专业目标设定上,学校将促进学生知识和技能增长、成人成才为主要目的,开发以学习者为中心的课程,构建有针对性的课程体系和人才培养方案;从教学方法改革上,引导学生通过自主构建新的知识经验,加强学习自治和自省,在掌握学科知识和

[①] Kolomitro K, Gee K. Developing effective learning outcomes: A practical guide[EB/OL]. (2016-03-18)[2019-12-01]. http://www.queensu.ca/ctl/what-we-do/learning-outcomes-coursecurriculum-design-and-review/learning-outcomes-program-and-course.

[②] Stiggins R J. 促进学习的学生参与式课堂评价[M]. 4版. 国家基础教育课程改革"促进教师发展与学生成长的评价研究"项目组,译. 北京:中国轻工业出版社,2005:86.

[③] European standards and guidelines for quality assurance in European higher education area[EB/OL]. (2015-10-12)[2019-12-01]. http://www.enqa.eu/index.php/home/esg/.

技能的同时获得批判性思维、问题解决和终身学习能力,用创造性思维适应环境并开展实践;评价重点上,从教学效果转移到学习成果,制定明确的评价方法和评价标准,采取科学工具证明学习目的是否达成,通过内部质量保障闭环切实改善学生可迁移技能表现,是践行以学生为中心的人才培养理念的最佳途径。

第四章 我国大学生学习成果评价的实证研究

　　循证是学习成果评价走向科学和客观的关键原则,也是开展质量改进工作的重要依据。在对中山大学、暨南大学、湖南大学、南华大学、聊城大学、山东建筑大学、青岛农业大学、广东海洋大学、湖北美术学院、湖北中医药大学、齐鲁工业大学、黄冈师范学院等20所不同类型和层次的高校近五年本科教学质量报告文本进行分析的过程中,发现当前我国高校普遍使用的大学生学习成果评价包括学校内部评价和外部评价两种途径。内部评价主要是指学校组织的评价和调查,包括课程考试、毕业论文或设计评价、毕业要求达成度评价、毕业生跟踪调查等;外部评价主要指高校以外的第三方质量评估机构组织的评价和调查,包括各类国家和地方资格考试、大学生学习情况调查、用人单位满意度调查、就业情况调查等。另外,不同渠道公布的官方数据,如高校毕业生就业率、毕业率、升学率等,也可以作为参考指标反映高校毕业生学习成果整体质量。近年来,学习成果评价相关的实证研究也日益增多。本章以学习成果评价实证研究为主题,从国家、高校和课堂等不同层面的评价中系统梳理并提取我国高校现行的学生学习成果评价方法和结果证据,并尝试采取不同的统计方法进行分析,为判断大学生学习成果表现情况提供宏观、中观和微观多个观察视角。

第一节 本科生学习成果评价模型和质量分析

　　本节对我国20所高校的年度本科教学质量报告和35所高校的审核评估和合格评估专家现场考查报告进行了文本分析,梳理并确定了当前我国高校常用的六种学习成果评价方法指标,使用层次分析法分析并赋予不同评价方法指标相应权值,并对938所高校、705位评估认证专家和526家行业用人单位提供的六类学习成果相关指标数据进行定量分析,计算了我国高校本科生学习成果质量表现,旨在通过定性和定量相结合的科学计算方法,对目前我国本科生学习成果的总体质量进行客观评价。

一、本科生学习成果的评价方法

从方法上看,我国高校常用的学生学习成果评价主要有两种方式,一种是直接评价,即对学生进行测试,用测验和考试工具评价学生在特定专业领域的认知学习成果;另一种是间接评价,用问卷工具评价学生的非认知学习成果和一般性能力[1]。通过对厦门大学、江南大学、南京大学、华中科技大学、华中师范大学、内蒙古师范大学、南京理工大学、武汉纺织大学、北京林业大学、黑龙江大学、华南师范大学、南开大学、山东农业大学、同济大学、五邑大学、西南大学、大连海事大学、东北林业大学、中国石油大学、武汉大学、外交学院、广西民族大学、西藏民族大学等25所不同类型高校审核评估高校专家现场考查记录和报告;对长沙学院、西安外事学院、三亚学院、青岛工学院、兰州城市学院、宿州学院、西安医学院、凯里学院、吉林动画学院等10所合格评估高校专家现场考查记录和报告等文本的逐一分析,发现目前各校采用的评价方法大都只关注了学习成果的某一个方面,使用的评价方式有所差别,标准不尽统一,很难反映出学生学习成果整体质量水平。本研究结合文献分析和实践经验,选择课程考试结果、毕业论文(设计)结果、毕业要求达成度、用人单位满意度、毕业率和就业率作为本科生学习成果的六个主要评价指标构建学习成果质量评价模型,尝试对代表性高校本科生学习成果整体质量做出判断。选择这六个指标的原因是这些指标使用率相对较高,使用范围比较广泛,数据基本可以都从官方途径获得,可以保证结果评价的客观性和准确性。

二、本科生学习成果评价模型和质量表现

选择用层次分析法构建本科生学习成果评价模型并确定不同指标的权值。层次分析法(Analytic Hierarchy Process,AHP)是美国运筹学家Saaty教授于20世纪70年代提出的一种多准则决策方法,它通过把复杂问题中的各种因素划分为相互联系的有序层次,根据合理的主观判断结构对同一层次元素两两比较的重要性进行定量描述,利用数学方法计算反映每一层次元素的相对重要性次序的权值,通过所有层次之间的总排序计算所有元素的相对权重并进行排序[2]。该方法有通过定性与定量相结合有效处理各种决策因素的特点,以及

---

[1] 吕林海.国际视野下的本科生学习结果评估——对"评估什么"和"如何评估"的分析与思考[J].比较教育研究,2012(1):39-44.

[2] Saaty T. Decision making with the AHP: Why is the principal eigenvector necessary[J]. European Journal of Operational Research,2003,145(1):85-91.

第四章　我国大学生学习成果评价的实证研究

系统灵活简洁的优点,广泛应用于系统分析、规划管理、科研评价等领域①。层次分析法的主要步骤是建立分析结构模型、确定权值、计算权值和一致性检验。

(一)建立分析模型

根据层次分析法构建目标、准则、方案三层分析结构模型(见图4-1),第一层是分析目标层,即判断本科生学习成果质量;第二层是准则层,包括六个评价指标:课程考试评价、毕业论文(设计)评价、毕业要求达成度评价、用人单位满意度评价、就业率、毕业率;第三层是方案层,可以根据六个指标计算不同高校的本科生学习成果质量。

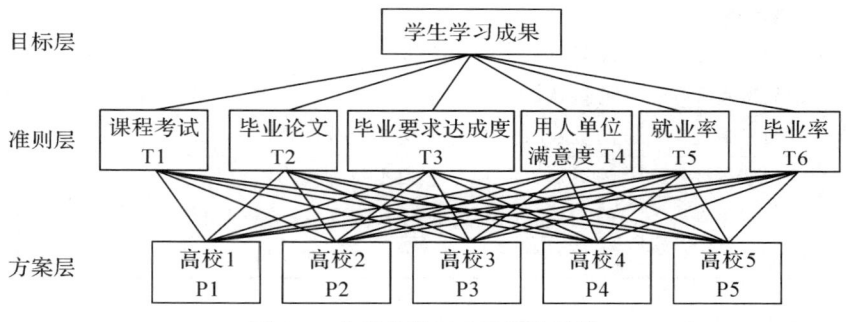

图 4-1　本科生学习成果评价模型

(二)确定指标权值

层次分析法的主要特点在于以专家赋值为基础,通过判断矩阵是否具有满意的一致性检验权值合理性,从而使这一权值比专家评估法确定的权系数值更符合客观实际并易于定量表示②,即利用严密逻辑性的数学方法尽量消除主观成分,提高评判结果的可靠性、准确性和客观性。指标权值的确定是本科生学习成果质量分析中最为关键的一步,其科学性和合理性对判断学习成果质量的准确性产生直接的影响。首先通过文本分析和专家调查访谈对六个指标重要程度进行判断并进行两两比较,构造判断矩阵。

---

①朱建军.层次分析法的若干问题研究及应用[D].沈阳:东北大学,2005:3-6.
②宾光富,李学军.基于模糊层次分析法的设备状态系统量化评价新方法[J].系统工程理论与实践,2010(4):744-750.

1. 指标重要程度判断

考查函数 $f(x,y)$，它表示对总体而言 x 因数与 y 因数的重要性标度约定 $f(y,x)=1/f(x,y)$，关于 $f(x,y)$ 建议采用列表的方法，本部分涉及的六个学习成果评价指标包括课程考试评价、毕业论文（设计）评价、毕业要求达成度评价、用人单位满意度评价、就业率、毕业率，这六种方法的重要程度关系判断如表4-1所示。课程考试评价是对学生知识掌握和运用情况最直接的评价，因此是六个指标中权重最大的指标(9)，其后依次是毕业论文（设计）评价(8)、毕业要求达成度评价(7)、用人单位满意度评价(5)、就业率(3)、毕业率(1)。

表 4-1 层次分析法重要程度判断表

重要程度	说明	$f(x,y)$	$f(y,x)$
x 和 y "同等重要"	x,y 对总目标有相同的贡献	1	1
x 比 y "稍微重要"	x 的贡献稍大于 y，但不明显	3	1/3
x 比 y "明显重要"	x 的贡献明显大于 y，但不十分明显	5	1/5
x 比 y "强烈重要"	x 的贡献明显大于 y，但不特别突出	7	1/7
x 比 y "绝对重要"	x 的贡献以压倒优势大于 y	9	1/9
x 比 y 介于各等级之间	相邻两判断的折中	2,4,6,8	1/2,1/4,1/6,1/8

2. 构造判断矩阵

经过专家分析的重要程度判断可构建判断矩阵 C，则 C 的计算式为：

$$C=\begin{bmatrix} 1 & 2 & 3 & 5 & 7 & 9 \\ 1/2 & 1 & 2 & 4 & 6 & 8 \\ 1/3 & 1/2 & 1 & 3 & 5 & 7 \\ 1/5 & 1/4 & 1/3 & 1 & 3 & 5 \\ 1/7 & 1/6 & 1/5 & 1/3 & 1 & 3 \\ 1/9 & 1/8 & 1/7 & 1/5 & 1/3 & 1 \end{bmatrix}$$

（三）计算权值

根据判断矩阵 C，计算它的最大特征根 λ_{max}，并求出矩阵关于 C_{max} 的特征向量 ξ。

矩阵 C 为复数域上的 n 阶矩阵，若存在数 λ 属于复数域和非零的 n 维向量 x，使得

$$Cx=\lambda x$$

就称 λ 是矩阵 C 的特征根，x 是 C 对应于特征值 λ 的特征向量。根据定

义，n 阶矩阵 C 的特征值，就是使齐次线性方程组
$$(\lambda E-C)x=0$$
有非零解的 λ 值，即满足方程
$$\det(\lambda E-C)=0$$
的 λ 都是矩阵 C 的特征值，因此，特征值是 λ 的多项式 $\det(\lambda E-C)$ 的根。E 为 n 阶单位矩阵。

因此，矩阵 C 的特征方程为

$$\det(C-\lambda E)=\begin{bmatrix} \lambda-1 & 2 & 3 & 5 & 7 & 9 \\ 1/2 & \lambda-1 & 2 & 4 & 6 & 8 \\ 1/3 & 1/2 & \lambda-1 & 3 & 5 & 7 \\ 1/5 & 1/4 & 1/3 & \lambda-1 & 3 & 5 \\ 1/7 & 1/6 & 1/5 & 1/3 & \lambda-1 & 3 \\ 1/9 & 1/8 & 1/7 & 1/5 & 1/3 & \lambda-1 \end{bmatrix}=0$$

解得 C 的特征根为
$$\lambda_{\max}=6.2679$$

当 $\lambda_{\max}=6.2679$ 时，有 $(\lambda E-C)x=0$，即

$$\begin{bmatrix} \lambda-1 & 2 & 3 & 5 & 7 & 9 \\ 1/2 & \lambda-1 & 2 & 4 & 6 & 8 \\ 1/3 & 1/2 & \lambda-1 & 3 & 5 & 7 \\ 1/5 & 1/4 & 1/3 & \lambda-1 & 3 & 5 \\ 1/7 & 1/6 & 1/5 & 1/3 & \lambda-1 & 3 \\ 1/9 & 1/8 & 1/7 & 1/5 & 1/3 & \lambda-1 \end{bmatrix}\begin{bmatrix} x_1 \\ x_2 \\ x_3 \\ x_4 \\ x_5 \\ x_6 \end{bmatrix}=\begin{bmatrix} 0 \\ 0 \\ 0 \\ 0 \\ 0 \\ 0 \end{bmatrix}$$

其基础解系为
$$x=[0.76\quad 0.51\quad 0.35\quad 0.17\quad 0.09\quad 0.05]^{\mathrm{T}}$$

此为 $\lambda_{\max}$ 时矩阵 C 对应的特征向量。

归一化处理后得到权重矩阵
$$A=[0.3935\quad 0.2654\quad 0.1793\quad 0.0897\quad 0.0462\quad 0.0258]^{\mathrm{T}}$$

（四）一致性检验

根据式 CR=CI/RI 进行一致性检验，CR 为判断矩阵的随机一致性比率；CI 为判断矩阵的一般一致性指标，CI=$(\lambda_{\max}-n)/(n-1)$；RI 为判断矩阵的平均随机一致性指标，RI=[0 0 0.52 0.89 1.12 1.26 1.36 1.41 1.46 1.49 1.52 1.54 1.56 1.58 1.59]。

$CI=(\lambda_{max}-n)/(n-1)=(6.2679-6)/(6-1)=0.05358$

$CR=CI/RI=0.05358/1.26=0.043<0.1$

当 $CR<0.1$ 时,即认为判断矩阵具有满意的一致性,说明权数分配合理。因此,通过一致性检验。

(五)数据收集和定量分析

通过调阅教育部高等教育教学评估中心保存的各高校本科教学审核评估、合格评估、专业认证档案,查看高等教育质量监测国家数据平台审核通过的高校相关数据和《中国高等教育质量报告》《中国工程教育质量报告》,收集了938所高校的各类学习成果评价信息,提取了705位专家和526家企事业用人单位对学生学习成果的评价结论,对不同评价方法进行分类整理和定量分析。

1. 课程考试和毕业论文

高校本科教学评估过程中,每位专家调阅不同专业若干课程考试卷和毕业论文(设计),并从试题数量、知识覆盖面、难易程度、答题质量、评阅质量、试卷分析等方面对课程考试质量进行总体评价;从论文选题、论文水平、论文内容、教师指导情况、成绩评定情况、管理环节等方面对毕业论文质量进行总体评价,课程考试和毕业论文评价分为四个等级:"好""较好""一般""较差"。本研究共统计了2014年、2015年和2016年25所参加本科教学审核评估和9所本科教学合格评估的高校387位专家63328份课程考试卷和20155份毕业设计(论文)调阅记录,专家认为课程考试质量"好"的占所有试卷的17.4%,"较好"的占62.6%,"一般"的占18.8%,"较差"的占1.2%;认为毕业论文(设计)质量"好"的占所有论文或设计的22.4%,"较好"的占62.1%,"一般"的占15.2%,"较差"的占0.3%。

2. 毕业要求达成度

在工程教育专业认证过程中,每位专家通过查阅专业课程设计、教学大纲、实验大纲、试卷、毕业论文、毕业设计等材料,座谈,与教师、学生、校友和用人单位访谈等方式对学生毕业要求的达成情况进行评判。毕业要求由12项能力标准组成,其中包括工程知识运用能力、工程问题分析能力、工程方案设计能力、复杂工程问题解决能力、现代工具应用能力、工程分析能力、工程评价能力、职业规范素养、团队合作能力、沟通交流能力、项目管理能力和终身学习能力。毕业要求达成度分为四个等级,"通过""通过,但存在潜在问题""通过,但存在现实问题""不通过"。本研究统计了2014年、2015年和2016年86所高校108个专业318名专家的专业认证考查结果,认为毕业要求达成情况"通过"的占9.8%,

"通过,但存在潜在问题"的占 28.0%,"通过,但存在现实问题"的占 62.2%,"不通过"的比例为 0。

3. 用人单位满意度

2015 年,教育部发布了《中国高等教育质量报告(2014 年度)》,报告主要关注毕业生工程能力、通用能力、知识水平和职业素养等表现,调查了 526 家企事业用人单位对近 5 年本科工科毕业生的总体满意程度,将满意度分为五个等级:"很满意""满意""一般""不满意""很不满意"。用人单位选择"很满意"的比例占总数的 5%,选择"满意"的占 66%,选择"一般"的占 26%,选择"不满意"的占 3%[1]。

4. 毕业率和就业率

从教育部高等教育质量监测国家数据平台中提取 2015 年 818 所高校上报的毕业率和就业率数据,将毕业率和就业率分为"好""较好""一般""较差"四个等级,选取 80%~100%区间的毕业率,选取 40%~100%区间的就业率进行比例计算。就业率"好"的高校占所有高校的 23.1%,"较好"的占 37.6%,"一般"的占 30.7%,"较差"的占 8.6%;毕业率"好"的高校占所有高校的 59.0%,"较好"的占 24.7%,"一般"的占 12.9%,"较差"的占 3.4%。

由于六个指标均以四个等级数据统计,专家对高校课程考试和毕业论文质量评价的四个等级是好、较好、一般、较差;专家对大学生毕业要求达成情况的四个等级是通过、通过但存在潜在问题、通过但存在现实问题、不通过;用人单位对高校毕业生表现的满意度的四个等级是非常满意、满意、一般、不满意;毕业率和就业率的四个等级是好、较好、一般、较差。为了便于计算,我们将这六个指标数据等级统一为"优占比""良占比""中占比""差占比"四类,具体各项评价内容占比数统计如表 4-2 所示。

表 4-2 大学生学习成果质量评价六大指标学生表现占比

	评价方法	优占比/%	良占比/%	中占比/%	差占比/%
1	课程考试	17.4	62.6	18.8	1.2
2	毕业论文	22.4	62.1	15.3	0.3
3	毕业要求达成度	9.8	28.0	62.2	0
4	用人单位满意度	5.0	66.0	26.0	3.0
5	就业率	23.1	37.6	30.7	8.6
6	毕业率	59.0	24.7	12.9	3.4

---

[1] 教育部高等教育教学评估中心.中国高等教育质量报告(2014 年度)[M].北京:教育教学出版社,2016:130.

(六)指标运算和结论分析

(1)根据不同评价方法的各项占比,确定评价指标 r_1,r_2,r_3,r_4,r_5,r_6:

课程考试 $r_1=[0.1737\ \ 0.6261\ \ 0.1881\ \ 0.0121]$

毕业论文 $r_2=[0.2238\ \ 0.6211\ \ 0.1525\ \ 0.0026]$

毕业要求达成度 $r_3=[0.0980\ \ 0.2800\ \ 0.6220\ \ 0]$

用人单位满意度 $r_4=[0.0500\ \ 0.6600\ \ 0.2600\ \ 0.0300]$

就业率 $r_5=[0.2310\ \ 0.3760\ \ 0.3070\ \ 0.0860]$

毕业率 $r_6=[0.5900\ \ 0.2470\ \ 0.1290\ \ 0.0340]$

(2)运用加权平均变换模糊算子进行运算,可得出:

$B=AR=[0.3935\ \ 0.2654\ \ 0.1793\ \ 0.0897\ \ 0.0462\ \ 0.0258]$

$$\begin{bmatrix} 0.1737 & 0.6261 & 0.1881 & 0.0121 \\ 0.2238 & 0.6211 & 0.1525 & 0.0026 \\ 0.0980 & 0.2800 & 0.6220 & 0 \\ 0.0500 & 0.6600 & 0.2600 & 0.0300 \\ 0.2310 & 0.3760 & 0.3070 & 0.0860 \\ 0.5900 & 0.2470 & 0.1290 & 0.0340 \end{bmatrix} = [0.1757\ \ 0.5444\ \ 0.2669\ \ 0.0130]$$

由此,可知本科生学习成果质量优、良、中、差的隶属度分别为 0.1757, 0.5444, 0.2669, 0.0130。按照隶属度最大原则,目前本科生学习成果质量属于"良"。

第二节 本科专业学生学习成果评价和表现分析

一、普通高校本科专业认证标准

自 2015 年 3 月份起,教育部高等教育教学评估中心开始组织制定我国普通高校本科专业认证标准和具体方案,召开专家、高校、专业代表等各层面研讨会,结合我国高等教育发展的实际情况,参考国外经验,于 2016 年 11 月完成标准的制定。标准从专业培养目标与培养效果的达成度、专业定位与社会需求的适应度、教师及教学资源的支撑度、质量保障体系运行的有效度、学生和用人单位的满意度五个方面判断专业培养质量,包括培养目标、毕业要求、课程体系、师资队伍、支持条件、质量保障、学生发展 7 项指标 30 个观测点对专业进行全方位的评价,并设置了自选特色项目,具体见表 4-3。专业认证由教育部高等教育教学评估中心组织实施,认证结论可以为学校及相关教育行政部门政策制定、资源配置、专业结构调整等提供依据,为用人单位招聘、考生志愿填报等提供参考。

表 4-3 普通高校本科专业认证标准

认证指标	观测点
培养目标	1.1 培养目标定位符合学校办学宗旨,满足社会需求,服务国家和区域发展战略,具有国际视野,体现前瞻性和引领性。
	1.2 培养目标表述明确具体、可衡量、可达成,反映毕业生发展预期,体现专业特色和优势。
	1.3 有培养目标定期评价机制,并能够根据评价结果及时修订。
毕业要求	2.1 具有人文底蕴、科学精神、职业素养和社会责任感,了解国情社情民情,践行社会主义核心价值观。
	2.2 具有扎实的基础知识和专业知识,掌握必备的研究方法,了解本专业及相关领域最新动态和发展趋势。
	2.3 具有批判性思维和创新能力,能够发现、辨析、质疑、评价本专业及相关领域现象和问题,表达个人见解。
	2.4 具有解决复杂问题的能力,能够对本专业领域复杂问题进行综合分析和研究,并提出相应对策或解决方案。
	2.5 具有信息技术应用能力,能够恰当应用现代信息技术手段和工具解决实际问题。
	2.6 具有较强的沟通表达能力,能够通过口头和书面表达方式与同行、社会公众进行有效沟通。
	2.7 具有良好的团队合作能力,能够与团队成员和谐相处,协作共事,并作为成员或领导者在团队活动中发挥积极作用。
	2.8 具有国际视野和国际理解能力,了解国际动态,关注全球性问题,理解和尊重世界不同文化的差异性和多样性。
	2.9 具有终身学习意识和自我管理、自主学习能力,能够通过不断学习,适应社会和个人可持续发展。
课程体系	3.1 课程体系设置合理,能够支撑毕业要求达成。专业核心课程由高级职称教师主讲,必修课设有助教制度。
	3.2 有制度和措施强化课堂教学对学生培养的关键作用。教学大纲能够有效落实毕业要求。教学方法能够有效提高学生的参与度,形成对话、质疑、研讨的课堂氛围。课程考核能够有效落实教学大纲要求,反映学生学习效果。
	3.3 有完善的产学研协同育人机制保障实践教学质量,能够与实务部门、科研院所、相关行业部门广泛开展实践教学,全过程协同培养学生实践能力、创新创业能力及综合应用所学知识解决实际问题能力。
	3.4 定期评价课程体系的合理性,并根据评价结果进行修订。评价与修订过程能够吸纳用人单位与毕业生代表的意见。

续表

认证指标	观测点
师资队伍	4.1 师资队伍数量充足、结构合理,教师教学能力、学术水平能够满足教学需要,师资队伍建设和发展能够满足学生发展需求。
	4.2 有激励教师投入本科教学的制度和措施,保障教师有足够的时间和精力投入课程教学和学生指导。本专业高级职称教师都能够为本科生上课。
	4.3 有负责教师教学发展的机构和校院两级教师培养培训制度,能够定期组织教师进行国内外访学、行业企业实践锻炼、教学技能与方法培训,保证教师教学水平不断提升。
	4.4 有教师教学质量综合评价机制,能够每年开展教师自我评价、学生评价、同行评价、督导评价等多种评价活动,综合评价结果与校内绩效分配、职称晋升挂钩。
	4.5 有专业基层组织,定期开展专业建设、课程建设、教材建设、教学技能提高、教学方法改进等相关教研活动,并取得显著成效。
支持条件	5.1 有制度和措施保证专业教学经费足额投入并逐年增长。学生实验、实习和毕业论文(设计)经费充足,满足专业教学需要。
	5.2 教学设施数量充足,图书资源丰富,现代信息技术有效支持教学工作开展。有良好的管理、维护、更新和共享机制,满足教学需求并保证学生和教师方便使用。所有科研实验室能够向本科生开放。
	5.3 有稳定充足的校内外实习实训基地,能够为学生实践活动和创新创业活动提供长期有效的支持和保障。
质量保障	6.1 有完善的校院两级教学质量保障体系。质量保障目标清晰,任务明确,机构健全,责任到人。
	6.2 各教学环节质量标准清晰合理,有教学过程常态化监控机制,能够定期开展专业自我评估及外部评价。
	6.3 定期对教学质量评估评价信息进行综合分析,能够有效使用分析结果,持续改进专业人才培养质量,形成追求卓越的质量文化。
学生发展	7.1 能够吸引优秀生源,并有健全的教学管理制度和措施有效支持和促进学生发展,满足学生多样化需求。
	7.2 学生指导和服务体系完善,能够全过程开展思想政治指导、学业指导、职业生涯指导、就业创业指导、心理健康指导等,并取得实效。
	7.3 学生的知识、能力和素质达成毕业要求。在校生学习体验、学习效果、个人成长满意度高,毕业生就业质量好,用人单位满意度高。
特色项目(自选)	可自行选择有特色的补充项目,包括专业长期积淀下来、被实践证明行之有效的做法,或者上述标准项未涵盖的内容。

二、普通高校本科专业认证程序

专业认证主要针对经教育部备案或审批、有五届(含)以上毕业生、人才培养质量和社会声誉高的普通高等学校本科专业。认证程序包括专业认证申请、专业自评、现场考查、结论审议和结论发布等4个阶段。

(一)专业认证申请

由专业所在学校自愿向教育部评估中心提交申请报告,教育部评估中心依据认证受理条件对专业进行审核。

(二)专业自评

通过条件审核的专业依据认证标准开展自评自建,填报"高等教育质量监测国家数据平台"有关数据信息,撰写专业《自评报告》。教育部评估中心组织专家对专业《自评报告》和《教学基本状态数据分析报告》等相关材料进行审核。

(三)现场考查

通过自评材料审核的专业,由教育部评估中心组织现场考查专家组进校考查,专家通过深度访谈、听课看课、考查走访、查阅文卷、开碰头会等方式,对专业达成认证标准情况做出客观公正的评判,给出认证结论建议,并向专业现场反馈认证意见。

(四)结论审议和发布

教育部评估中心组织专家对进校考查专家组《现场考查报告》和认证结论建议进行审议,给出《专业认证报告》并公布审议结果。审议结果分为"通过,有效期6年""有条件通过,有效期6年""不通过"三种;并定期通过各大主流媒体向社会公开发布认证结论,颁发证书。

三、普通高校专业学生学习成果类别和评价方法

(一)学习成果类别

我国本科高校专业认证对毕业要求的描述体现了教育部对本科生学习成果的要求,毕业要求将学生学习成果分为知识技能类和情感类两类共9项,如表4-4所示。

表 4-4　专业认证学习成果类别

	成果类别	具体成果（毕业要求）
1	知识技能类	基础知识和专业知识
		解决复杂问题能力
		信息技术应用能力
2	情感类	职业素养
		批判性思维和创新能力
		沟通表达能力
		团队合作能力
		国际视野和国际理解能力
		终身学习意识和自我管理能力

（二）专业学生学习成果评价方法

2016年12月，教育部高等教育教学评估中心组织了三个本科专业的试点认证。其中，对外经济贸易大学专业专家组由中国和俄罗斯专家联合组成，开创了国际专家参与我国专业认证的历史。在此以对外经济贸易大学财务管理专业为例，列举其学生学习成果评价主要过程和方法。

1. 构建专业培养目标与毕业要求对应关系矩阵

对外经济贸易大学财务管理专业制定的人才培养目标为：

(1)德智体美全面发展，具有良好职业道德和社会责任感；

(2)熟悉本国及欧、美等主要国家的金融环境和金融法规；

(3)具备财务管理、会计、金融以及企业管理方面的专业知识；

(4)具有实际操作能力和创新意识；

(5)具有跨文化沟通能力和团队协作精神；

(6)能在企事业单位、金融机构及政府部门等各类单位中从事财务管理、会计、金融等相关方面工作。

对外经济贸易大学财务管理专业设定的毕业要求为：

(1)掌握马克思主义的基本原理，熟悉党和国家的基本路线、方针、政策和法规；

(2)具有良好的职业操守和社会责任感；

(3)熟悉我国及主要国家金融环境及金融法规；

(4)掌握财务管理、会计、金融、企业管理、经济学的基本理论、专业知识和技能；

(5)具有创新意识，对现实的投融资等财务管理实践问题具备识别、分析和解决的能力；

(6)熟练掌握一门外语，具备跨文化沟通能力和团队协作精神；

(7)具备较强的计算机及数量方法基础。

两者之间的对应关系矩阵如表4-5所示。

表4-5 毕业要求与培养目标的对应关系矩阵

	培养目标1	培养目标2	培养目标3	培养目标4	培养目标5	培养目标6
专业毕业要求1	√					
专业毕业要求2	√					
专业毕业要求3		√				√
专业毕业要求4			√			√
专业毕业要求5				√		√
专业毕业要求6					√	
专业毕业要求7				√		√

2.构建专业毕业要求与认证毕业要求的覆盖关系矩阵

财务管理专业自己制定的毕业要求与教育部专业认证制定的毕业要求之间的覆盖关系矩阵如表4-6所示。

表4-6 毕业要求与认证毕业要求的覆盖关系矩阵

	认证毕业要求1	认证毕业要求2	认证毕业要求3	认证毕业要求4	认证毕业要求5	认证毕业要求6	认证毕业要求7	认证毕业要求8	认证毕业要求9
专业毕业要求1	√								
专业毕业要求2	√								
专业毕业要求3		√						√	
专业毕业要求4		√		√					√
专业毕业要求5			√	√					√
专业毕业要求6						√	√	√	
专业毕业要求7									

3.构建专业学生学习成果评价机制

(1)评价对象：本专业各项毕业要求和分解指标的完成情况。

(2)评价原理：依据课程考核材料，评价课程(包括实践教学在内的所有教学环节)完成毕业要求的情况，从而形成每门课程的"课程达成度评价表"；根据这一结果，计算出学习要求达成度评价结果，形成"毕业要求达成度评价表"。

(3)评价依据：评价的依据为各门课程考核材料，包括但不限于考试(包括课程论文)、作业、小组报告、案例分析、实习报告等。

(4)评价机构和人员:学院教学指导委员会。

(5)评价周期:毕业要求达成度评价的周期为4年,课程达成毕业要求的评价周期为4年。

(6)评价结果:形成"毕业要求达成度评价"记录文档,包括"毕业要求达成度评价表"和"课程达成度评价表"等,表中需明确指出是否"达成"。

(7)达成标准:通过学院教学指导委员会、任课教授与学系教授共同商讨,根据教学实际情况制定毕业达成标准。

4.专业学生学习成果评价过程

(1)赋权重值(达成度评价目标值)

学院教学指导委员会、财务管理专业教授和核心成员(项目主任)对每项分解的毕业要求按指标点列出关联课程,并对每门课程的支撑强度赋值,支撑权重值之和为1。

(2)确认评价依据的合理性

根据学生的试卷、作业等学习成果对毕业要求达成度进行评价,并对考核方式的合理性进行判断,确认考核的内容、形式、结果的判定是否合理。

(3)课程达成度评价

依据对学生的考核结果(包括试卷、大作业、报告、课程论文等),通过抽取样本评价各课程的指标完成度。

(4)计算毕业要求达成度评价结果

计算各门课程评价结果,加和求出相应的毕业要求指标点达成度评价结果,再加和得出该项毕业要求达成度评价结果。毕业要求达成度评价结果大于0.75为达成。

5.计算专业学生学习成果评价结果

专业根据培养目标与对毕业具体要求的研究,将七项毕业要求拆解成具体的指标,并选择高支撑度的课程,以课程的平均分数为基础,根据课程学分多少赋权重,权重值之和为1,计算出近三年学生毕业要求达成度,如表4-7所示。

表4-7 近三年毕业要求达成度情况

毕业生	毕业要求1	毕业要求2	毕业要求3	毕业要求4	毕业要求5	毕业要求6	毕业要求7
2014届	0.86	0.87	0.77	0.83	0.83	0.91	0.75
2015届	0.84	0.86	0.79	0.85	0.82	0.92	0.80
2016届	0.88	0.90	0.81	0.84	0.83	0.92	0.78
平均	0.86	0.88	0.79	0.84	0.83	0.92	0.78

由表 4-7 可以看出，对外经济贸易大学财务管理专业近三届学生毕业要求达成分均大于 0.75。具体来看，毕业要求 6"熟练掌握一门外语，具备跨文化沟通能力和团队协作精神"的达成情况最高，三年均超过了 0.9；其次是毕业要求 1"掌握马克思主义的基本原理，熟悉党和国家的基本路线、方针、政策和法规"和毕业要求 2"具有良好的职业操守和社会责任感"，这两项的得分基本超过了 0.85。毕业要求 7"具备较强的计算机及数量方法基础"的得分略低，与其他学习成绩要求的达成情况具有一定差距。

四、试点高校专业学生学习成果表现

2016 年底，对外经济贸易大学工商管理专业和财务管理专业、武汉大学物理学专业和化学专业、中国农业大学农学专业等三所高校五个专业成为首批教育部专业认证试点。每个专业经历了学校自评、教育部评估中心资格审核后，分别接受了由七位专家组成的专家组现场考查，专家通过审阅专业人才培养方案、毕业论文、试卷、听课，与教师、学生、行政管理人员、用人单位、校友访谈等方式，对专业情况进行考查，并将考查结果写在专家工作手册中。本部分通过收集 35 位专家的现场考查工作手册，将毕业要求作为主要研究对象，通过专家打分结果分析试点专业学生学习成果表现情况。

(一)总体表现

本科专业认证中对毕业要求的考核分为三个等级，等级 A 表示"通过认证，有效期 6 年"；等级 B 表示"有条件通过认证，有效期 6 年"，即认证后一年需要提交报告再行认定，若认定通过才承认 6 年有效期；等级 C 表示"不通过"认证。专家对每个指标点进行定级，从毕业要求的 9 个分解点看，有 30 位专家认为学生基础知识和专业知识可以通过认证，占专家总数的 85.7%；5 位专家认为学生基础知识和专业知识可以通过认证，但需要改进，占专家总数的 14.3%。有 28 位专家认为学生解决复杂问题的能力可以通过认证，占专家总数 80.0%；7 位专家认为学生解决复杂问题的能力可以通过认证，但需要改进，占专家总数的 20%。有 27 位专家认为学生信息技术应用能力可以通过认证，占专家总数的 77.1%；8 位专家认为学生信息技术应用能力可以通过认证，但需要改进，占专家总数的 22.9%。有 20 位专家认为学生批判性思维和创新能力可以通过认证，占专家总数的 57.1%；15 位专家认为学生批判性思维和创新能力可以通过认证，但需要改进，占专家总数的 42.9%。有 33 位专家认为学生沟通表达能力和团队合作能力可以通过认证，占专家总数的 94.3%；2 位专家认为学生沟通表达能力和团队合作能力可以通过认证,但需要改进,占专家总数的5.7%。有26位专家认为学生国际视野和国际理解能力可以通过认证,占专家总数的74.3%;9位专家认为学生国际视野和国际理解能力可以通过认证,但需要改进,占专家总数的25.7%。有27位专家认为学生终身学习和自我学习管理能力可以通过认证,占专家总数的77.1%;7位专家认为学生终身学习和自我学习管理能力可以通过认证,但需要改进,占专家总数的20.0%;1位专家认为学生终身学习和自我学习管理能力不能通过认证,占专家总数的2.9%。有35位专家认为学生职业素养和道德品质可以通过认证,占专家总数的100%,具体情况见图4-2。

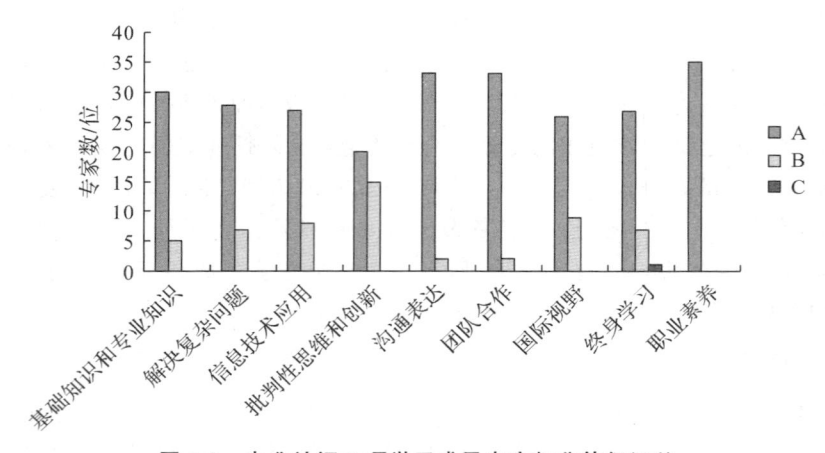

图4-2 专业认证9项学习成果专家打分等级汇总

为了得到每个学习成果的整体表现情况,我们对每项分解点的等级进行系数加权分析,即通过、有条件通过、不通过的权重系数分别设为3、2、1,求和获得每项学习成果的表现数值,具体如下:基础知识和专业知识为2.86,解决复杂问题能力为2.80,信息技术应用能力为2.77,批判性思维和创新能力为2.57,沟通表达能力为2.94,团队合作能力为2.94,国际视野和国际理解能力为2.74,终身学习意识和自我管理能力为2.74,职业素养为3.00。总体表现由弱到强为批判性思维和创新能力、国际视野和国际理解能力、终身学习意识和自我管理能力、信息技术应用能力、解决复杂问题能力、基础知识和专业知识、沟通表达能力、团队合作能力、职业素养,如图4-3所示。

第四章 我国大学生学习成果评价的实证研究

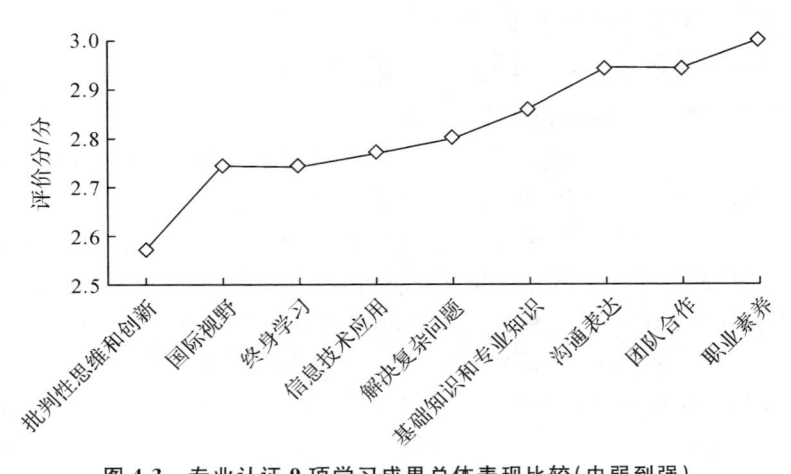

图 4-3 专业认证 9 项学习成果总体表现比较(由弱到强)

(二)知识技能类学习成果表现

在三项知识技能类学习成果表现中,学生对基础知识、专业知识、必备研究方法的掌握以及对本专业及相关领域最新动态和发展趋势的了解受到专家肯定,A 等级占比达到 85.7%;应用现代信息技术手段和工具解决实际问题的能力偏弱,B 等级占比达到 22.9%;对本专业领域复杂问题进行综合分析和研究,并提出相应对策或解决方案的能力中等,A 等级占比为 80.0%,如图 4-4 所示。

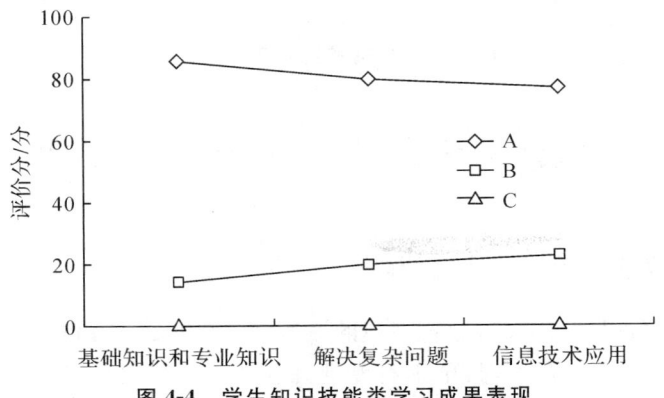

图 4-4 学生知识技能类学习成果表现

141

(三)情感类学习成果表现

在六项情感类学习成果表现中,100%专家认为被认证专业学生具有人文底蕴、科学精神、职业素养和社会责任感,职业素养是这类学习成果表现最好的一项;94.3%的专家认为被认证专业学生能够通过口头和书面表达方式与同行、社会公众进行有效沟通,能够与团队成员协作共事,并作为成员或领导者在团队活动中发挥积极作用;学生在适应社会和个人可持续发展方面表现不够好,有1位专家在终身学习和自我管理学习上给了等级C;学生在关注全球性问题,理解和尊重世界不同文化的差异性和多样性方面表现不佳,B等级占比达到25.7%;能够发现、辨析、质疑、评价本专业及相关领域现象和问题,表达个人见解的批判思维和创新能力表现最差,B等级占比达到42.9%,如图4-5所示。

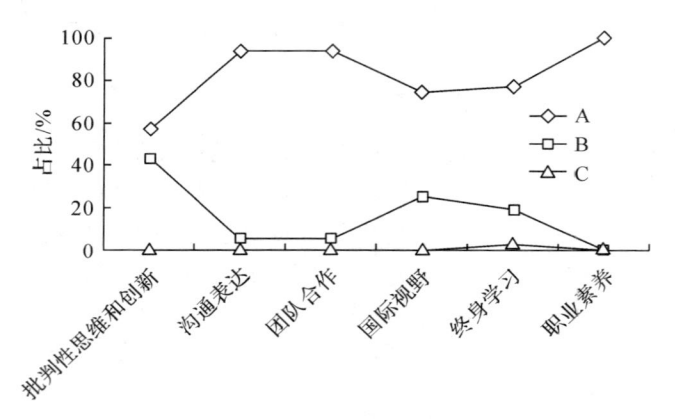

图 4-5　学生情感类学习成果表现

第三节　工程教育专业学生学习成果评价和表现分析

一、工程教育专业认证标准

工程教育占据我国高等教育规模的三分之一。2020年,我国普通高校本科在校生总数1750.5万人,其中工科专业在校生数588万人,占总在校生数的34%;工科专业布点数20221个,毕业生数129.5万人,工科专业学生是我国经济社会发展的重要支撑,工程教育专业的质量在很大程度上可以说明我国高等教育整体质量。2015年10月,我国成立了中国工程教育专业认证协会,专门负责组织和实施工程教育专业认证工作①。各高校工程教育相关专业经过所在学校同意后，自愿向中国工程教育专业认证协会秘书处提交申请，申请参加认证的专业应是教育部许可设立的工科本科专业，并已有三届或三届以上毕业生。专业提交的自评报告经过相应国家级行业学会审核通过后，由中国工程教育专业认证协会安排专家组进校进行现场考查并提交考查结论。考查结论经过中国工程教育专业认证协会秘书处组织的大评委会审议通过后正式公开发布②。专业认证一共有七大通用标准，从学生、培养目标、课程体系、毕业要求、师资队伍、持续改进、支持条件等7个维度38个分解点，对专业质量进行评价(见表4-8)。

表4-8 工程教育专业认证标准③

维度	分解点
学生	1.具有吸引优秀生源的制度和措施。 2.具有完善的学生学习指导、职业规划、就业指导、心理辅导等方面的措施并能够很好地执行落实。 3.对学生在整个学习过程中的表现进行跟踪与评估，并通过形成性评价保证学生毕业时达到毕业要求。 4.有明确的规定和相应认定过程，认可转专业、转学学生的原有学分。
培养目标	1.有公开的、符合学校定位的、适应社会经济发展需要的培养目标。 2.培养目标能反映学生毕业后5年左右在社会与专业领域预期能够取得的成就。 3.定期评价培养目标的合理性并根据评价结果对培养目标进行修订，评价与修订过程有行业或企业专家参与。
毕业要求	专业必须有明确、公开的毕业要求，毕业要求应能支撑培养目标的达成。专业制定的毕业要求应完全覆盖以下内容： 1.能够将数学、自然科学、工程基础和专业知识用于解决复杂工程问题。 2.能够应用数学、自然科学和工程科学的基本原理，识别、表达并通过文献研究分析复杂工程问题，以获得有效结论。 3.能够设计针对复杂工程问题的解决方案，设计满足特定需求的系统、单元(部件)或工艺流程，并能够在设计环节中体现创新意识，考虑社会、健康、安全、法律、文化以及环境等因素。 4.能够基于科学原理并采用科学方法对复杂工程问题进行研究，包括设计实验、分析与解释数据并通过信息综合得到合理有效的结论。

---

①中国工程教育专业认证协会.协会概况[EB/OL].(2016-12-20)[2021-06-01].http://www.ceeaa.org.cn/main! newsJumpView.action? menuID=01010301&ID=1000000581.

②中国工程教育专业认证协会.工程教育认证办法[EB/OL].(2016-12-20)[2021-06-01].http://www.ceeaa.org.cn/main! newsTop.w? menuID=01010701.

③中国工程教育专业认证协会.认证标准[EB/OL].(2016-06-08)[2021-06-01].http://cn.ceeaa.org.cn/column.php? cid=17.

续表

维度	分解点
毕业要求	5. 能够针对复杂工程问题，开发、选择与使用恰当的技术、资源、现代工程工具和信息技术工具，包括对复杂工程问题的预测与模拟，并能够理解其局限性。 6. 能够基于工程相关背景知识进行合理分析，评价专业工程实践和复杂工程问题解决方案对社会、健康、安全、法律以及文化的影响，并理解应承担的责任。 7. 能够理解和评价针对复杂工程问题的工程实践对环境、社会可持续发展的影响。 8. 具有人文社会科学素养、社会责任感，能够在工程实践中理解并遵守工程职业道德和规范、履行责任。 9. 能够在多学科背景的团队中承担个体、团队成员以及负责人的角色。 10. 能够就复杂工程问题与业界同行及社会公众进行有效沟通和交流，包括撰写报告和设计文稿、陈述发言、清晰表达或回应指令；并具备一定的国际视野，能够在跨文化背景下进行沟通和交流。 11. 理解并掌握工程管理原理与经济决策方法，并能在多学科环境中应用。 12. 具有自主学习和终身学习的意识，有不断学习和适应发展的能力。
持续改进	1. 建立教学过程质量监控机制。各主要教学环节有明确的质量要求，通过教学环节、过程监控和质量评价促进毕业要求的达成；定期进行课程体系设置和教学质量的评价。 2. 建立毕业生跟踪反馈机制以及有高等教育系统以外有关方参与的社会评价机制，对培养目标是否达成进行定期评价。 3. 能证明评价的结果被用于专业的持续改进。
课程体系	课程设置能支持毕业要求的达成，课程体系设计有企业或行业专家参与。课程体系必须包括： 1. 与本专业毕业要求相适应的数学与自然科学类课程（至少占总学分的15%）。 2. 符合本专业毕业要求的工程基础类课程、专业基础类课程与专业类课程（至少占总学分的30%）。 3. 工程实践与毕业设计（论文）（至少占总学分的20%）。设置完善的实践教学体系，并与企业合作开展实习、实训，培养学生的实践能力和创新能力。毕业设计（论文）选题要结合本专业的工程实际问题，培养学生的工程意识、协作精神以及综合应用所学知识解决实际问题的能力。对毕业设计（论文）的指导和考核有企业或行业专家参与。 4. 人文社会科学类通识教育课程（至少占总学分的15%），使学生在从事工程设计时能够考虑经济、环境、法律、伦理等各种制约因素。
师资队伍	1. 教师数量能满足教学需要，结构合理，并有企业或行业专家作为兼职教师。 2. 教师具有足够的教学能力、专业水平、工程经验、沟通能力、职业发展能力，并且能够开展工程实践问题研究，参与学术交流。教师的工程背景应能满足专业教学的需要。 3. 教师有足够时间和精力投入本科教学和学生指导中，并积极参与教学研究与改革。 4. 教师为学生提供指导、咨询、服务，并对学生职业生涯规划、职业从业教育有足够的指导。 5. 教师明确他们在教学质量提升过程中的责任，不断改进工作。

续表

维度	分解点
支持条件	1. 教室、实验室及设备在数量和功能上满足教学需要。有良好的管理、维护和更新机制,使得学生能够方便地使用。与企业合作共建实习和实训基地,在教学过程中为学生提供参与工程实践的平台。 2. 计算机、网络以及图书资料资源能够满足学生的学习以及教师的日常教学和科研所需。资源管理规范、共享程度高。 3. 教学经费有保证,总量能满足教学需要。 4. 学校能够有效地支持教师队伍建设,吸引与稳定合格的教师,并支持教师本身的专业发展,包括对青年教师的指导和培养。 5. 学校能够提供达成毕业要求所必需的基础设施,包括为学生的实践活动、创新活动提供有效支持。 6. 学校的教学管理与服务规范,能有效地支持专业毕业要求的达成。

二、工程教育专业认证程序

按照教育部有关规定设立的工科本科专业、属于中国工程教育认证协会的认证专业领域、并已有三届毕业生的,可以申请认证。工程教育专业认证工作在学校自愿申请的基础上开展,由专业所在学校向协会秘书处提交申请书。申请书按照《工程教育认证学校工作指南》的要求撰写。秘书处收到申请书后,会同相关专业类认证委员会对认证申请进行审核。重点审查申请学校是否具备申请认证的基本条件,根据认证工作的年度安排和专业布局,做出是否受理决定[①]。

(一)专业自评

学校组织接受认证专业依照《工程教育专业认证标准》对专业的办学情况和教学质量进行自我检查,在自评的基础上撰写自评报告。

(二)行业学会审查

专业类认证委员会对接受认证专业提交的自评报告进行审阅,重点审查申请认证的专业是否达到《工程教育专业认证标准》的要求,经过审查的工程教育专业由工程教育专业认证协会统一安排专家组进校考查。

[①] 中国工程教育专业认证协会.工程教育认证学校工作指南[EB/OL].(2016-06-08)[2021-06-01]. http://www.ceeaa.org.cn/main! newsTop.w? menuID=01010704.

(三)专家现场考查

现场考查是专业类认证委员会委派的现场考查专家组到接受认证专业所在学校开展的实地考查活动。现场考查以《工程教育专业认证标准》为依据,主要目的是核实自评报告的真实性和准确性,并了解自评报告中未能反映的有关情况。中国工程教育专业认证协会负责对通过行业学会初审的专业进行统一认证,根据专业类别从专家库中遴选三名分别来自高校、行业学会和企业的专家组成专业认证现场考查专家组,配备一名秘书,对专业进行为期三天的现场考查。在现场考查过程中,专家对自评报告的真实性和专业建设的结果进行评判,通过听课,对教师、行政管理人员、在校生、毕业生、用人单位、校友进行访谈、座谈,查阅专业政策文件、培养方案、毕业设计和论文、试卷等资料对专业建设情况进行总体判断,并提交专家个人和专家组现场考查报告。工程教育认证专家现场考查报告是各专业类认证委员会对申请认证的专业做出认证结论建议和形成最终认证报告的重要依据,包括专业基本情况、对自评报告的审阅意见及问题核实情况,还逐项说明专业符合认证标准要求的达成度,重点说明现场考查过程中发现的主要问题和不足,以及需要关注并采取措施予以改进的事项。工程教育专业认证结果分为四个等级:P(pass)、P/C(pass with concern)、P/W(pass with weakness)、F(fail),分别代表通过、通过但存在潜在问题、通过但存在现实问题、不通过。每位专家需要完成个人考查报告,对12条专业认证标准以及38项分解点进行评级,专家组长汇总每位专家的评级意见,形成专家组现场考查报告,以专家组的名义提交给工程教育专业认证协会。

(四)结论审定和发布

专业类认证委员会将现场考查报告递交给接受认证专业所在学校征询意见。各专业类认证委员会召开全体会议,在充分讨论的基础上,采取无记名投票方式提出认证结论建议。根据审议结果撰写认证报告,连同自评报告、现场考察报告和接受认证专业所在学校的回复意见等材料,一并提交认证结论审议委员会审议。

认证结论审议委员会召开会议,对各专业类认证委员会提交的认证结论建议和认证报告进行审议。工程教育认证理事会召开全体会议,听取认证结论审议委员会对认证结论建议和认证报告的审议情况,并投票表决认证结论。全体理事2/3以上(含)出席会议,投票方为有效。同意票数达到到会理事人数的2/3以上(含),认证结论方为有效。工程教育专业认证结论分为三种:通过认证,有效期6年;通过认证,有效期3年;不通过认证。

2016年6月,中国成为《华盛顿协议》的正式成员,标志着工程教育专业认证结果在所有《华盛顿协议》成员间具有实质等效力,工程教育专业毕业生的学位在所有成员国间多边互认,所通过认证专业毕业生的工程技术能力得到包括美国、英国、加拿大、爱尔兰、澳大利亚等17个成员国的认可。"这是我国高等教育发展的一个里程碑,意味着英美等发达国家认可了我国工程教育质量,我们开始从国际高等教育发展趋势的跟随者向领跑者转变"。当时带队参加在吉隆坡召开的国际工程联盟大会的教育部高等教育教学评估中心主任吴岩认为,这不仅为中国工科学生走向世界打下了基础,更意味着中国高等教育将真正走向世界[①]。

三、工程教育专业学生学习成果类别和评价方法

(一)学习成果类别

工程教育专业学习成果规定了学生在毕业时需掌握的知识和所具有的能力。个人的学习成果应反映学生个体的智商和情商的开发,例如工程推理、问题求解、创造性思维、实验和知识创新、系统性思维及职业道德等。人际能力则应包括个体与团队互动,如团队合作、领导力、交流沟通等。产品、流程和系统建造应包括在企业、业务和社会环境中构思、设计、实施和操作的能力。[②] 实际上,工程教育专业学生学习成果与其他专业学生学习成果定义是一致的,即工程专业学生经过大学课程学习后所掌握的知识和技能;但同时又有自身的特点。由于工程教育的面向范围大,与工程实际和实践结合密切,更加强调与工程相关的技术和能力,工程教育专业认证标准将学生学习成果分解为12条毕业要求,包括工程专业知识应用能力和可迁移能力两大类。其中,专业知识应用能力包括七种:工程知识运用能力、工程问题分析能力、工程方案设计能力、复杂工程问题解决能力、现代工具应用能力、工程分析能力和工程实践评价能力;可迁移能力包括职业规范素养、团队合作能力、沟通交流能力、项目管理能力、终身学习能力。成果类别和具体12项学习成果如表4-9所示。

---

① 教育部高等教育教学评估中心. 中国工程教育正式加入《华盛顿协议》[EB/OL]. (2016-06-06)[2021-06-01]. http://www.heec.edu.cn/modules/news_detail.jsp?id=106825.

② 查建中,何永汕. 中国工程教育改革三大战略[M]. 北京:北京理工大学出版社,2009:72.

表 4-9　工程教育专业认证学习成果类别和具体能力

序号	具体学习成果分解（毕业要求）	学习成果类别
1	工程知识运用能力	知识应用能力
2	工程问题分析能力	
3	工程方案设计能力	
4	复杂工程问题解决能力	
5	现代工具应用能力	
6	工程分析能力	
7	工程评价能力	
8	职业规范素养	可迁移能力
9	团队合作能力	
10	沟通交流能力	
11	项目管理能力	
12	终身学习能力	

（二）学习成果评价方法

高校各工程专业根据毕业要求各项能力标准对本专业12项学习成果要求进行分解和描述，设置与之对应的课程体系和评价体系，在专业认证过程中通过呈现相关证据和评价结果证明所设定的毕业要求的达成情况。

以沈阳化工大学化学工程与工艺专业为例，学校对毕业要求达成情况主要证明和评价过程如下。

1.构建毕业要求与专业培养目标的支撑矩阵

该专业的培养目标为：

（1）具有宽厚的基础理论知识和扎实的化学工程与技术专业理论知识；了解化学工业及相关行业的生产、设计、研究与开发过程中涉及经济、环境、法律、安全、健康、伦理等相关知识，以及化学工程与工艺专业前沿发展现状、趋势。

（2）具备综合运用基础理论知识和先进的专业技术手段对新产品、新工艺、新技术和新设备进行化工过程研究、开发和综合设计的能力，以及对化工过程涉及的经济、环境等进行分析的初步能力。

（3）具有较强的知识更新能力、创新意识、实践能力、组织协调能力、团队合作意识以及跨文化的交流、竞争与合作能力。

（4）具有高度的社会责任感和道德修养、良好的心理素质，拥有健康的体魄和正确的人生价值观，能够在化工及相关领域从事生产运行、工程设计、技术开发、科学研究等工作。

专业培养目标与毕业要求对应矩阵如表 4-10 所示。

表 4-10　毕业要求对于培养目标的支撑关系

毕业要求	培养目标 1	培养目标 2	培养目标 3	培养目标 4
毕业要求 1	√			√
毕业要求 2		√	√	√
毕业要求 3		√	√	√
毕业要求 4		√		√
毕业要求 5		√	√	√
毕业要求 6	√	√		
毕业要求 7		√		
毕业要求 8				
毕业要求 9			√	√
毕业要求 10			√	√
毕业要求 11	√	√		√
毕业要求 12	√		√	√

2. 明确专业毕业要求与专业认证通用标准的对应关系

该专业毕业要求与专业认证通用标准的对应关系如表 4-11 所示。

表 4-11　毕业要求与专业认证通用标准的对应关系

毕业要求	通用标准毕业要求											
	1	2	3	4	5	6	7	8	9	10	11	12
毕业要求 1	√											
毕业要求 2		√										
毕业要求 3			√									
毕业要求 4				√								
毕业要求 5					√							
毕业要求 6						√						
毕业要求 7							√					
毕业要求 8								√				
毕业要求 9									√			
毕业要求 10										√		
毕业要求 11											√	
毕业要求 12												√

3. 毕业要求主要评价方式

专业主要通过课程、实验、实习及课程设计、毕业设计（论文）、各种公益活动、创新实践环节等教学活动对毕业生进行评价。

课程评价：主要通过考勤、考试、课堂发言、作业、答疑、报告等多种方式进行，参加评价的人员主要是授课教师。

实验、实习及设计评价：主要通过考勤、实验报告或实习报告、设计图纸及说明书等多种方式进行，参加评价的人员主要是校内外指导教师。

公益活动评价：主要通过考勤、活动表现、活动总结等多种方式进行，参加评价人员包括活动负责人、班主任、辅导员、主管学生工作的副书记、教学副院长等。

毕业设计（论文）评价：主要通过平时表现、中期审查、毕业设计（论文）、答辩等多种方式进行，参加评价人员包括指导教师、评阅人（含校外工程技术人员）、答辩小组、学院主管领导、学位评定委员会等。

创新实践环节评价：主要通过立项报告、中期审查、答辩等多种方式进行，参加评价人员包括实验室主任、指导教师、评审专家、学生辅导员、学生处、创新创业综合训练中心等。

将每一项毕业要求分解为若干指标点，与课程、教学活动、考核方式、达成度评价和档案进行对应，以毕业要求1为例，对应关系如表4-12所示。

表4-12 毕业要求1指标点、课程与评价方式

指标点	课程	考核方式	评价周期及评价人	评价依据
1.1 掌握数学、物理及相关基础知识，能够利用其对化工过程中的复杂工程问题进行分析并在解决化工过程复杂工程问题中进行应用。	高等数学（0.4） 线性代数（0.1） 概率论和数理统计（0.15） 大学物理（0.35）	平时成绩+期末考试	评价周期：每学年； 评价人： 1.学院教学管理人员 2.本科教学指导委员会	1.督导组试卷抽查 2.专职、兼职督导听课 3.成绩单、试卷等
1.2 掌握化学及相关自然科学知识，能够利用其对化工过程中的复杂工程问题进行分析并在解决化工过程复杂工程问题中进行应用。	有机化学（0.3） 物理化学（0.4） 分析化学（0.15） 无机化学（0.15）	平时成绩+期末考试	评价周期：每学年； 评价人： 1.学院教学管理人员 2.本科教学指导委员会	1.督导组试卷抽查 2.专职、兼职督导听课 3.成绩单、试卷等

续表

指标点	课程	考核方式	评价周期及评价人	评价依据
1.3 掌握本专业工程基础知识,能够利用其对化工过程中的复杂工程问题进行分析并在解决化工过程复杂工程问题中进行应用。	电工学(0.2) 工程制图及计算机CAD(0.3) 过程装备与机械设计基础(0.2) 化工仪表与自动化(0.2) VB语言程序设计(0.1)	平时成绩+期末考试 上机+期末考试	评价周期:每学年; 评价人: 1. 学院教学管理人员 2. 本科教学指导委员会	1. 督导组试卷抽查 2. 专职、兼职督导听课 3. 成绩单、试卷等
1.4 掌握、理解本专业的专业基础理论知识,能够利用其对化工过程中的复杂工程问题进行分析并在解决化工过程复杂工程问题中进行应用。	化工原理(0.4) 化工热力学(0.3) 化学反应工程(0.3)	平时成绩+期末考试	评价周期:每学年; 评价人: 1. 学院教学管理人员 2. 本科教学指导委员会	1. 督导组试卷抽查 2. 专职、兼职督导听课 3. 成绩单、试卷等
1.5 掌握、理解本专业的专业理论知识,能够利用其对化工过程中的复杂工程问题进行分析并在解决化工过程复杂工程问题中进行综合应用	化工设计(0.3) 化工传递过程(0.2) 化工分离工程(0.25) 化学工艺学(0.25)	平时成绩+期末考试	评价周期:每学年; 评价人: 1. 学院教学管理人员 2. 本科教学指导委员会	1. 督导组试卷抽查 2. 专职、兼职督导听课 3. 成绩单、试卷等

4. 毕业要求达成情况评价方式

(1)每个毕业要求分解为若干指标点,每个指标点由若干门课程支撑。依据学校本科专业培养计划,学院教学指导委员会会同专业建设指导委员会对指标点的支撑程度赋予不同的权重值。每项毕业要求的指标点权重值之和为1。

(2)计算指标点的达成度评价值。支撑课程对该指标点的权重评价值=支撑课程权重目标值×(样本中与该指标点相关考核的平均分/样本中与该指标点相关考核的总分)。指标点的达成度评价值=∑(支撑该指标点的所有课程权重评价值)。

(3) 得出每项毕业要求达成度的评价值。取指标点达成度评价值中的最低值,作为对应项毕业要求达成度的最终评价数据。

(4) 计算评价结果,以毕业要求 1 为例,该毕业要求达成度值见表 4-13。

表 4-13 毕业要求 1 达成度值

评价学生	目标值	指标点 1.1 评价值	指标点 1.2 评价值	指标点 1.3 评价值	指标点 1.4 评价值	指标点 1.5 评价值
2013 届	1	0.745	0.809	0.803	0.799	0.773
2014 届	1	0.770	0.830	0.820	0.780	0.750
2015 届	1	0.751	0.760	0.777	0.759	0.753

四、工程教育专业学生学习成果表现

本研究随机抽取了 2013—2016 年的参加工程教育专业认证的 108 份认证档案,档案中包括专业自评报告、专业认证相关通知和文件、专家个人现场考查手册和专家组现场考查报告等文本。从档案中收集了 75 所学校 108 个工程教育专业共 418 名专家的现场考查手册,对其进行信息提取、汇总、分类、数据处理,并得到最终结果。这 108 个工程教育专业涉及土木工程、测绘工程、材料工程、化学、采矿、航海、车辆、机械、交通、环境、计算机、电气、电子信息等专业类别。418 名专家分别来自高校、行业学会和企业,这些专家由各工程教育教学指导分委员会遴选、通过工程教育专业认证协会的专门培训参加一次现场考查实习后才成为正式专家,以保证评价结果的统一标准和信度效度。以下从毕业要求达成总体情况和不同类别毕业要求表现两个方面对目前通过专业认证的工程教育专业学生学习成果进行分析。

(一)总体表现

对于工程教育专业认证标准中的"毕业要求"一项,108 个专业中通过认证的有 7 个,占所有认证专业数的 6.5%;通过但是存在潜在问题的有 27 个,占所有认证专业数的 25.0%;通过但是存在现实问题的有 74 个,占所有认证专业数的 68.5%(见图 4-6)。说明近九成通过专业认证的专业在毕业要求一项的达成情况上存在着潜在问题或者暴露出现实问题。从现场考查专家来看,认为所考查专业在毕业要求标准方面能够通过工程教育专业认证的有 40 位,占专家总数的 9.6%;认为能够通过专业认证、但存在潜在问题的有 115 位,占专家总数的 27.5%;认为虽然能够通过专业认证,但在现场考查过程中暴露出现实问题的有 263 位，占专家总数的 62.9%（见图 4-7）。对于毕业要求的达成情况，有近三分之二的专家认为专业培养本身存在不同类型的具体问题。通过档案中专家个人工作手册了解到，这些问题主要包括培养目标和毕业要求的分解和对应关系不合理，课程设计不能支撑某一条或者部分毕业要求的达成，学生毕业论文设计或者考试不能证明某一条或者部分毕业要求的达成，导致某一项或者几项能力的缺失等。

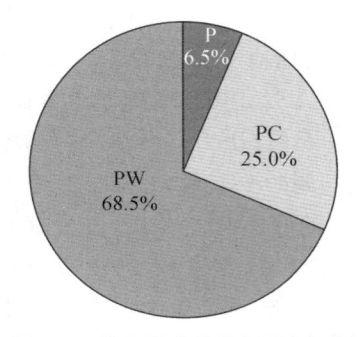

图 4-6　毕业要求总体评价（专业）

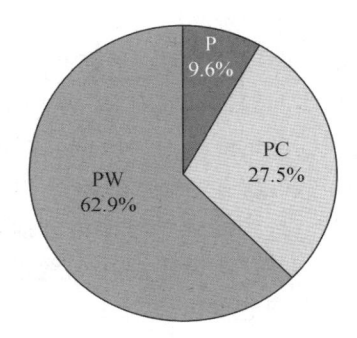

图 4-7　毕业要求总体评价（专家）

在毕业要求标准 12 个分解点中，工程知识运用能力方面，认为达到标准的专家有 367 名，占所有专家数的 87.8%；认为有潜在问题的专家有 24 名，占所有专家数的 5.7%；认为存在现实问题的专家有 27 名，占所有专家数的 6.5%。工程问题分析能力方面，认为达到标准的专家有 353 名，占所有专家数的 84.4%；认为有潜在问题的专家有 41 名，占所有专家数的 9.8%；认为存在现实问题的专家有 24 名，占所有专家数的 5.7%。工程方案设计能力方面，认为达到标准的专家有 221 名，占所有专家数的 52.9%；认为有潜在问题的专家有 95 名，占所有专家数的 22.7%；认为存在现实问题的专家有 102 名，占所有专家数的 24.4%。复杂工程问题解决能力方面，认为达到标准的专家有 347 名，占所有专家数的 83.0%；认为有潜在问题的专家有 30 名，占所有专家数的 7.2%；认为存在现实问题的专家有 41 名，占所有专家数的 9.8%。现代工具应用能力方面，认为达到标准的专家有 347 名，占所有专家数的 83.0%；认为有潜在问题的专家有 37 名，占所有专家数的 8.9%；认为存在现实问题的专家有 34 名，占所有专家数的 8.1%。工程分析能力方面，认为达到标准的专家有 323 名，占所有专家数的 77.3%；认为有潜在问题的专家有 52 名，占所有专家数的 12.4%；认为存在现实问题的专家有 43 名，占所有专家数的 10.3%。工程评价能力方面，认为达到标准的专家有 325 名，占所有专家数的 77.8%；认为有潜在问题的专家有46名,占所有专家数的11.0%;认为存在现实问题的专家有47名,占所有专家数的11.2%。职业规范素养方面,认为达到标准的专家有386名,占所有专家数的92.3%;认为有潜在问题的专家有12名,占所有专家数的2.9%;认为存在现实问题的专家有20名,占所有专家数的4.8%。团队合作能力方面,认为达到标准的专家有353名,占所有专家数的84.4%;认为有潜在问题的专家有42名,占所有专家数的10.0%;认为存在现实问题的专家有23名,占所有专家数的5.5%。沟通交流能力方面,认为达到标准的专家有259名,占所有专家数的62.0%;认为有潜在问题的专家有88名,占所有专家数的21.0%;认为存在现实问题的专家有71名,占所有专家数的17.0%。项目管理能力方面,认为达到标准的专家有249名,占所有专家数的59.6%;认为有潜在问题的专家有95名,占所有专家数的22.7%;认为存在现实问题的专家有74名,占所有专家数的17.7%。终身学习能力方面,认为达到标准的专家有383名,占所有专家数的91.6%;认为有潜在问题的专家有25名,占所有专家数的6.0%;认为存在现实问题的专家有10名,占所有专家数的2.4%。12项学习成果专家评价情况见图4-8。

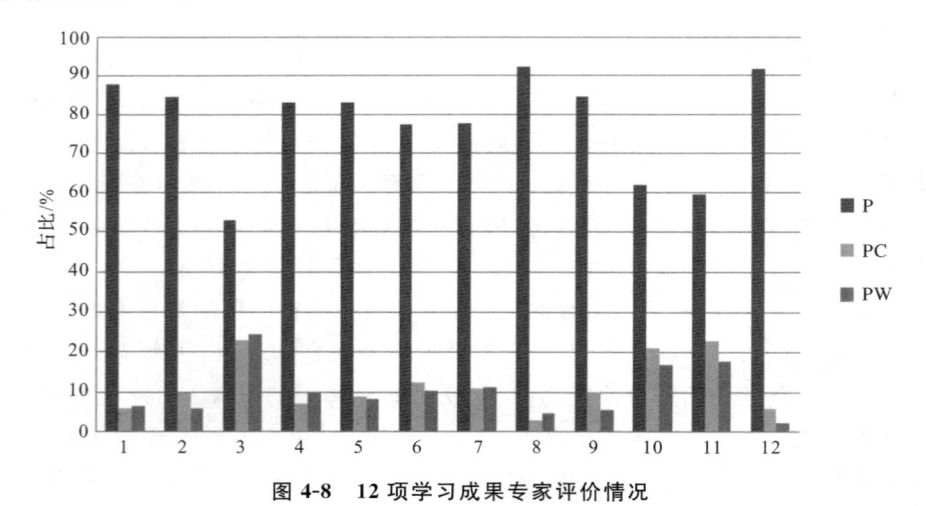

图4-8 12项学习成果专家评价情况

为了得到每项学习成果的表现情况,我们对每项分解点的等级进行系数加权分析,通过、通过但有潜在问题、通过但有现实问题三等级的权重系数分别设为3、2、1,求和获得每项学习成果的表现数值,工程知识运用能力为2.81,工程问题分析能力为2.79,工程方案设计能力为2.28,复杂工程问题解决能力为2.73,现代工具应用能力为2.75,工程分析能力为2.67,工程评价能力为2.67,职业规范素养为 2.88,团队合作能力为 2.79,沟通交流能力为 2.45,项目管理能力为 2.42,终身学习能力为 2.89。总体表现由弱到强为工程方案设计能力、项目管理能力、沟通交流能力、工程评价能力、工程分析能力、复杂工程问题解决能力、现代工具应用能力、工程问题分析能力、团队合作能力、工程知识运用能力、职业规范素养、终身学习能力,见图 4-9。

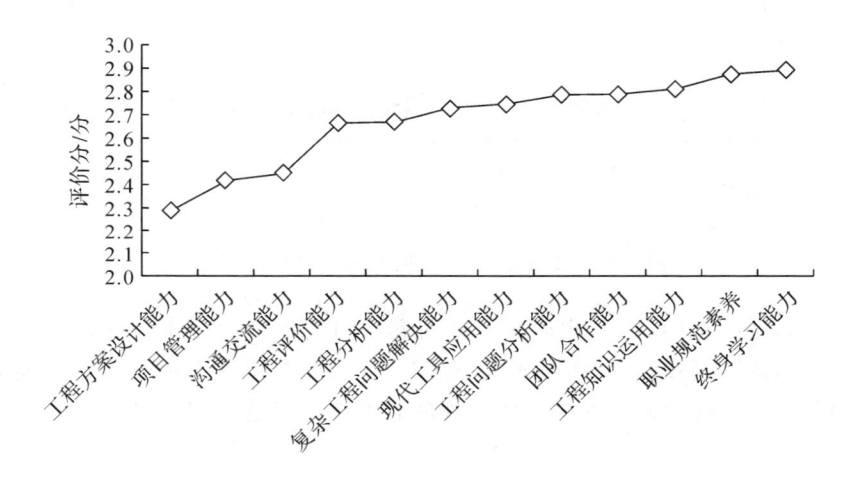

图 4-9 工程教育专业学生学习成果总体表现

(二)知识应用能力表现

知识应用能力是工程教育专业学生基本学习成果,能够直接反映教师在课堂上的教学效果和学生的学习效果,对三个不同评价等级进行单独分析,目的是对此类学习成果的各项能力表现的强弱进行更直观的呈现。结果发现,工程知识运用能力是专家最为认可的知识应用能力类学习成果,通过比例占 87.8%;工程方案设计能力是工程教育专业学生最为欠缺的知识应用能力类学习成果,有 47.1% 的专家认为该项能力存在问题。工程分析和工程评价能力也是工程教育专业学生较为欠缺的知识应用能力类学习成果,分别有 22.7% 和 22.2% 的专家认为这两项能力存在问题,见图 4-10。

(三)可迁移能力表现

可迁移能力是工程教育专业学生高阶学习成果,能够反映学生接受本科教育后的基本素质和能力,对三个不同评价等级进行单独分析后发现,职业规范素养和终身学习能力是专家最为认可的可迁移能力类学习成果,通过比例分别

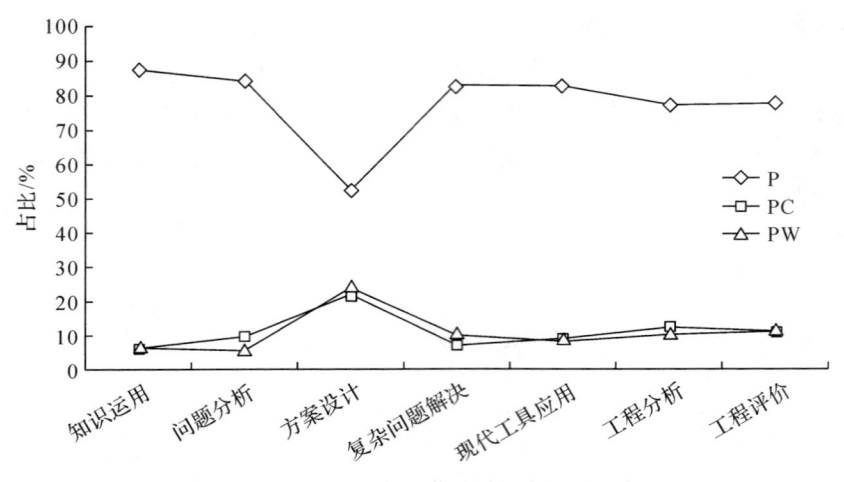

图 4-10 工程教育专业学生知识应用能力表现

达到了 92.3% 和 91.6%；沟通交流能力和项目管理能力是工程教育专业学生最为欠缺的可迁移能力类学习成果，有 38.0% 的专家认为学生沟通交流能力存在问题，40.4% 的专家认为学生项目管理能力存在问题，见图 4-11。

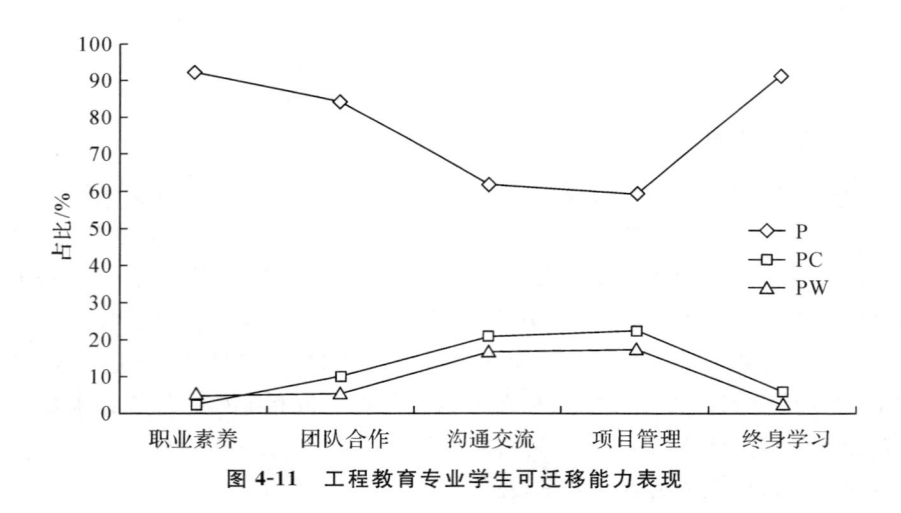

图 4-11 工程教育专业学生可迁移能力表现

第四节　大学课堂学习成果表现和问题分析[①]

2015年5月,由教育部高等教育教学评估中心组织的武汉大学本科教学审核评估专家现场考查工作正在进行,专家组完成第一天考查工作,进行专家组反馈会时,一位专家说,"我在监控室对几个课堂进行了随机抽查,发现有的教室座位坐得稀稀拉拉,有的教师上课时学生都是低头族,有的看手机,有的在睡觉,有的教师讲课看天花板,跟学生没有交流",课堂教学状况着实令人担忧。美国加州大学洛杉矶分校的副校长 Cindy Fan 教授也深有同感,她听课的一个课堂上,学生都不做笔记,在课堂上都非常沉默。对于这两点她非常惊讶,她说她所在学校的课堂,很多基础的知识根本不需要教授在课堂上再讲,学生课前会花大量时间进行准备,因此在课堂上与教授相互讨论的时间很多,学生也非常活跃,质疑教授的情况非常常见。专家组完成第二天现场考查后,Cindy Fan 教授、厦门大学邬大光教授和时任教育部评估中心主任吴岩研究员经过课堂观察、中外比较、相互启发后,共同构建了学生课堂表现五阶段论,即第一阶段:沉默(Silence),学生对于教师提出的问题没有任何反应,课堂是教师的"一言堂";第二阶段:回答(Answer),学生对教师的问题有"是"或者"不是"的简单反应;第三阶段:阐述(Elaboration),学生能就老师的问题通过推理阐明自己的观点和想法;第四阶段:对话(Dialogue),学生和老师就某一问题相互交流看法,学生可以质疑甚至反对教师的观点;第五阶段也就是最高的阶段:辩论(Debate),即师生对于某一问题就所持不同观点进行辩论和证实。在反馈会上,Cindy Fan 教授提出如果武汉大学课堂问题不解决,学生不可能适应重视思想交流的国际工作环境。课堂不仅是传播知识的场所(很多知识的传播可以通过阅读材料和网上学习完成),更是培养辩证思维和解决问题能力的实验室,她建议教师保持开放的心态,采取有效措施与学生分享课堂的主导权,将学生课堂表现从阶段一提升至阶段五是本科教育的核心任务。她的发言引起了所有参会人员的共鸣和反思,改革教师教学方式、改善学生课堂表现、提升人才培养质量已成为985大学和211大学本科教学改革的痛点和难点,需要投入更多的时间和精力。

[①] 陈凡.以学生为中心的教学何以可能——基于51所大学本科课堂现状的实证研究[J].高等教育研究,2017,38(10):75-82.

一、以教师为中心：当前课堂的主流模式

本科教学改革推行后，大学本科教育质量有了较大提升，教学内容不断丰富、教学方法更加多元、教学技术更加先进、评价体系不断完善。但总体上看，当前我国高校课堂仍处于教师为中心的传统模式，即教师围绕教学目标和内容，以讲授和 PPT 演示的方式进行教学，通过试卷和毕业论文评价学生的课堂知识掌握情况。本部分基于同行专家对本科教学课堂现状的观察和评价，对课堂质量进行梳理和呈现，对课堂主要特点和问题进行深入分析。

(一)数据来源和文本分析

为了了解当前我国大学课堂现状，本研究收集了教育部本科教学审核评估过程中 309 人次评估专家对 51 所高校不同专业 1610 门课程的听课记录，这些记录真实、客观、权威，基于这些记录的分析及结论具有很高的信度和效度。

在 51 所高校中，有 30 所属于"985 工程""211 工程"高校，包括北京大学、北京航空航天大学、北京林业大学、大连海事大学、东北林业大学、东北师范大学、东华大学、对外经济贸易大学、河海大学、华南师范大学、华中科技大学、华中农业大学、华中师范大学、吉林大学、江南大学、南京大学、南京理工大学、南京农业大学、南开大学、内蒙古大学、厦门大学、上海外国语大学、中山大学、同济大学、武汉大学、西藏大学、西南大学、中国地质大学、中国科学技术大学、中国石油大学(华东)；其他 21 所均为水平较高的地方性大学，包括安徽农业大学、安徽医科大学、成都信息工程大学、广西民族大学、广西师范大学、国际关系学院、合肥学院、黑龙江大学、内蒙古财经大学、内蒙古科技大学、内蒙古民族大学、内蒙古师范大学、山东农业大学、外交学院、五邑大学、武汉纺织大学、西藏藏医学院、西藏民族大学、西南医科大学、中国民航大学、中南民族大学(以上排名均不分先后)。

309 人次评估记录中，专家有大学校长、主管教学的副校长、教务处长，以及来自相关行业企业的专家。1610 门课程涉及的学科门类主要有哲学、经济学、法学、教育学、文学、历史学、理学、工学、农学、医学、管理学、艺术学 12 类，也基本涵盖了所有本科专业。

(二)课堂状况和主要问题

1.总体评价

在听课过程中，专家需要对课堂进行总体评价，评价分为"好""较好""一般""较差"四个等级。1610 门课程中，评价结果为"好"的有 550 门，"较好"的有 691 门，"一般"的 338 门，"较差"的 31 门，各部分比例见图 4-12。应该说，课程

总体评价情况还是比较好的。这些课程的授课教师高级职称教师占 37%、副高级占 34%、中级占 26%、助教占 3%,见图 4-13。总体上看,授课教师职称与课程评价结果有比较大的正相关关系,职称越高,评价结果越好。

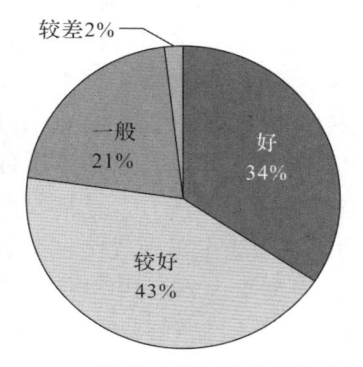

图 4-12 课堂总体评价的比例分布 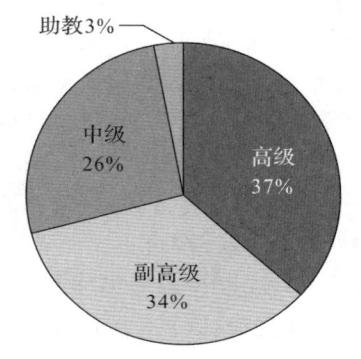　　图 4-13 授课教师职称的比例分布

2. 主要问题

汇总和梳理所有听课专家的意见,发现围绕教师和学生两个主体,专家提出的主要问题集中在课程设计、教学内容、教学模式、教学手段、教学效果、教学设施和环境、学习态度、学习效果八个方面。主要问题和具体表现描述见表 4-14。

表 4-14　课堂教学主要问题及具体表现

	主要问题	具体表现
1	课程教学设计不合理	课程和专业联系不紧密,课程进度与教学大纲不符,课堂教学步骤和时间安排不科学
2	教学内容不恰当	教学内容信息量小,仅限于教材和书本;教学内容偏易,深度不够;教学内容和实际联系不够紧密,缺乏实际案例、专业新动态和前沿知识
3	教学模式传统单一	采用传统讲授模式,教师满堂灌,仅采用多媒体播放 PPT,教学方法不够多元化
4	教学手段不科学	板书和多媒体辅助教学的关系不平衡,PPT 制作简单粗糙,照搬教材,文字多,设计不当,层次重点不突出
5	教学效果不好	教学缺乏激情,气氛沉闷;教师教学投入少,照本宣科;教学能力有待提升,课堂节奏和教学组织把握不好;教师课堂反馈不及时合理,学生评价方法有待完善
6	教学设施和环境不好	教室或实验室空间不够,布置不合理,灯光暗,多媒体和实验设备不足
7	学习态度较差	学生迟到、低头看书、看手机、看电脑、睡觉、不做笔记
8	学习效果不明显	学生学习兴趣和积极性不高,学习主动性不强;学生和老师交流少,互动几乎没有;学生没有完全掌握课堂内容,创新、批判性思维等关键能力没有得到提升

3.问题突出程度分析

为了保证研究的准确性和针对性,本研究对每位专家提出的问题进行拆分,并通过关键词将其归类。例如,有专家在听某校基础医学院药学专业《免疫学》课程时认为:"大课讲授气氛沉闷,缺少互动,仍有满堂灌的情况,学生抬头率不高"。处理时将这1条问题拆分成4个小问题:气氛沉闷,缺少互动,满堂灌,学生抬头率不高。然后根据表4-14中问题的具体表现,将4个小问题分别归入教学效果不好(5)、学习效果不明显(8)、教学模式传统单一(3)和学习态度较差(7)四类问题。最后,在全部问题拆分归类后统计计数。统计遵循每位专家提出的问题不重复计数,以及不涉及隐含意见的原则。所有意见最终拆分成了1962个小问题,在归到大类后,8个方面主要问题中出现频次最多的是教学效果(496次)和学习效果(432次),其他依次为教学内容(249次)、教学模式(183次)、课程设计(183次)、教学手段(172次)、教学设施和环境(127次)和学习态度(120次),如图4-14所示。

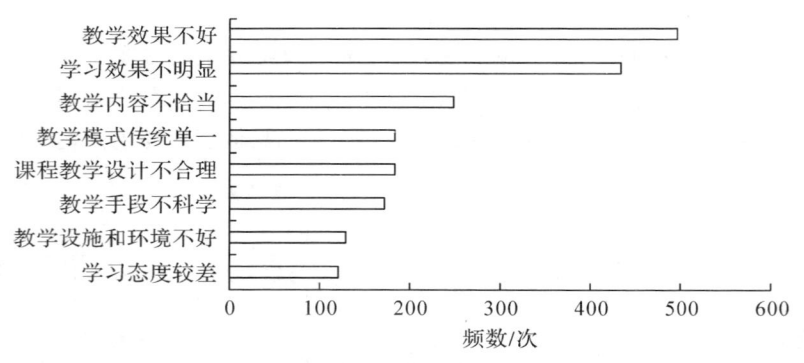

图4-14 课堂教学问题的突出程度分析

(三)研究发现

1.传统三中心教学模式仍占主流

根据同行专家和笔者对不同高校不同专业课堂的观察,发现传统的"教材""教师""教室"三中心教学模式仍占主流,以教师为中心的教学在大学课堂最为常见。第一,从教学内容来看,教师以教材书本知识作为授课内容的居多,照本宣科,教学信息量有限,知识拓展性弱,新的知识、专业发展新动态和新成果、前沿知识内容少,教学内容与实践发展没有紧密联系,新专业的针对性知识较少,知识深入性弱,概念介绍偏多,对知识的深入挖掘、分析、推理和演绎少,教学内容简单。第二,从教学模式和手段来看,多以教师讲授为主,采取"满堂灌"和

"填鸭式"教学,学生默默听讲,师生间互动少。讲授过程多为PPT放映和板书结合的方式,课件制作设计比较简单、呆板,层次重点不突出,很少利用多种网络资源、运用多种呈现方式帮助学生理解和分析,很难吸引学生的注意力并使其产生兴趣。第三,从教学设计来看,教师将知识作为教学重点,基于知识体系来设计教学大纲和课堂计划,并没有考虑学生的需求,不关注学生的反应,课堂气氛比较沉闷,基本没有讨论和互动。第四,从教学结果来看,以书本知识为基础的考试是教师评价学生掌握知识的重要标准,教师出题,学生答题,考试成绩决定是否给予学分,不直接评估学生对知识的理解和运用以及思维等能力。

2. 以学生为中心的教学理念尚未深入一线教师

在审核评估的开始,教育部提出了本科教学应遵循"以学生为中心""以结果为导向""以持续改进为宗旨"的质量评价理念。与之前的教学评估关注教学和资源的投入不同,审核评估专家最为关注的是教学效果和学习效果,以结果为导向的教学评估理念为越来越多的人所接受。但是,以学生为中心的理念却仍没有改变大学一线教师的教学实践,教师在课堂上仍以传授教材知识为主,很少考虑学生需求和个性化发展,对以学生为中心的教学没有进行思考和系统设计。学生不爱学习,上课低头现象非常严重;课堂学习的兴趣不大,参与课堂程度低,学习效果令人担忧。而教师也存在教学激情不够,教学时间和精力投入不足等问题。应该说,大学本科课堂正面临巨大的挑战,在信息迅速增长和传播的今天,如何提升大学生课堂学习的积极性和兴趣,如何使大学生拥有社会需要的思维和能力是我们应反思和探索的新问题。课堂作为本科教学改革的主阵地,需要新的理念、方法和标准。

二、从教到学:一场范式的革命

中世纪以来,大学作为传授和学习高深学问的机构而存在,由于传播媒介和渠道的限制,掌握这些学问的人非常稀少。信息技术革命兴起后,电子信息取代纸质信息,数字化媒介急剧扩大了知识的传播范围,拓展了知识的传播途径[1],使得能够接触高深学问的人越来越多,知识被即时传递、无限复制而且成本低廉。无处不在、随意可得的信息,打破了大学和教师对知识和信息的垄断,从而引发大学危机,传统大学教师的作用正在被取代,大学的传统教学组织模式受到了影响,大学教学的核心价值也在无形中有所改变。大学不仅是为提供教育而存在的机构,更是为生产知识而存在的机构;教学内容不再囿于书本,更

---

[1] 朱欣."以学生为中心"教育理念的历史审视与价值定向[J]. 现代教育管理,2012(4):6-9.

需要关注新知识和实践；教学不再是教师讲授、学生接受，而需要教师和学生组成新的学习联合体，生产新的知识、发现新的规律，大学正以一种新的形式回应社会。"用最简洁的办法来管理大学的范式应该是这样的：大学是一个为提供教学而存在的机构。然而微妙又深刻的是，我们正向一个新的范式转变：大学是一个为提供学习而存在的机构。这种转变改变了一切。"[1]

1995 年，Barr 和 Tagg 在美国大学教学杂志《变革》上发表了《从教到学：本科教育新范式》一文，将传统的控制型本科教学范式称为"传授范式"(instruction paradigm)[2]。在这一范式的指导下，大学和教师针对 50 分钟的以课堂授课为主的教育活动建立了一套复杂的教学结构，其目的就是提供授课指导。但在现代社会，获取知识并不一定通过课堂和教师，教学成为学生自身发展和学业成功的重要手段，新的教育范式——学习范式(learning paradigm)正在形成。他们认为多数人心中已经对学习范式有一定的感受，只是这些感受还没有能够清楚和强有力地成为头脑中一个完整的认识。因此，他们从任务和目标、成功标准、教学结构、学习理论、生产力和拨款、角色性质六个方面对传授范式和学习范式进行了非常详细的对比。赵炬明教授在《论新三中心：概念与历史——美国 SC 本科教学改革研究之一》一文中详细呈现和阐释了这一内容[3]。实际上，传授范式和学习范式的比较，就是传统三中心和新三中心的比较，是以教师为中心和以学生为中心的比较，两者最重要的区别体现在教学投入、教学任务、教学过程、评价方法四个方面。具体说，从教学投入看，以教师为中心的教学，拨款和资源配置是根据教学需要来的，关注的是教师、教材、教学设施等教学资源的数量和质量；而以学生为中心的教学，更加关注学生的知识和技能等学习成果的数量和质量，根据学习需要进行投入。从教学任务看，教师为中心的教学以学科知识为主要内容，教师在课堂讲授学科知识，并观察学生是否掌握这些知识；学生为中心的教学则是教师通过创造高效的学习环境，引导学生自主发现和构建知识，培养学生的能力和才干。从教学过程看，在以教师为中心的教学中，教师充当授课者的角色，一点一滴传授知识，教师讲、学生听，分工明确，互不干涉，教师对教学过程负责；而在以学生为中心的教学中，教师担任设

---

[1] Barr R B, Tagg J. From teaching to learning: A new paradigm for undergraduate education[J]. Change Magazine, 1995, 27(6): 13-25.

[2] Barr R B, Tagg J. From teaching to learning: A new paradigm for undergraduate education[J]. Change Magazine, 1995, 27(6): 13-25.

[3] 赵炬明. 论新三中心：概念与历史——美国 SC 本科教学改革研究之一[J]. 高等工程教育研究, 2016(3): 35-56.

计者的角色,设计科学有效的学习环境和过程,与学校其他部门和学院共同帮助和引导学生获取、构建、创造知识,并对教学结果负责。从评价方法看,在以教师为中心的教学中,教师往往在课程结束后对学生进行评价,学生只要完成了学分要求就可以取得学位;而以学生为中心的教学要求教师对学生进行持续评价,课前、课中和课后采取不同的内外部评价方式让学生知晓自己的知识水平和能力,学位与学生所掌握的知识和技能挂钩,如表4-15所示。

表4-15 两种教学范式主要方面的对比

	传授范式	学习范式
教学投入	为教学而拨款	为学习而拨款
	注重教学资源数量和质量	注重学习成果数量和质量
教学任务	向学生传递知识	引导学生自主构建知识
	提供课程和专业知识	创造高效学习环境
	注重学生知识和技能的掌握	培养每位学生的能力和才干
教学过程	教师是授课者	教师是学习方法和环境的设计者
	知识由教师一点一滴地传授	知识是构建和创造的
	教师与学生相互独立互不干扰	教师、学生及其他员工互相合作
	教师单一管理,独立实践	师生共同治理,团体协作
评价方法	课程结束后评价	课程前、中、后持续评价
	教师在班级和课程内部评分	对学生学习效果外在评价
	学位等同于累积的学分学时	学位等同于所掌握知识和技能

可以说,传授范式和学习范式代表了两种完全不同的价值理念,两种理念在对大学的理解,对大学教学的目的、方法和评价的主张上都有本质区别。这两种完全不同的范式,一个影响了过去的大学教学,一个正在影响现在的大学教学。学生在高校办学中的中心地位已经成为国际高等教育领域的共识,以学生需求、学生发展和学生能力为教学起点、目标和重点的教育范式正在形成。而在高等教育质量观发生变化、学生分担教育成本、人力资本理论兴盛、学习型社会人本价值确立等背景下,人们对"以学生为中心"的教学理念和方式有了更多的价值诉求。

三、以学生为中心的课堂:愿景和路径

从以教师为中心向以学生为中心转变,是大学应对新时代需求的重要挑战。以学生为中心的课堂,需要大学既能有自己的培养方案和特色,又能考虑学生需求并提供个性化教学;需要大学既能保持整体高水平的教学质量,又能关注每一位学生,创设高效的学习环境以帮助他们成长成才;需要大学既能教

授传统知识,又能提供前沿进展和最先进技能;需要大学既能使学生成为有知识的人,又能培养他们具备现代社会需要的能力和素质。完成这一转变,需要进一步树立以学生为中心的教学理念,明确以学生为中心的教学目的,并对教学和评价进行精心、科学的战略设计。

(一)明确促进学生成长成才的教学目的

当前社会对高等教育学习和学生的关注更甚于对教学和教师的关注,对高等教育产出和绩效的关注更甚于对投入和过程的关注。在这样的背景和要求下,以学生为中心的教学必须以促进学生成长成才为目的,改变学生不愿学、被动学和不会学的现状,增强学生学习的主体性、能动性和创造性;改变教师"一言堂"的教育教学模式,增强教师的主导性、教育性和艺术性[①],加强学生综合素质和能力的培养,全面提升高等教育人才培养质量。教师应投入更多时间和精力去理顺学生为什么学、学什么、怎么学,以及学生希望教师怎么教、希望得到怎样的服务支持等问题。这些要求高校和教师真正关注学生的学习结果和增值,集中学校所有的教学和学习资源为学生成长成才提供优质、高效的服务[②]。

(二)设计以学生为中心的教学战略

以学生为中心的教学战略设计包括教学目的、教学内容、教学手段、教学模式设计等几个方面。

1.将高阶学习能力作为主要培养目标

改变传统课堂将基础知识作为主要教学内容的现状,教师应该对学生学习有更高要求,课前布置学生阅读和了解学习内容以及其他拓展材料,课堂以知识应用和问题分析为焦点,开展同伴学习和教学,营造学习环境使学生积极主动学习。通过参与团队的一系列活动,提升学生解决现实问题的能力和批判思维能力[③]。

2.完成师生传统角色的转变,共同构建新的课堂学习环境

在课堂上,学生是信息加工的主体,是知识意义的主动建构者;教师是教学的组织者、指导者,是学生自主建构意义的帮助者、促进者,负责组织课堂讨论,激发学生思考,了解学习进度,与学生互相影响和鼓励。

[①] 刘毅,王邦勇."以学生为中心"的人才培养模式的更新与超越[J].教育探索,2012(6):14-15.
[②] 杨彩霞,邹晓东.以学生为中心的高校教学质量保障:理念建构与改进策略[J].教育发展研究,2015(3):30-36,44.
[③] Stefaniak J E,Tracey M W. An exploration of student experiences with learner-centered instructional strategies[J]. Contemporary Educational Technology,2015,6(2):95-112.

第四章 我国大学生学习成果评价的实证研究

3. 充分利用各类教学媒体和学习资源,增强学生主动学习的意识和能力

教材不是学生唯一的知识来源,学生可以从多种学习对象和教学资源中学习知识。教学媒体和各类资源成为促进学生自主学习的认知工具与协作交流工具,教学媒体不再是只辅助教师教,而是重点帮助学生学,使学生的能动性更强、知识来源渠道更丰富、知识更新更快并更加贴合实际。①

4. 注重对知识发现的引导、理解和思考

持教师中心理念的教师会及时将知识规则告知学生,而持学生中心理念的教师会将知识规则的发现过程介绍给学生。教师必须集中更多时间和精力去从事那些有效果和有创造性的活动②,成为帮助发现矛盾问题而不是拿出现成真理的人。

5. 结合不同教学目标采用多元教学方法

在传授范式和学习范式之间建立过渡,将讲授、复述、操作与练习、示范、讨论、小组合作、引导式探索、契约、角色扮演、计划、探究、自我评价12种教学方法③根据不同的教学目标和内容应用于课堂学习和教学过程中,保证学生在概念理解、知识应用和分析等方面均有提升。

(三)以学生为中心的评价战略设计

在我国高校本科教学审核评估和合格评估专家现场考查档案中,大部分专家认为各高校课程试卷和论文不理想,主要问题包括课程考核方式不科学、试题涉及范围和难度不合理、试卷和论文的结果分析不深入等,实际上是对试题和评价质量的质疑,这些质疑与教师的学习评价战略有关。以学生为中心的评价战略要求教师结合教学内容设计高质量的评价任务,并使用规范的评价标准和评价证据来辨别、评判学生完成学习任务的质量,促进学生学习。教师需要具备的评价专业知识技能,包括使用适当的评价技术和方式采集学生学习信息以用于监控和反馈、根据不同的评价目的合理使用评价工具等④。以教师为中心的教学和以学生为中心的教学不是对立和矛盾的,因为认知的过程是有规律的,学生只有在掌握了基本知识和技能后,才能进行新知识和技能的创造和构

---

① 饶佩,周序.大学教师中心与学生中心的时代辨析[J].当代教育科学,2016(1):31-35.
② 陈新忠,李忠云,胡瑞."以学生为中心"的本科教育实践误区及引导原则[J].中国高教研究,2012(11):57-63.
③ 杨帆,许庆豫."教师中心"与"学生中心"教学理念辨析——基于中小学教师的问卷调查[J].高等教育研究,2015(12):78-86.
④ 克兰诺斯基,怀亚特-史密斯.教育评价:标准、评判和调整[M].沈蕾,译.南京:江苏凤凰教育出版社,2016:79-80.

建,知识的传授仍然是大学教学的重要组成部分,只有把两种教学范式结合起来,根据不同的教学目的采用不同的教学方法才是合理的。教学改革是一个漫长的过程,传授范式已成为一种完整而相对固化的体系结构,马上完成两种范式的过渡和转变且达到运用自如的水平并不现实,如何形成最科学的教学模式以提升学习质量仍需要且值得我们不断探索和实践。

第五节 大学生学习成果问卷调查和影响因素

2007年开始,我国一些大学陆续开启了学习成果相关的问卷调查项目,如北京大学的全国高校教学质量与学生发展监测项目、清华大学的中国大学生学习与发展追踪调查、北京师范大学的中国大学生就读经验问卷、南京大学的研究型大学学生学习参与调查、厦门大学的中国大学生学习情况调查研究项目、中山大学的本科生学习情况调查项目和西安交通大学的课堂学习环境与学生发展关系调查等[1],这些评价项目或者借鉴了美国或日本的测评工具,或者自主研发,旨在了解大学生学习情况,很多调查都公开发表了研究报告,为我们认识大学生和大学学习提供了客观依据。越来越多的质量评价机构、高校和研究人员开展了各类关于学生学习情况的问卷调查,数据不再缺乏,但对数据的深入挖掘和谨慎分析成为新的问题。2019年7月,在哈尔滨召开的中国高等教育学会院校研究分会年会上,美国马萨诸塞州立大学教育学专家严文藩教授倡议深入开展高等教育领域的"改进科学"研究,提出在开展院校质量评价时,不但要注重问题的实际价值、调查过程和研究方法,更要注重评价结果对实践的改进作用,改进问题不是模棱两可或者难以捉摸的,也存在一些客观规律和可以重复的模式、路径,进一步而言,所有的实证研究都要成为院校质量改进有力且合理的依据。基于这样的认识,本节以H校本科生为研究对象,从学习投入、学习过程和学习成果三个维度设计学习情况问卷并开展调查,采用数理统计模型分析学习成果的影响因素。与已有研究不同,第一,相比较将学习成果作为单一因素分析的研究来说,本研究将根据学习成果的原始概念将其具体化,即从学生的学习成绩、专业知识、素质能力、满意度等多个角度来定义大学生学习成

---

[1] 王小青,王九民.中国大学生学业成就评估研究:二十年的回顾(1998—2017年)[J].苏州大学学报(教育科学版),2018(3):62-73.

果;第二,本研究不仅分析学习成果的影响因素,还试图计算和分析学习投入和学习过程各因素对学习成果的影响程度和相关值;第三,本研究聚焦教学与学习过程,深度分析教学和学习行为与学习成果的关系和相互作用方式,从教学和学习的角度提出改进建议以提升学习成果质量。对普通高校来说,探讨学生的学习成果及其影响因素将为教学和学生管理工作的改进提供更准确的方向和依据,也将为我国高等教育质量的评价和提升提供一些思路。

一、学习情况问卷调查

(一)调查工具

大学影响力模型(College Impact Models)是本研究的理论来源,依据阿斯汀提出的 I-E-O 模型[①],从教育输入(学生家庭背景、入学前的经历)、教育过程(培养计划、学生投入)和教育输出(学生认知、情感和行为收获)三个维度分解出相关因素,通过问卷和统计方法对学习成果进行验证和分析。本调查以 NSSE 开发、清华大学汉化的学习情况调查问卷为基础,通过大量文献分析,结合 H 校学生学习现状自主设计问卷(见附录一)。调查问卷由四部分构成:第一部分为基本信息,即可能影响学习成果的客观因素,包括 7 个问题,主要调查答卷者的年龄、性别、学科、年级、生源地、父母受教育程度和家庭年收入情况;第二部分为学习动机,包括 3 个问题,主要调查答卷者学习动力的来源、最能激发努力程度的事项以及未来的学业期望;第三部分为教学和学习过程,包括 6 个问题,主要调查答卷者参与回答问题、作报告、团队合作、课后讨论等课程活动的频率,教师对记忆性知识、分析问题、综合观点生成新知、运用知识解决问题四类教学内容的强调程度,课后阅读和写作量,课外时间安排,与教师的交流情况,与同学的关系;第四部分是学习成果,包括 5 个问题,主要调查答卷者专业知识和素质能力的提高情况,学业成绩排名,以及对课程、教师、学校的满意度。问卷试测后,问卷量表项目信度分析 α 系数为 0.829,基于标准化项 α 为 0.866,表明问卷信度好,调查结果稳定、合理。

(二)调查对象

本问卷采用问卷星在线填写,通过 H 校学工部门、学院辅导员老师通知推送给二、三、四年级本科生自愿填报,填报时间为 2019 年 6 月中下旬共两周,共

[①] Kuh G D. What student affairs professionals need to know about student engagement[J]. Journal of College Student Development,2009,50(6):683-706.

收回问卷1882份,剔除明显异常样本、重复样本,最终确定有效样本1829份。调查对象中,女生1543人,男生286人,分别占样本比例84.4%和15.6%;人文社会科学学科学生1370人,理工医科学生459人,分别占样本比例74.9%和25.1%;二年级学生761人,三年级、四年级学生共1068人,分别占样本比例41.6%和58.4%。总体上看,样本分布比较均匀,符合该校特征和学科类别特征。

(三)数据处理

采用SPSS 22软件对数据进行统计处理和分析。统计分析过程:首先对客观因素、学习动机、教学和学习过程以及学习成果分别进行因子分析提取公因子,筛选少数变量描述原始随机变量之间的协方差关系,完成降维。根据因子得分矩阵计算出各个因子的得分,以及因子特征值的贡献率,并计算出各维度因子的综合得分;在此基础上计算学习动机、教学和学习过程与学习成果各个维度的偏相关系数,完成各维度之间的相关性分析。消除其他因素的影响,进一步研究某个因子与学习成果各因子之间的相关关系,构建学习成果影响因素模型,进一步厘清学习成果的影响层次关系和程度。

二、学习成果影响因素分析

(一)学习成果影响模型的因子分析

根据题项分布检验各个维度的效度,各维度的KMO值均大于0.5,均可以做因子分析,同时Bartlett's球形检验P值均小于0.05,相关矩阵并非单位矩阵,变量的相关系数较为显著,可以用因子分析法。采用主成分法提取公因子,最终确定的因子数以及累计方差贡献率均超过60%。对公因子进行方差最大化正交旋转,得到原始变量在各个公因子上的载荷系数。用$X_1=(x_{11},x_{12})$表示学习动机,$X_2=(x_{21},x_{22},x_{23},x_{24},x_{25})$表示教学和学习过程,$Z=(z_1,z_2,z_3)$表示客观因素,$Y=(y_1,y_2,y_3,y_4)$表示学习成果。其中$x_{ij}$表示第$i$个维度的第$j$个因子,$y_j$表示学习成果的第$j$个因子,$i=1,2;1\leq j\leq 5$,各维度因子方差贡献率和含义如表4-16所示。客观因素的因子包括家庭情况、年级和性别;学习动机的因子包括学习动力和学习期望;教学和学习过程的因子包括教学重点、学生课堂表现、课外时间分配、师生交流和阅读写作业;学习成果的因子包括素质能力、专业知识、综合满意度和学习成绩。

第四章 我国大学生学习成果评价的实证研究

表 4-16 各维度公因子方差贡献率及因子命名

	因子命名	公因子	贡献率/%
客观因素	家庭情况	z_1	27
	年级	z_2	22
	性别	z_3	13
学习动机	学习动力	x_{11}	36
	学习期望	x_{12}	34
教学和学习过程	教学重点	x_{21}	16
	学生课堂表现	x_{22}	13
	课外时间分配	x_{23}	12
	师生交流	x_{24}	12
	阅读写作量	x_{25}	9
学习成果	素质能力	y_1	33
	专业知识	y_2	18
	综合满意度	y_3	16
	学习成绩	y_4	9

(二)学习成果影响模型的偏相关分析

根据因子得分矩阵计算出各个因子的得分,并根据因子特征值的贡献率计算出各维度因子的综合得分,以四个维度作为随机变量,计算偏相关系数。高阶偏相关系数的计算公式如下:

$$r_{ij \cdot (h_1 h_2 \cdots h_p)} = \frac{M_{ij}^*}{\sqrt{M_{ii}^* M_{jj}^*}}$$

其中,M_{ij}^* 是样本相关矩阵的(i,j)元的余子式。

进而得到各维度之间的相关性,如表 4-17 所示。X_1 和 Y 之间的偏相关系数为 0.112,p 值小于 0.05,认为消除维度 X_2 和 Z 的影响后,X_1 和 Y 之间存在显著相关性,即在消除客观因素与教学和学习过程的影响后,学习动机和学习成果之间存在显著相关性。同理,教学和学习过程与学习成果、学习动机与教学和学习过程、客观因素与学习动机、客观因素与教学和学习过程在消除另外两个维度的影响后均存在显著相关性,其中教学和学习过程与学习成果的偏相关系数最大,两者相关性最强;而客观因素与学习成果的偏相关系数为负数,p 值大于 0.05,说明客观因素与学习成果之间相关性并不显著。

表 4-17　各维度偏相关系数及其显著性

控制维度	研究维度	偏相关系数	P 值
X_2 & Z	X_1 & Y	0.112	0.000
X_1 & Z	X_2 & Y	0.575	0.000
Y & Z	X_1 & X_2	0.047	0.045
X_1 & X_2	Y & Z	−0.032	0.175
X_2 & Y	X_1 & Z	0.146	0.000
X_1 & Y	X_2 & Z	0.099	0.000

由于客观因素与学习成果之间相关性不显著，在构建学习成果影响模型时不再考虑客观因素。计算其他三个维度之间的偏相关系数，通过学习动机、教学和学习过程、学习成果三个维度各因子之间的相关关系构建出学习成果影响模型(见图 4-15)，图中外圈箭头表示三个维度之间的相关关系，教学和学习过程与学习成果相关值达 0.575，说明教学和学习过程最能影响学习成果。内部双向箭头展示了三个维度因子之间的相关关系，实线双箭头表示两个因素相关关系值最大，虚线表示两个因素有显著相关性。从相关值看，学生的学习成绩、专业知识、素质能力和综合满意度的相关因素主要是学生的学习期望、阅读写作量、教师的教学重点、师生交流情况、学生的课堂表现、课外时间安排。从影响程度上看，对学生学习成绩和素质能力影响最大的是学生的课堂表现；对学生专业知识和综合满意度影响最大的是教师的教学重点。

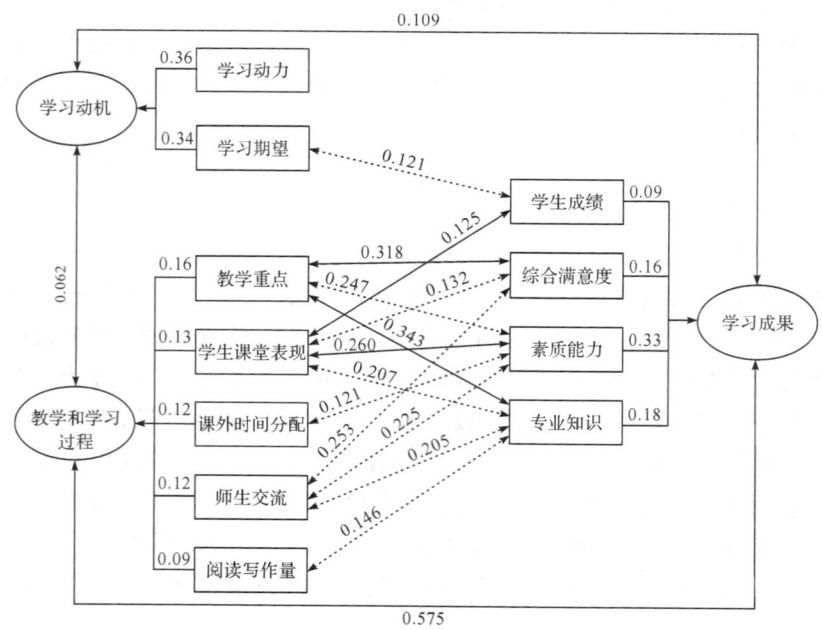

图 4-15　大学生学习成果影响模型

第四章 我国大学生学习成果评价的实证研究

将客观因素和学习动机作为控制变量，对学习成果与教学和学习过程各因素做偏相关分析，关系矩阵如表4-18所示。从 p 值和相关值看，教学和学习过程各因素对学习成果的影响显著性高，教学重点、师生交流、学生课堂表现、阅读写作量对学生掌握专业知识影响非常显著，其中教学重点（0.325）与专业知识的相关性最强；学生课堂表现、教学重点、师生交流和课外时间分配对学生掌握素质能力影响非常显著，其中学生课堂表现（0.242）与素质能力相关性最强；教学重点、师生交流、学生课堂表现和课外时间分配对学生综合满意度影响非常显著，其中教学重点（0.303）与综合满意度相关性最强；学生课堂表现对学习成绩影响非常显著，课外时间分配和阅读写作量对学习成绩影响显著，其中课堂表现（0.126）与学习成绩相关性最强。

表4-18 教学和学习过程与学习成果相关矩阵

	教学重点	课外时间分配	学生课堂表现	师生交流	阅读写作量	素质能力	专业知识	综合满意度	学习成绩
教学重点	1								
课外时间分配	−0.002	1							
学生课堂表现	−0.006	0	1						
师生交流	−0.005	−0.003	−0.013	1					
阅读写作量	−0.002	−0.002	−0.007	0.017	1				
素质能力	0.230**	0.110**	0.242**	0.207**	0.015	1			
专业知识	0.325**	0.029	0.186**	0.187**	0.135**	−0.012	1		
综合满意度	0.303**	0.073**	0.114**	0.234**	0.044	0.284**	0.398**	1	
学习成绩	0.029	0.051*	0.126**	0.039	0.053*	−0.009	−0.012	0.085**	1

注：*表示显著（$p<0.05$），**表示非常显著（$p<0.01$）。

本研究使用因子分析法对学习成果的影响因素进行了降维，使用相关分析法计算了客观因素、学习动机、教学和学习过程与学习成果的相关性。问卷结果表明，改编问卷的信效度理想，模型拟合良好，可以测量学习成果影响因素以及相关因素和维度之间的关系。统计和计算结果表明，当前H校要提升学生学习成果，改进教学和学习过程是关键。

1. 教和学是影响学习成果的最重要因素

相比较客观因素和学习动机来说，教学和学习过程与学习成果之间存在最大相关性。人才培养是高校的基本职能，而教学是高校人才培养工作的"牛鼻子"。2005年，哈佛前校长德雷克·博克在《回归大学之道》一书中指出，美国大学本科教育存在的最主要问题是"教授工作目标的偏移"，他们过度追求合乎自己兴趣的学术世界,忽视教学工作,没有建立一个积极有效的学生课外活动环境,教师无暇顾及教学的大学教育是不达标的,他提出回归大学之道是让学生能够更好地学习,取得更好的学习成效[1]。从实证研究的结果来看,教师如何教学、如何指导学生开展学习对大学生的发展意义重大,它不仅影响学生知识与能力的发展,也影响学生整个大学时期的学习体验,切实提升教师教学水平和指导能力是提升人才培养质量的最有效路径。

2. 教师的教学重点是提升学生专业知识水平的最重要因素

从数据结论上看,教师教授什么样的教学内容、如何传授教学内容是影响学生学习成绩和专业知识这两种学习成果的最重要因素。教师是促进学生发展的关键,"教师是第一身份,教学是第一工作,上课是第一责任"[2]。在我国高等教育快速发展、生师比快速膨胀的背景下,高校应把学生学习放在各项工作的首位,调整资源配置方式,支持教师设计新的教学模式,扩大知识的广度和挖掘知识的深度;以知识应用、分析和解决实际问题为目标,创新知识的内涵;明确预期的学习成果,通过判断学生是否满足标准,对学生表现进行客观评价[3];借助新的教学技术和多元化的教学媒介,为学生提供更多的学习资源,激发学生的学习兴趣,促使学生主动学习。

3. 师生交流情况是影响学习成果的重要因素

大学和城市越来越远,教师往往上完课就离开学校,大学生在学习上难以得到及时的反馈和指导,学习内容、学习进展和学习方向的不明确影响了学习成果。更重要的是,除了掌握新的知识和技能,大学更是学生人生观、价值观形成的重要时期,大学生需要有人格魅力和社会阅历的教师指引前行。大学教育应保证受教育者的技能、价值观、人生观和知识体系的发展,使他们过上健康和充实的生活,能在工作和生活中做出明智的选择[4]。高校应该进一步扩大教师队伍,降低生师比例,保证教师能有更多的时间和精力对每一位学生进行及时的反馈和个性化的指导,及时纠正教育过程中出现的学习和心理问题。教师应该对学生在学习上有更高的要求和期待,在课外也应积极与学生保持联系、指

---

[1] 侯定凯. 作为一种信仰的本科教育——评德雷克·博克的《回归大学之道》[J]. 复旦教育论坛,2008(5):23-27.

[2] 吴岩. 打好全面振兴本科教育攻坚战[EB/OL]. (2019-01-28)[2020-01-19]. http://edu.yunnan.cn/system/2019/01/28/030189121.shtml.

[3] Ross V. From transformative outcome based education to blended learning[J]. Futures,2012(44):148-157.

[4] 胡佳佳,吴海鸥. "教育 2030 行动框架"描画全球未来教育的模样[N]. 中国教育报,2015-11-15(03).

导和交流,帮助他们形成正确的人生观和价值观,引导他们扣好"人生第一粒扣子"。

三、学习成果与影响因素的相互作用关系[①]

为考察大学生的学习环境、自我概念、学习投入和学习结果之间的关系,同时探讨影响大学生学习投入的内外部影响机制,以自我系统的学习投入模型为基础,构建大学生学习研究框架。其中,"环境"定义为学生感知到的学习环境,学生主观感知的学习环境比客观环境本身更直接影响学习。"自我"体现为学业自我概念,学业自我概念对学习具有关键的影响。"学习投入"包括情感投入和行为投入两个方面。"学习结果"包括认知、能力和情感三种。根据自我系统模型假设,在内部系统中,情感投入会预测行为投入;在外部系统中,学生感知的学习环境会通过学业自我概念预测学习投入,并最终预测学习结果。模型如图4-16所示。

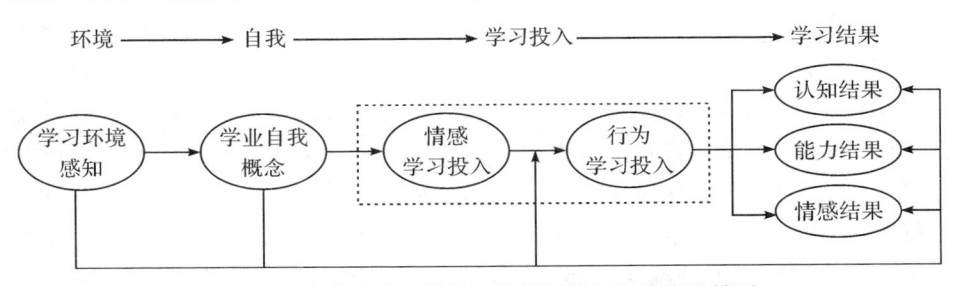

图 4-16 大学生学习投入内外部影响机制的假设模型

2020年,通过网络调查平台向全国本科院校发放大学生学习经历调查问卷,共回收来自311所本科高等学校的有效问卷134178份。研究使用的问卷改编自郭建鹏等人编制的《大学生学习量表》,对学习环境感知、学业自我概念、学习投入、学习结果等变量进行测量。

大学生对学习环境感知量表包括八道题目,调查学生对教师教学、学校支持和资源等课内外环境的感知。大学生学业自我概念量表包括三道题目,调查大学生对自我学业能力的感知和评价。大学生投入量表包括情感和行为两种学习投入。情感学习投入包括三道题目,调查大学生对学校的归属感和认同感。行为学习投入包括四个方面,其中深层学习投入包括五道题目,调查学生在学习中使用深层学习策略的投入情况;互动学习投入包括三道题目,调查学生在与同伴

[①] 郭建鹏,刘公园,杨凌燕.大学生学习投入的影响机制与模型——基于311所本科高等学校的学情调查[J].教育研究,2021(8):104-113.

和教师交流上的投入情况;课外学习投入包括六道题目,调查学生对课外学习的投入情况;学术学习投入包括三道题目,调查学生在阅读和写作学术论文上的投入情况。大学生学习结果包括能力、情感和认知三个维度。能力学习结果通过通用能力量表进行测量,包括八道题目,调查学生的写作能力、表达能力等;情感学习结果通过学习满意度量表进行测量,包括八道题目,调查学生在读期间对大学各方面的满意情况;认知学习结果体现为学习成绩,通过"我现在的学习成绩在本专业排名所处的水平段"一题进行测量,要求学生在1~10进行选择。

研究使用验证性因子分析检验量表的结构效度,然后对变量进行描述性统计和相关分析,最后通过结构方程模型探讨学习环境感知、学业自我概念、学习投入和学习结果之间的关系。在模型分析中,采用偏差校正的 Bootstrap 方法检验模型的中介效应。此外,还通过多群组和多模型对比,分析模型适用性及适配性。基于自我系统的学习投入模型,融合学习方式和自我调节学习的内容,构建了一个大学生学习投入的内外部影响模型,较为全面地探讨了学习环境感知、学业自我概念、学习投入与三类学习结果之间的关系。结构方程模型结果支持了研究假设,即大学生学习投入受到内外部两个系统的影响。在内部系统中,情感学习投入影响了行为学习投入。学生对学校的归属感和认同感越强,他们就越会参与到深层学习、人际互动、课外学习和学术活动之中。在外部系统中,学习投入受到学习环境感知和学业自我概念的影响,并直接影响学习结果。学生感受到的环境支持越充分,对自己的学业能力就越有信心,更愿意在学习中投入时间和精力,从而能取得更好的学习结果。

研究结果表明,大学应该努力为学生营造一个良好的课内外学习环境,为学生学习提供充分的支持,改善学生的学习体验,拉近师生、生生的心理距离,增强他们的归属感。在课外,学校可以将更多的教学资源投入教学空间、图书馆和计算机资源的建设,在学分制、本科生导师、境内外交流、社会实践、社团、竞赛等方面加大对学生的学业支持,指导大学生参加多种形式的"第二课堂"活动。在课内,教师应该坚持以学生为中心的教学方式,重视教学组织和设计,加强教学互动与交流,改善教学氛围,努力提升教学质量。研究发现,中国大学生的学业自我概念较低,影响了他们的学习投入和结果,导致他们对自己学习成绩和能力的评价也较低。因此,大学要努力提高学生的学业自我概念,鼓励良性互动,减少竞争性评价和定性评价,引入多元评价方式,重视课业辅导和心理建设,加强鼓励和指导,引导学生发现自身的优点,建立自信心。学生一旦感受到外部环境的支持,形成积极的自我概念,他们就会更加认同学校,更有归属感,从而更加积极主动地投入学习中,也就更容易获得学习成功。

第五章　构建基于学习成果的大学质量评价体系

2020年下半年,《深化新时代教育评价改革总体方案》出台[①],这份被认为是破除"五唯"痼疾,纠正教育评价"单向度"偏差的纲领性文件,明确提出建立健全多向度的学生评价标准,积极构建符合人才成长规律的评价体系,说明在高等教育资源短缺和社会问责不断加剧的背景下,教育质量评价问题已经引起政府和社会的广泛关注。目前,我国高等教育质量评价体系基本形成,从外部看,公众和媒体越来越重视的大学排名,是高等教育质量的望远镜。国内从中国大学排行榜到中国最好大学排名,国外由英美国家以权威数据库和主流媒体联合发布的国际大学排名,可以说明大学排名的发布主体、发布方式、指标体系等都在不断演进,其数据的完整性和针对性足以让我们认清多数大学的水平和实力。从上部看,政府和上级教育管理部门越来越重视的学科评估、本科教学评估、专业评估和认证,是高等教育质量的放大镜,这些评估和认证从不同维度、用不同指标和方法聚焦高校学科和专业质量,通过统一标准和同行专家评价,对高校办学和人才培养质量进行官方评价。由于外部和上部力量的推动,越来越多的高校开始重视人才培养质量问题,纷纷建立内部质量监控和专门评价机构,主动开展的教学评价和问卷调查是高等教育质量的显微镜,以教师教学和学生发展为研究对象,力图不断发现、分析和改进自身质量问题,切实提升人才培养质量。以国内外主流高等教育质量评价体系分析为基础,我们发现,人才培养作为外部高等教育质量评价的重要指标越来越受到重视,这表现在政府和权威评估机构在高校质量评估和专业认证体系中设置学习效果和毕业要求等相关指标,要求专家对学校的专业教学和学习效果进行评价;表现在对毕业生的跟踪调查对象不但包括学生的就业单位、薪水等方面,还有用人单位对毕业生素质的满意度、毕业生专业和工作的匹配度等内容,这些都要求高校在进行专业培养方案设置时,有科学的课程体系和教学方法使毕业生的知识和能

[①]新华社.中共中央 国务院印发《深化新时代教育评价改革总体方案》[EB/OL].(2020-10-13)[2021-04-01].http://www.gov.cn/xinwen/2020-10/13/content_5551032.htm.

力真正达到培养目标。可以说,将学习成果作为重要指标之一的外部高等教育质量评价活动推动了高校对人才培养质量的关切。

然而,对于高校自身来说,将学习成果作为人才培养质量评价的重要指标仍未得到广泛的重视,建立科学合理的以学生为中心的内部质量监控和评价体系并未达成广泛的共识,以 2014 年、2015 年、2016 年已参加审核评估的 58 所高校为例,设置独立专门内部机构进行教育教学质量评价和监控的仅有 7 所,占所有高校比例 12.1%;将教学质量评价职能归属于教务处之外的机构的高校仅有 10 所,占所有高校比例 17.2%;大部分高校仍然将质量监控和评价作为教学管理的一小部分,其职能是校内教学改革建设项目的管理、学评教、教学数据报送等,自上而下的学习质量监控体系并未建立起来。另一方面,从我国 34 所高校本科教学审核评估、合格评估结果和 108 个专业认证结果中抽取的同样本学校进行的数学建模和数据分析表明,当前大学人才培养质量表现整体水平仅为良好;专业人才培养质量表现水平为一般,学生的批判创新思维、沟通交流和基础知识应用等能力整体水平偏低,高等教育人才培养质量仍有较大提升的空间,评价的导向和改进作用还未发挥出来。虽然外部政策对高校实施学生学习成果评价提出了要求,研究者和实践者在发展高校学生学习成果评价上也开展了一些工作,但整体而言,学习成果评价处于举步维艰的尴尬境地,未能在高等教育质量建设中发挥应有作用[①]。因此,建立以学生为中心、结果为导向、持续改进为宗旨的高等教育质量评价体系,推动高校提升和改进人才培养质量迫在眉睫。在对学习成果评价的理论研究、国际实践研究和实证研究的基础上,本章对我国高校构建基于学习成果的大学质量评价体系的重要性、必要性及具体思路、路径进行分析和阐述。

第一节 重塑大学质量评价的价值观

从哲学意义上讲,评价是某一价值关系的主体对这一价值关系的现实结果或可能后果的反映。因此,质量评价是一种主体性描述,本质就是一种价值判断,但这种判断不是随意的,而是由评价主体发出并以评价主体内在尺度和需要为标准对评价客体的衡量而最终作出价值判断[②]。高等教育质量评价作为一

[①] 刘声涛."双一流"建设中推进学生学习成果评估改革的思考[J].大学教育科学,2017(6):38-41.
[②] 郭邦俊.高等教育评价观念的研究[D].武汉:华中师范大学,2001:4-7.

般评价的具体形式,其评价活动的过程也就是价值判断的过程,主体如何断定一定客体对自身有无价值、有什么价值、有多大价值,与主体使用规范整合经验事实的方式有关,从这一角度上说,确定价值判断的理念是引导评价活动符合主体需求的首要任务。伴随高质量发展从经济领域到社会领域再到教育领域的渗透,高等教育高质量发展成为政策的焦点。为促进高等教育的高质量发展,我们需要弄清高质量发展中"质量"的内涵,弄清楚到底什么才能使一个国家的高等教育体系有效,使一个国家的大学能够持续培养出杰出人才,并生产出创新性的知识。以对以往评估的反思和澄清为切入点,以高质量评价为方向,一方面可以检视高等教育发展观的偏差,重申人的全面发展在高等教育发展中的中心地位;另一方面也可以揭示在基于知识和创新的社会里高等教育发展阶段的升级。现行的各种评价开始强化代表性成果或标志性成果的重要性。与过去对数量的简单比较不同,高等教育评价中对代表性成果或标志性成果的强化有其积极意义,但也隐藏着更大的风险。表面上看,对于代表性成果或标志性成果的强调可以淡化量化评估的压力。实质上,由于评价成果本身的方法没有变化,量化思维依然盛行。只不过是由过去直接计算某种级别或类型的论文的数量,转换成了看某些顶尖期刊的论文,抑或某些高影响因子的论文,抑或高被引的论文,抑或是获了什么级别奖项的论文。由于可以被作为代表性或标志性成果的期刊资源的高度稀缺,绝大多数的成果因为发表的期刊不够权威或没有高被引而被排除在评估对象之外,由于评估对象的范围被进一步缩小,量化评估的风险将进一步增加。因此,从表面上看,突显代表性成果或标志性成果淡化了数量的重要性,强化了质量的重要性,但实际上如果确定哪些成果是标志性或代表性成果的思路没有改变,突显标志性成果和代表性成果也可能会抹杀高等教育发展过程和成果的多样性。在新的发展阶段和发展范式下,我们需要更加关注那些在评估中不能被量化但同样重要甚至更加重要的高等教育能力。

新时代背景下,社会对高等教育有了更多的期待和要求,主要表现在三个方面:一是学习目的的多元化要求,科学技术不断更新,知识和信息的获取更为简便快捷,学生可以通过不同的途径自行掌握传统课堂和课本上传授的知识,学生上大学的目的从学习专业基础知识逐渐转变到提升某种素质能力、完善创业方案,甚至是寻求一个高深问题的答案,学习目标更加明确具体、更趋多元化,这要求高校提供更加多样的、有针对性的教育内容和学习形式;二是学习经历的高品质要求,国家和地区间交流频繁,大学生出国学习的机会越来越多,学生对留学的认识和需求更趋理性,对高校提供的学习经历要求也不断提高。比如在欧洲高等教育区内,高校和学生的要求从建立更加便捷的流动和学分互认体系逐渐转移到高品质的学习经历上,学生更加关注高校所能提供的学习资源、环境、个人的参与程度和学习经历给个人带来的价值增值;三是学习结果的高质量要求,随着高校职能和人才培养层次、类别逐渐多样化,政府更加重视高等教育的产出质量和实际效益,对大学毕业生的专业水平和素质能力也有了更高要求,切实提升大学生学习成果质量逐渐成为高校人才培养的重要使命。实践证明,信息可用性的指数级增长使学生记忆和复述知识的能力变得不那么重要,而培养学生在现实情境中综合、转化和应用知识的能力变得更加重要,这些能力包括学生的创造力、批判性思维能力、团队协作能力、高效沟通能力和适应快速变化的环境的能力。因此,我国高等教育质量评价的核心理念主要包括三个方面的内容,在评价对象和受益群体上,从以教师为中心转向以学生为中心;在评价重点和方法上,从以教学投入和过程为导向转向以学习结果为导向;在评价目的和影响方式上,从以评分评优为宗旨转向以持续改进教育质量为宗旨。

一、以学生为中心

(一)理念发展和内涵

"以学生为中心"(student-centered)由美国著名心理学家卡尔·罗杰斯于1951年在哈佛教育学院举办的一次学术研讨会上提出,他主张让学生确定学习目标,通过自我评价来衡量进步的程度,由此让学生成为自我负责的学习者[①]。1998年联合国教科文组织在世界首届高等教育大会宣言中提出"高等教育需要转向'以学生为中心'的新视角和新模式"[②],自此以学生为中心理念逐渐受到关注。2007年,澳大利亚维多利亚教育局教育政策和革新办公室下属的教育政策和研究处发表了金·基米等人编撰的《个性化教育:从研究到政策与实践》(*Personalizing Education:From Research to Policy and Practice*)序言指出,个性化教育不外乎四个共同主题:以学习者为中心、将信息技术作为主要工具、终身学习以及合作共同体,并将"以学习者为中心"的教育阐述为:

(1)一种能把学生的需要、兴趣、学习风格置于中心的高度结构化的模式;

(2)通过学生的声音和学生的选择使学习者获得智慧和力量;

---

① 杨彩霞,邹晓东.以学生为中心的高校教学质量保障:理念建构与改进策略[J].教育发展研究,2015(3):30-36,44.

② 刘献君.论"以学生为中心"[J].高等教育研究,2012(8):1-6.

第五章　构建基于学习成果的大学质量评价体系

（3）开展与有意义任务相关的评价,包括对学生的和来自学生的评价；

（4）聚焦于所有学生的学习成果改进,致力于缩小学生间的学业成绩差距[1]。

2011年,英国发布《高等教育：以学生为中心》(*Higher Education*：*Students at the Heart of the System*)白皮书,提出建立更加透明的高等教育市场化体系,以提升教学质量、切实维护学生作为高等教育消费者的合法权益[2],这是世界首份直接以"以学生为中心"作为标题的国家政策文件。白皮书将学生作为整个高等教育系统的中心,并将"以学生为中心"的教育思想经过内化发展成为英国高校教学质量建设的指导思想和核心理念[3]。2015年6月,欧洲高等教育区第九届部长会议上,博洛尼亚进程的47个成员国及UNESCO、世界银行、OECD、欧盟等国际组织的500余名代表一致通过了《埃里温公报》,公报明确指出应"鼓励、支持高等学校和教学人员进行教育教学创新,形成'以学生为中心'的学习环境,着力培养学生的创造力、创新精神和创业能力"[4],强调了学生在高校办学中的核心地位。

美国学者弗雷泽(M.Frazer)指出："学生在认知、技能、态度等方面的学习收获是衡量高等教育质量的核心标准。"[5]因此,高等教育质量保障应围绕学生来开展和实施,高等教育质量评价应该是以学生为中心的评价。相对于传统以教师为中心的理念来说,以学生为中心的理念,是高等教育评价体系中根本性的变革,影响到教育教学的各个方面。"以学生为中心"区别于其他教育理念的地方,在于教学目标和内容不仅依据学科知识分类设定,还要满足学生发展需要,将学生的学习和发展作为教育教学的主要目的,使学生在知识、能力和素质方面获得全面提升[6],而以学生为中心的教育评价理念,是将学生的知识和能力作为教育质量评价的主要标准[7]。具体说是指人才培养目的和培养过程以学生的学习和发展为核心,实现从以"教"为中心向以"学"为中心转变、从"传授模

---

[1] 冯大鸣.西方教育管理21世纪进展研究[M].北京：高等教育出版社,2014：139-140.

[2] Higher education：Students at the heart of the system[EB/OL].（2011-09-20）[2015-05-30]. https://www.physoc.org/sites/default/files/page/340-closedconsultationsSept2011HE%20WhitePaperResponsefromRSCIoPandSoB.pdf.

[3] 阳铃.英国"以学生为中心"的高校教学质量建设研究[D].南昌：江西师范大学,2013：6-13.

[4] Yerevan communiqué[EB/OL].（2015-11-10）[2019-12-01］.http://www.uibk.ac.at/bologna/bologna-prozess/dokumente/yerevan-communique_final.pdf.

[5] 陈玉琨,代蕊华,杨晓江,等.高等教育质量保障体系概论[M].北京：北京师范大学出版社,2004：59.

[6] 陈新忠.以学生为中心深化本科教学改革[J].中国高等教育,2013(13)：50-52.

[7] 王洪才.何谓"学生中心主义"？[J].大学教育科学,2014(6)：62-66.

式"向"学习模式"转变①;在教学方法和内容方面从"讲授"向"引导"转变,从"教材"向"新知"转变;培养效果和评价结果以提升学习效果和学生质量为目标,实现从注重"如何教"到关注"怎么学",从"教得好"到"学得好",从重点评"教学效果满意度"到"学习效果满意度"转变。以教师为中心和以学生为中心在学习内容、目标制定、教学策略、评价策略、教师和学生角色等具体内涵方面的对比见表5-1。

表 5-1 教师中心和学生中心的具体内涵对比②

具体内涵	以教师为中心	以学生为中心
学习内容	1.学习某一学科的信息和知识。 2.回忆、区分、定义等低阶技能。	1.学习跨学科的信息和知识。 2.分析、综合、应用等高阶技能。
目标制定	教师根据已有的实践经验和教学大纲的要求制定学习目标。	教师和学生根据实际问题和学生先前的知识、兴趣和经验共同制定学习目标。
教学与学习策略	1.由教师制定教学策略。 2.教学策略为整个学习团体而设计,步调统一。 3.主要由教师组织和展示知识和信息(如授课、学术报告等)。	1.教师与学生共同制定学习策略。 2.学生自定步骤,为个性化学习而设计。 3.学生从多种渠道直接获得知识和信息(如书本、网络、社会活动等)。
评价策略	1.考查学生课程知识的理解和运用。 2.重视评价学生对教学效果的满意度。	1.考查学生核心能力的增值情况。 2.重视评价学生对学习效果的满意度。
教师角色	1.组织并向所有学生展示信息。 2.扮演专家的角色,控制学生对信息的搜索。 3.主导学习。	1.提供了解信息的多种方式。 2.扮演促进者的角色,帮助学生搜索和处理信息。 3.促进学习。
学生角色	1.期望教师教会他们考试知识。 2.被动的信息接受者。 3.重构知识和信息。	1.对自己的学习负有责任。 2.主动的知识寻求者。 3.建构知识和意义。

(二)评价实施原则

以学生为中心的大学质量评价突出以学习服务和评价方式的转变来推动学生自主参与学习和建构知识体系。它要求以学生的学习成果而不是教师的教学效果作为评价教学质量的重点,理顺学生为什么学(学习目标建构)、学什么(课程设置、课程评价)、希望教师怎么教(教学方法、学生评教)、应该怎么学(学习投入和参与、学习成果评价)、希望得到怎样的服务支持(管理、资源、服务需求和满意度测评)。这些要求高校和教师真正关注学生的发展、学习结果和学习增值,集中学校所有的教学和学习资源为学生发展提供优质、高效的服务,

---

① 刘献君.论"以学生为中心"[J].高等教育研究,2012(8):1-6.
② 闫寒冰.以学生为中心教学的评价方法[J].全球教育展望,2001(11):8-12.

同时加强引导学生学习投入和过程参与,切实获得能力提升证据、改善学习成果表现。[1]

以学生为中心的大学质量评价应遵循四个原则,不断对专业设置、教学过程和评价体系等做出调整和改进。第一,发展性原则,以学生为中心的专业设置应以促进学生的成长和成才为最终目的,充分考虑社会和行业发展需求,结合学校优势学科专业,开发以学习者为中心的课程,构建灵活多样的课程体系和能力导向的人才培养方案,从而引导和促进学生全面发展。第二,主体性原则,以学生为中心的教学过程应积极营造相互支持和成长的学习环境,引导学生通过自主拓展原有的知识经验,不断生长出新知识和经验;鼓励学习者参与教学和学习过程,引导学习者开展学习自治和反省,使学生在掌握学科知识和技能的同时能够独立思考,用创造性思维适应环境和开展实践。第三,多元化原则,以学生为中心的评价应将高校质量评价的重点从教师的教学效果转移到学生的学习成果上来,制定明确的评分和评价标准,通过多种渠道、采取多种形式,考查学生掌握和应用知识的水平与能力[2],评价体系可以打破以往以教师为单一评价主体的模式,加入学生自评和学生互评以及外部评价等环节,评价主体的多元化会使评价结果更客观、更全面、更公平[3]。第四,服务型原则,建立"以学生为中心"的教育支持环境[4],通过优化各种师生学习的硬件资源配置,培育具有学校自身特色的质量意识和文化,完善适合人才培养目标的培养方案和管理制度,构建学生学习支持服务系统、学生咨询与反馈服务系统、学生资助服务系统,为学生的学习提供优质的服务,提升学生的认可度和满意度[5]。

二、以结果为导向

(一)理念发展、主要特征和影响

过去四十年成果导向教育理念经历几个阶段的发展,包括能力导向理念、标准参照学习理念和掌握学习理念,关注通过设计精心的教学计划所达到的表现能力和标准水平,其他与成果导向教育相关的理念和词语还有真实评价和跨学

---

[1] 杨彩霞,邹晓东.以学生为中心的高校教学质量保障:理念建构与改进策略[J].教育发展研究,2015(3):30-36,44.

[2] 李志义.解析工程教育专业认证的学生中心理念[J].中国高等教育,2014(21):19-22.

[3] 方海环,傅斌."以学生为中心"的多元化大学生学业评价体系研究[J].教育教学论坛,2013(16):273-275.

[4] 朱欣."以学生为中心"教育理念的历史审视与价值定向[J].现代教育管理,2012(4):6-9.

[5] 阳铃.英国"以学生为中心"的高校教学质量建设研究[D].南昌:江西师范大学,2013:6-13.

科成果等。Guskey认为成果导向教育来源于20世纪50年代的目标运动,强调"所有我们称为成果导向教育的基本原则都是拉尔夫·泰勒(R. W. Tyler)在40年前提出的"。[①] 但是实际上,这种将教学目标和学习成果概念等同的观点显然与成果导向教育理念无法对应,20世纪60、70年代的教学目标和今天的学习成果重点有着本质的不同。一般认为,成果导向教育(OBE)理论是由Spady在1981年正式提出的[②],虽然他不是唯一一个对OBE有重要贡献的人,但是他被很多人认为是OBE理论的权威,他的观点对澳大利亚和美国学校OBE实践产生了重要影响[③]。Spady认为成果导向教育主要通过集中和组织教育系统各种资源使学生获得成功,这意味着学校从明确学生能做什么开始,组织相应的课程、教学、评价并确保学习带来的改变最终发生[④]。这种方法的假设是有人能决定学生最应掌握的能力,而且这些能力有可能通过合适的教育体系组织和合适的课堂教学组织达到。因此,OBE被看作是一种设计、实施和评价教学的方法,管理人员、教师和学生集中注意力并努力达成期望的教育结果,这一结果即是指学生个人学习成果。成果导向教育通过两种途径实现:第一种途径是强调学生对学科相关学习成果的掌握,这类成果通常聚焦于特殊学科内容和一些跨学科领域,如问题解决能力和团队合作能力;第二种途径是强调与学生未来生活角色直接相关的、长期的跨课程成果,如作为合格职员、公民或者家长必备的能力[⑤]。Spady提出的三种形式的成果导向教育,分别为传统的OBE、过渡的OBE和变革OBE,传统的成果(traditional outcomes)清楚表达学生在课程学习中必须掌握的重要内容,这种学习仍然以教师为中心;过渡的成果(transitional outcomes)是指学生在专业层面上的学习内容,主要指预期的知识和能力;变革的成果(transformational outcomes)才是OBE模式所追求的理想模式。变革OBE中,成果是"高质量学习的最终证明",学生具备高层次认知能力、强有力的领导能力和问题解决技巧。学习系统是指成果导向教育和聚焦于成果的教育,

---

[①] Guskey T. The importance of focusing on student outcomes[J]. NCA Quarterly,1992,66(3):507.

[②] Spady W G, Marshall K J. Beyond traditional outcome-based education[J]. Educational leadership,1991,49(2):67-72.

[③] Kaliannan M. Empowering students through outcome-based education (OBE)[J]. Research in Education,2012(87):50-53.

[④] Spady W G, Marshall K J. Light, not heat, on OBE[J]. The American School Board Journal,1994(181):29-33.

[⑤] Spady W G. Organizing for results:The basis of authentic restructuring and reform[J]. Educational Leadership,1998,56(2):4-8.

前者负责驱动课程内容和评价,后者是基于学科的学习成果。Spady 认为,成果应该反映真实生活的复杂性,学习者完成正规学习后能够突出其在生活角色中的地位,学习本身并不是重点。除了描述长期重要的学习外,OBE 有三个基本假设:所有学生能够学习和成功,但不是在同一时间或者通过同一方式;成功的学习将促进更成功的学习;学校和教师是决定学生是否能够在学习上取得成功的主要因素。成果导向教育的重要因素包括:明确定义和公布课程结束时必须达到的学习成果;保证学习成果达到的课程设计、学习战略、学习机会;与学习成果相配的评价过程,评价学生是否达到成果;适当为学生提供帮助和改进。[1]

　　成果导向教育理念给专业教育带来的范式转变,一是方法论意义的转型。传统教育模式下人才培养方案的制订多从宏观处着手,从学校人才培养定位和学科发展需求出发制定人才培养目标、培养规格等。学生学习成果侧重于分析学生的知识、技能、态度和价值观的转变,即评价学生学习结果的增值部分,更加注重对学习结果的细微考量。专业教学将各个要素和环节编织在以学生为中心的同一个关系网络中,需要彼此相互支撑、阐释、证明,各要素或环节就变成了系统的链条,共同支撑教学整体,也更容易发现问题。OBE 模式强调评价—反馈—改进反复循环的持续改进机制,以学生发展和学习成果为导向,根据社会需求和学习成果要求,反向设计课程、匹配师资和教学资源,通过完善和优化支撑体系、评价体系达成培养目标和学习成果要求。二是质量保障体系重构。OBE 是强调过程式管理,学生学习过程中的作业、考试、课堂提问、小组讨论、学习日志、个人成长档案、自评与互评等都留痕,作为评价学生学习成果的记录,大数据技术的发展也为这种形成性评价的留痕提供了可能性。OBE 模式下专业质量的诉求更加多元,学生、教师、家长根据质量评价结果选择学校和专业,政府和市场将评价结果作为财政投入和接收毕业生的条件,学校之间根据评价结果进行互认与资源共享。单凭单一的专门机构很难开展综合评价,需要以高校为主体组织多方机构联合进行专业质量的评价与效果反馈,质量保障的主体从专门机构转向多机构联合。[2]

　　成果导向教育理念给学校带来的积极影响[3],一是帮助学生更有效地学习,

---

[1] Harden R M. Developments in outcomes-based education[J]. Medical Teacher,2002,24(2):117-120.

[2] 张男星,张炼,王新凤,等. 理解 OBE:起源、核心与实践边界——兼议专业教育的范式转变[J]. 高等工程教育研究,2020(3):109-115.

[3] Harden R M. Learning outcomes and instructional objectives:Is there a difference? [J]. Medical Teacher,2002,24(2):151-155.

使学生清楚他们的学习目标,能有效利用学校课程资源,也使学生更清楚能够从特定课程或者特定学习事件(如一场讲座)中获取什么样的知识。二是帮助教师更有效地教学,使教师能合理计划教学目标和内容,更加清晰地描述某一次课程或者活动要达到的目的,根据教学目标和内容设计更有效的教学方法和工具,选择合适的教学和学习战略,根据目标成果构思学生考试和评价方法,并保证能够使用合适的评价战略。

(二)成果导向教育评价模式和作用

以学习结果为导向的质量保障体系是将教育产出作为高校质量评价的主要要素和证据,以大学生学习成果作为主要标准,对高校的办学水平和质量进行评价。成果导向教育评价聚焦于学生受教育后"学到了什么"和"能做什么",目的是通过转变教育评价理念,改革人才培养模式,最终实现人才培养质量的提升[1]。从大学内部看,以学生学习成果为主导的持续改进式评价体系实现了教学评价从形式到内容的转变;从评价学生在课堂学到了什么知识,到评价学生是否具备解决具体问题能力的转变;从评价教师在课堂上教什么到评价教师如何授课、如何培养学生能力的转变;从以成绩为主的简单量化评价到以学习成果为主的持续改进式评价的转变[2]。目前世界上主要国家和全球性或区域性质量保障机构所开展的高校质量评估和认证活动,都增加了成果导向教育评价的举措,尤其是在人才培养质量方面,将学生能力素质作为重要评价指标之一,通过直接的学生学习成果评价或者间接的学生和利益相关者问卷调查、满意度调查等方式对接受高等教育学习的学生学习成果进行评价,以此作为高校质量评价的主要证据,因此,OBE 理念可以转化为高等教育质量提升的思想力量、制度力量和文化力量[3]。

上一个十年,OBE 成为美国教育改革的主要方向。OBE 是复杂并不断发展的教育理念,在广泛实施中有不同的表现。美国肯塔基、密歇根、明尼苏达、密苏里、宾夕法尼亚、华盛顿等州都建立了成果导向教育评价形式,不同学区采取不同的成果导向教育评价以改善学生成绩。虽然有几个州出现了反对 OBE 的声音,但是政策制定者仍然继续支持成果导向教育改革,也有几个州改用

---

[1] Jackson N. Programme specification and its role in promoting an outcomes model of learning[J]. Active Learning in Higher Education,2000,1(2):132-151.
[2] 李薇,黑新宏,王磊.学习成果监控与评价机制的探索与实践[J].高等工程教育研究,2020(2):169-176.
[3] 张男星.以 OBE 理念推进高校专业教育质量提升[J].大学教育科学,2019(2):11-13.

其他表达方式代替，如"表现导向"评价体系等。总体看来，成果导向教育评价是很多学校提升教育质量的重要途径，下面列举两种有效的 OBE 学校改进模式案例。

1. 确保人人成功模式

这一模式中，学区重构了教学设计过程。第一步，定义每个项目的学习成果，这些成果必须以未来为导向，目标在于使学生在"复杂、有挑战性、高科技的未来"获得成功。第二步，所有课程被重新设计成"连贯的、有主题性的"课堂和单元，支持这些学习成果的达成。第三步，将教学和评价实践与成果和课程紧密结合。这一模式反映了 Spady 在成果导向教育中的三个指导原则：不断关注成果，将其作为教育评价的主要方向；给学生提供更多的机会和支持达到学习成果；对学生寄予高期待，相信所有学生都能成功。

2. 成果驱动发展模式

该模式包括三个主要部分，第一是教学过程，其主要特征包括教学单元中以学生评价作为前提，对于学生没有掌握的内容提供补救教学；使用小组教学方式，并加强指导实践；使用形成性评价了解学生对知识的掌握情况，对掌握知识的学生进一步丰富其学习活动，对没有掌握知识的学生进行补充和纠正。形成性评价不是打分评级，而是持续判断学生是否掌握了单元目标。模式的第二部分是教师团队，两个分别由同年级或同科目的四位教师组成的团队定期讨论和制定学生的教学活动，教师相互交流分享学生行为和学习表现，在新的教学过程实施时互相帮助共同完成教学目标计划。团队计划的驱动基础是已定义的学生学习成果。第三部分是基于威廉·格拉塞（William Glasser）现实疗法的学生自律方法，主要引导学生对自己的行为负责。这一模式通过教学过程改革、强化教师团队建设等途径不断促进学生知识和素质的提升。

OBE 已经在加拿大、美国、英国、南非、新西兰、澳大利亚和马来西亚等国的大学获得了不同程度的成功[1]。然而，作为一种依据目标和成果开展教学设计、开发、教授和评价的教育模式，OBE 却难以复制，它根据实施环境和开发者的想法不同而有所不同，也不能作为一个独立的项目实施。因此，也有专家认为 OBE 没有唯一模式，OBE 框架强调"体系层面的改变，可观察和可测量的成果，

---

[1] Ross V. From transformative outcome based education to blended learning[J]. Futures, 2012(44): 148-157.

以及只要给时间,学生都能学会的信念"①。在 OBE 中,学习成果不是价值、态度、感觉、信仰、活动、作业、目标、等级,而是可观察到的、可测量的学生表现。OBE 效果难评价有两个原因:第一,OBE 难以作为一个特定模式,而更偏向于整体方法或者学校改善哲学。这一方法可以通过很多办法实施,却无法从一个 OBE 模式概括到另一个模式。第二,OBE 是一项复杂、多层次改革,包括课程、教学方法和评价实践改变。多层次改革评价非常复杂,是因为几个不同的控制结构同时被改变。② 成果导向评价可以提升学生的学习动力和自治力,对课程也有积极影响。但是关于成果导向评价的争论基本上是技术层面的,如果不加审视,会有真正的危险,即不加批判地接受规范化、标准化学习成果,会让老师和学生对学习产生工具化的态度,忽视高等教育以学生为中心的关键前提③。

三、以持续改进为宗旨

高等教育已从社会的边缘逐步走向了舞台中心④。2020 年,我国高等教育在学总规模达到 4183 万人,高等教育毛入学率达到 54.4%,普通高校平均规模 11982 人,高等教育正在向普及化阶段迈进。规模的扩大引起了人们对高等教育质量的重视,构建科学完善的高等教育质量保障和评价体系、持续改进高等教育人才培养质量以满足社会经济发展需求,成为新时期我国高等教育改革和发展的主题。

(一)理念发展和主要思想

持续改进(Continuous Improvement,CI)是一种贯穿于整个组织集中性的且不断进化的创新过程,是组织维持竞争力的关键战略⑤;它是针对改善企业绩

---

① Faouzi B, Lansari A, Al-Rawi A,et al. A novel outcome-based educational model and its effect on student learning, curriculum development, and assessment[J]. Journal of Information Technology Education,2003(2):203-214.

② Furman G C. Administrators' perceptions of outcome-based education: A case of study[J]. International Journal of Educational Management,1995,9(6):32-42.

③ Ecclestone K. Empowering or ensnaring? The implications of outcome-based assessment in higher education[J]. Higher Education Quarterly,1999(1):29-48.

④ 刘尧. 21 世纪中国高等教育发展趋势探析[J]. 高教研究,1997(4):10-14.

⑤ Bessant J, Caffyn S. High-involvement innovation through continuous improvement[J]. International Journal of Technology Management,1997,14(1):7-29.

第五章 构建基于学习成果的大学质量评价体系

效的实践而开展的、正在进行的、全范围内的、有计划的、有组织的系统过程[1]。持续改进的核心含义主要是指持续、渐进地做细小的改革,积少成多,达到不断提高绩效目的的一种组织层级创新能力的持续递增过程[2]。持续改进的思想与科学管理原则是一脉相承的,它起源于20世纪50年代质量管理专家戴明提出的工作流程质量改进的概念模型,即PDCA循环[3];20世纪70年代,朱兰提出了质量改进的10个步骤,以改善从产品开发到售后服务的每一阶段,首次把质量改进作为一个螺旋上升的持续过程[4];90年代,持续质量改进成为工程领域的重点,Mohanty和Dahanayka提出了改进质量的六种方法,包括连续质量检查、过程质量检查、过程能力分析、过程改进计划、调优运算、模拟试验[5]。Lipscomb从质量体系的角度说明了实施持续质量改进的意义和方法[6]。

实际上,持续改进也是管理体系一体化的重要内容,组织在建立和完善质量管理体系的过程中,需建立持续改进机制,构架科学的持续改进模式,并营造富有改革和创新的组织环境,这对实现持续改进起到决定性的作用。持续改进要求组织不断寻求对管理体系进行改进的机会,以实现组织的管理体系所设定的目标。改进措施可以是日常渐进的改进活动,也可以是专项重大的改进活动。一般来说,持续改进包括定期或适时审视和调整企业管理方针和目标,使管理体系的运行始终向企业所期望的方向发展;按要求进行内部管理体系审核,系统有效地发现管理体系运行中的缺陷和薄弱环节,分析问题产生的原因,在此基础上采取纠正和预防措施;认真进行数据分析,对改进措施实施效果进行有效性验证[7]。对企业质量改进思想的理解主要包括[8]:

---

[1] Boer H, Berger A. CI changes from suggestion box to organizational learning: continuous improvement in Europe and Australia[M]. London: Ashgate Publisher, 2000: 89-97.
[2] 于志凌. 面向持续改进任务的组织行动模型研究[M]. 哈尔滨: 哈尔滨工程大学出版社, 2011: 10-11.
[3] Deming W E. The new economics for industry, education and government[M]. Cambridge, Mass: Massachusetts Institute for Technology Press, 1993: 101-113.
[4] Juran J M. The new steps for planning quality into goods and services[M]. New York: McGraw-Hill, 1992: 65-72.
[5] Mohanty R P, Dahanayka N. Process improvement: Evaluation of methods[J]. Quality Progress, 1989, 22(9): 45-58.
[6] Lipscomb P E. Quality system development-managing implementation of continuous quality improvement[C]. ASQC, The 48th Annual Quality Congress Transactions, Las Vedas: American Society for Quality Control, 1994: 548-557.
[7] 那宝魁. 钢铁企业标准化管理体系[M]. 北京: 冶金工业出版社, 2015: 317-318.
[8] 吴伟强. 面向制造业企业的质量改进与顾客互动机制[D]. 杭州: 浙江大学, 2001: 7-10.

（1）持续改进是企业质量管理的重要组成部分，甚至可以说是质量管理的精髓。积极开展质量持续改进，使实施结果能完全符合目标要求，力求更经济合理地利用资源、获得理想经济效果，这些是提升企业运行效率的重要途径。

（2）持续改进是企业长期的任务，制定质量改进实施方案，有计划阶段性地、不断地推进改进工作，是有效提升质量、降低成本和提高生产率的重要前提。

（3）持续改进主要通过与产品相关的各个过程改进来实施，质量改进涉及整个企业所有业务流程的各个方面，要提升企业效率和竞争能力，必须着眼于整个系统，实行全员、全过程、全面的质量管理和持续改进。

（4）有效的激励机制是保障质量改进有效实施的重要条件。企业管理者要增强质量意识和改进意识，积极主动地寻求改进机会，发动和鼓励与企业有联系的所有人参与改进过程[①]。

持续改进不仅仅局限于生产部门，而是不同组织层级的持续创新和进化过程；持续改进也不仅仅局限于工业和制造业，还可以成为其他类型的组织，如学校、银行以及政府部门等国民经济行业和部门的重要发展战略。

（二）将持续改进理念运用于高等教育评价

理解企业质量持续改进思想对高校质量改进实践有很多的参考价值和启发，作为组织机构，企业和高校有共同的属性，但又有不同的特点。高校虽然不同于企业以获取利润为主要目标，但是同样有顾客群体和用户群体，因此也肩负着持续改进质量的任务，在这一点上两者是相同的。教育质量的持续改进以学校为主体和基本单位，以不断提升教学和学习质量为基本目的，是一个有组织、有计划、循环往复的自我更新过程。学校应按照戴明提出的"计划（plan）—执行（do）—检查（check）—处理（action）"的 PDCA 循环，设计和形成教学和学生质量管理闭环，通过质量计划的制订和组织执行，检查教学效果和学习成果，发现和解决质量问题，达到以持续提高质量为目的的螺旋式上升的循环[②]。PDCA 全面质量管理循环应遵循的科学程序覆盖质量管理的全过程。这个过程周而复始地运行，但这种循环不是简单的重复，而是螺旋上升的。学校质量持续改进理念的主要特征有：

（1）学校是质量持续改进的基本单位和主体，即学校作为一个相对独立的、自主的、开放的组织，应自觉、主动地寻求质量改进。

（2）有目的、有计划的改进。学校里有很多突发事件，也有计划性事件，都

[①] 周善忠.制造业面向持续改进的集成质量系统研究[D].天津：天津大学，2005：5.
[②] 李志义.解析工程教育专业认证的持续改进理念[J].中国高等教育，2015（Z3）：33-35.

会产生某些变革。学校质量持续改进是主动的、有目的的、有计划的改进活动,其改进目标是提高高校适应外部社会环境变化的能力,提升教职员工和学生的行为和表现。

(3)整体的改进。学校质量持续改进以学校整体发展水平的不断提升为目标。虽然某段时期的质量改进可能是从办学的某一方面出发进行,但整体上看,持续改进最终会逐渐触及学校工作的方方面面。相应地,学校只有将质量持续改进工作作为一个整体来考虑和规划,集中人财物各种资源和力量,而不仅仅针对某一方面、关联某一个部门,才会得到发展和提升。

(4)螺旋上升的过程。从理论上讲,持续改进是学校的一种不断追求卓越的状态。围绕教育质量提升目标,PDCA 往复循环,一环推动一环,每个循环都将使学校的效能提升到一个新的状态①(见图 5-1),这是持续改进的最终目的所在。

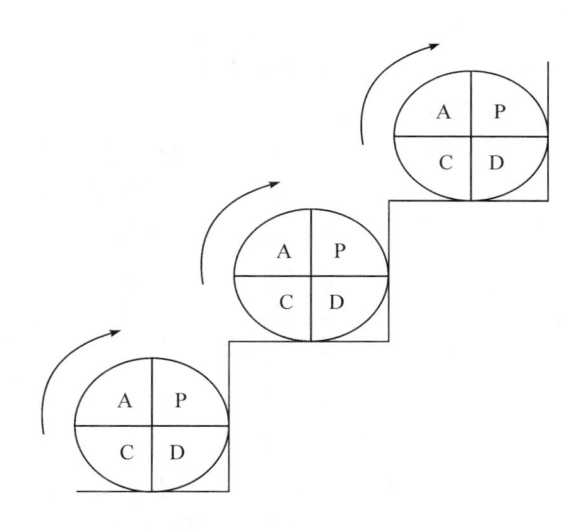

图 5-1 高校质量持续改进循环过程

(三)高质量评价促进高等教育高质量发展②

教育评估通常有两个目的:问责和发展。问责目的主要关注学校;关注学校组织机构;数据驱动,强调结果;定量导向;对于如何实施变革策略缺乏知识;

---

① 许爱红.基于证据的学校持续改进[D].济南:山东师范大学,2013:24-44.
② 王建华.论高等教育的高质量评估[J].教育研究,2021(7):127-139.

更关注学生学习成果的变化;更关注某个时间点的学校;基于研究知识;关注效能较高的学校;静态导向(学校当前的状况)。发展目的主要关注教师;关注学校过程;改变效果的实证评估;定性导向;只关注学校变化;更关注学校提升的过程,而非结果;更关注学校的变化;聚焦于实践者的知识;关注学校如何变得更高效;动态导向(学校过去或未来的状况)。伴随高等教育从高速增长转向高质量发展阶段,高等教育评价也需要转向高质量评价。高等教育高质量评价应从高等教育实践出发,经由评价的过程,促进高等教育的高质量发展。高质量评价关注的主要是"高质量的高等教育",焦点是高等教育发展的质量而不仅仅是高等教育质量。在高质量发展阶段,规模和效率不再是关键,质量和创新成为高等教育发展的重中之重。高质量评价更加强调发展功能,即以高质量评价促进高质量发展。高质量评价需要具有更大的包容性和综合性,只有丰富多样的质化和量化标准才能保护并促进高等教育生态系统的多样性。评价向高质量评价范式的转变,既受评价范式演变的内在规律制约,也受高等教育自身的发展范式和价值观影响。当前,一方面要保持评价的问责功能和发展功能之间适当的平衡。评价不能"为问责而问责",而是要"为发展而问责"。以发展为目的,精心设计有效的问责制时要注意以下七个核心要素:问责制的原因及其预期目标(预期结果);使用的绩效衡量标准正确有效,并且应该尽可能采用多种而非单一的衡量标准;设计符合预期目标的体系(例如,使用状态、改进或增长指标);产生处罚和奖励的后果,并监测其有效性;向学校、学校提供者和公众说明问责制及其结果以及它们的局限性;国家支持学校改进,并评价问责制是否有利于高质量的教学;定期评价、监测与改进体系。另一方面要更加关注影响高等教育发展的内外部因素及其与高等教育发展过程和结果之间的逻辑关系。立足高等教育的高质量发展,评价不应沦为"数字游戏",评价结果与高等教育发展之间不应只是一种可选择的"事实关系",即不同的评价指标可以呈现不同的评价结果;高质量评价不只是评价者对评价对象的评价,也是被评价对象的自我评价,同时也是诸多利益相关者通过协同机制共同参与高等教育发展的过程;高质量评价追求的不是评价结果的精确性或科学性,评价的目的也不只是为了院校的质量管理或政府的科学决策,而主要是为了展示或呈现评价本身与高等教育发展之间的逻辑关系,即"以高质量评价促进高质量发展"。

第二节 基于学习成果的大学质量外部评价战略

  2016年12月全国高校思想政治工作会议上,习近平总书记发表了重要讲话,高屋建瓴地指出实现中华民族伟大复兴,教育的地位和作用不可忽视;高等教育发展水平是一个国家发展水平和发展潜力的重要标志,当前国家对高等教育的需要比以往任何时候都更加迫切,对科学知识和卓越人才的渴求比以往任何时候都更加强烈[①]。2018年9月在全国教育大会上,习近平总书记对教育工作作出一系列重大决策部署,提出必须把立德树人成效作为检验学校一切工作的根本标准,努力培养担当民族复兴大任的时代新人,培养德智体美劳全面发展的社会主义建设者和接班人[②]。高校立身之本在于立德树人,只有培养出一流人才的高校,才能够成为世界一流大学。办好我国高校,办出世界一流大学,必须牢牢抓住全面提高人才培养能力这个核心点,并以此来带动高校其他工作。

  大学人才培养的核心地位由来已久。自公元1088年意大利诞生第一所大学——博洛尼亚大学起,世界开展高等教育已有九百多年历史。这期间,尽管社会经历了文艺复兴、宗教革命、资产阶级革命、启蒙运动、工业革命、社会主义革命等重大变革,尽管大学的组织结构和外部环境发生了深刻的改变,但大学的称谓、运行方式和精神内核始终保持基本稳定。这种稳定性基于人类对真理的尊重与追寻,基于人类对文明和进步价值理念的坚守和传承[③]。大学对人类的影响和滋养体现在以人为主体的社会变革和进步中,比如各行各业人才的不断涌现、各个学科领域理论研究和实践探索的不断深入、科学技术的不断进步等,大学给社会带来的各种改革和进步有目共睹,向社会源源不断地输送高水平人才一直是大学的核心职能。人才培养是中心、是根本,是大学的本质属性,是大学的存在价值。在我国高等教育发展过程中,高校人才培养的核心职能和地位始终没有改变,且不容忽视。大学的本质就是培养人才,人才培养质量是反映大学和高等教育质量和水平的最基本指标,人才培养在大学办学过程中的

[①] 习近平.把思想政治工作贯穿教育教学全过程,开创我国高等教育事业发展新局面[N].中国教育报,2016-12-09(1).
[②] 本书编写组.习近平总书记教育重要论述讲义[M].北京:高等教育出版社,2020:7-16.
[③] 钟秉林.大学的走向[M].北京:商务印书馆,2015:3.

核心地位是无法撼动的。

人才培养质量已经引起了社会的广泛关注,几乎所有人都意识到,学生在大学里学习到的知识和能力对其今后的成功和幸福生活,对于国家的经济竞争力和生产力,以及对于创造一个美好、和谐的社会十分关键。正因为如此,确保大学生获得所需的知识和技能,毕业后能实现自立和承担公民责任,变得前所未有的重要。以往的评估和认证对学生的学习成果不够重视,人们很难从学校获取到与有效的学习成果表现相关的关键数据。在现行的院校评估和专业认证体系中,学生学习成果这项标准经历了从最初的被忽视到现在不断受到关注,以及地位由边缘走向核心的变化。尤其在工程教育专业认证过程中,对学生学习成果的自我评估和数据分析系统基本建立起来。同时,高校强化了以证据为基础的导向。这些建立在新评估和认证标准基础之上的各种期望也代表了高等教育质量保障的未来发展走向,即由强调教学转向强调学习。

在这一背景下,外部学习成果评价体系逐渐建立起来,面对社会对高等教育质量的要求,我们本应看到教师和政策制定者更加重视学生的学习成果并使用这一信息持续改进高等教育人才培养质量,然而事实并非如此。大部分高校对学习成果评价仍然在调整和理解的过程中。部分高校设置并发布了各专业的预期培养目标和学习成果要求,构建了以学习成果为目标的教学方案和评价体系,并计划通过充分利用学生学习成果表现对教学和学习进行持续改进。但是现实问题是,很多高校,包括最有声望的985和211高校,并没有公开发布它们对学生学习的期待以及评估结果的报告。我们能找到有关学生满意度调查的结果,找到学生的成绩单和毕业生跟踪调查报告,却很少能找到直接反映学生学习及其结果的评价报告,也很少能找到从总体上反映院校教学计划的执行情况报告。而且很多教师抵制对学习目标的细化和评估,认为这是还原论,有损其尊严,认为明确地定义以及系统地评价学生的学习情况可能在无意间将复杂的、充满创意的教学过程变成一系列单调乏味的基础任务。有效的教学和学习不仅仅需要让学生掌握一些事实知识,也应通过这种教学方式培养一种真正的求知欲、推理分析以及其他高层次的能力。难点在于如何用具体可见而且不会损害其复杂性的方式收集和呈现这些能力的外显证据。另一个常见的批判观点是,对评估工具和由外部质量评价机构设计的评价和认证程序的依赖是在暗示高校对教师的不信任或者暗示教师没有能力自己完成评价。但从评价结果上看,在一些开展了学习成果评价的国家和高校,学生所表现出来的学习成果仍不尽如人意。如美国大学生认知能力测试表明,经过大学教育,学生的认知能力得到了一定的发展,但多数毕业生在分析现实生活中所遇到的非结构性问题时,表现却差强人意,完全像一个天真的"相对主义者"——没有能力为自己的判断提供有力的辩护[①]。从我国本科专业认证结果来看,学生的批判创新思维、知识运用和沟通交流等能力也有待加强。因此,在外部质量保障体系构建方面,树立学习成果导向的质量观、确定统一的学习成果内涵体系以及评价标准,是构建科学合理的高等教育质量保障体系的前提。

一、落实立德树人,推动评价赋能育人全过程

党的二十大报告对"实施科教兴国战略,强化现代化建设人才支撑"作出全面部署,提出"坚持为党育人、为国育才,全面提高人才自主培养质量,着力造就拔尖创新人才",为高校加快建设教育强国、更好落实立德树人根本任务、办好人民满意的教育指明了前进方向,提供了根本遵循。深入学习贯彻党的二十大精神,首先要深刻领会习近平总书记关于立德树人的重要论述。立德树人是教育的根本任务,是高校的立身之本。自党的十八大以来,习近平总书记立足党和国家工作全局,围绕如何落实立德树人根本任务发表了一系列重要讲话、作出了一系列重要指示批示。如在目标原则方面,强调"办好中国特色社会主义大学,要坚持立德树人,把培育和践行社会主义核心价值观融入教书育人全过程";在实施路径方面,强调"要坚持把立德树人作为中心环节,把思想政治工作贯穿教育教学全过程,实现全程育人、全方位育人,努力开创我国高等教育事业发展新局面";在检验标准方面,强调"要把立德树人的成效作为检验学校一切工作的根本标准,真正做到以文化人、以德育人,不断提高学生思想水平、政治觉悟、道德品质、文化素养,做到明大德、守公德、严私德"。

2021年,为深入学习贯彻习近平总书记关于教育的重要论述和全国教育大会精神,落实中共中央、国务院印发的《深化新时代教育评价改革总体方案》和中共中央办公厅、国务院办公厅《关于深化新时代教育督导体制机制改革的意见》,引导高校遵循教育规律,聚焦本科教育教学质量,培养德智体美劳全面发展的社会主义建设者和接班人,教育部出台《普通高等学校本科教育教学审核评估实施方案(2021—2025年)》(见附录二),对"十四五"新发展阶段普通高等学校本科教育教学审核评估工作作出整体部署和制度安排。这是继2014—2018年审核评估完成后,教育部在教育强国战略背景下启动实施的新一轮审核

---

① 博克.回归大学之道:对美国大学本科教育的反思与展望[M].侯定凯,梁爽,陈琼琼,译.上海:华东师范大学出版社,2008:187.

评估工作,是深化新时代教育评价改革、进一步推进教育督导改革推出的硬招实招。各省教育厅、直辖市教委随即相继印发各地"十四五"期间本科高校审核评估方案,全国834所经国家正式批准独立设置的普通本科高校都将参与新一轮审核评估。

新一轮审核评估紧扣上轮评估存在的短板及新时代本科教育要求,坚持问题导向、目标导向和效果导向,从中央关心、高校关切、社会关注的立德树人、分类办学、教育改革、质量保障4个重大问题入手,破立并举,以评定向,以评促强,助推高校办学定位、育人方式、管理机制改革,促进高等教育高质量发展。新一轮审核评估与以往审核评估最大的不同,就是新评估主动对标中央要求,着眼于全面贯彻落实党的教育方针,把立德树人成效作为检验学校一切工作的根本标准,围绕提高立德树人的成效,引导高校遵循教育教学规律,加快建设高质量人才培养体系,推动学校内涵式发展,切实提高人才自主培养质量。评估围绕促进高校建立"立德树人"的落实机制,对评估指标体系的范围、内涵、重心等内容都作了重大调整,展现了新时代评估新理念和新特征。

在指导思想上,评估的立德树人导向更加鲜明。以习近平新时代中国特色社会主义思想为指导,坚持破除"五唯"顽瘴痼疾,扭转不科学的教育评价导向;坚持"以本为本"、落实"四个回归",以评估推动高校落实"立德树人"根本任务,成为检验高校立德树人成效的有力举措。评估关注高校是否将加强党的全面领导作为立德树人的方向引领,是否将"三全育人"贯穿于立德树人的工作始终,是否将"五育并举"作为立德树人的育人体系,把立德树人要求融入评估全过程、各方面。评估通过强化立德树人基础、指标和制度建设,了解在校生学习体验和学校人才培养情况,引导教师潜心教书、安心育人;通过对学校办学方向、育人过程、学生发展等方面的审核,引导高校建立健全本科教育教学质量保障体系,培养德智体美劳全面发展的社会主义建设者和接班人,真正让立德树人落地生根。

在评估目的上,最重要的变化是从"教学评估"转变为"教育教学评估"。阐明新一轮审核评估从以往考察教学工作、教学要素转向考察教育教学、育人成效,重在解决教育与教学脱钩、评估与教改脱轨的问题,关注学生学习成效和教师教学效果,推动高校从制度设计到具体实施路径、全面落实"立德树人"根本任务。评估的根本目的在于帮助高校摸清教育教学现状,要求高校提高战略定位,以评估理念思考办学目标和使命,以评估举措推动学校优化育人体系;从评估要点出发,进一步提升高校人才培养能力,形成"招生—培养—就业"全链条联动的育人质量闭环管理和持续改进机制,实现本科教育教学质量由点到面、由阶段性到全过程、由短期"应试"到常态长效的全面保障。

在评估指标上,重点体现了立德树人要求,强化立德树人基础、指标和制度建设。对于第一类高校设置了党的领导一级指标,党的全面领导和社会主义办学方向二级指标,审核重点包括学校坚持党的全面领导,依法治教、依法办学、依法治校,围绕国家重大战略需求培养担当民族复兴大任的时代新人情况;学校坚持社会主义办学方向、贯彻落实立德树人根本任务、把立德树人成效作为检验学校一切工作的根本标准情况。设置了教育教学水平一级指标,其中思政教育二级指标,审核重点包括落实意识形态工作责任制,思想政治工作体系建设和"三全育人"工作格局建立情况;加强思想政治理论课教师队伍和思政课程建设情况,按要求开设"习近平总书记关于教育的重要论述研究"课程情况,将思政课专任教师与折合在校生比例大于等于 1∶350、生均思政工作和党务工作队伍建设专项经费大于等于 20 元、专职党务工作人员和思想政治工作人员总数与全校师生人数比例大于等于 1∶100、生均网络思政工作专项经费大于等于 40 元等 4 个指标作为必选项,保证思政教育的基本水平和质量。还增设教师、学生出现思想政治、道德品质等负面问题能否及时发现和妥当处置情况,教材选用工作出现负面问题的处理情况等"负面清单",以加强对学校办学方向、育人过程、学生发展等方面的审核。

在评估方法上,综合运用互联网、大数据、人工智能等现代信息技术手段,深度挖掘常态监测数据,采取线上与入校结合、定性与定量结合的方式,充分利用信息化手段,实行线上线下评估"一体化"。引入数据报告与同行评价两线并行、多方印证培养质量,构建以 1 份学校自评报告为主体、3 份教学过程性报告和 3 份就业结果性报告为两翼的"1+3+3"校内外评价框架,从招生、培养、就业等立体多维视角检视高校本科教育教学和人才培养成效。延伸了评价视角,在以往只注重过程性的"干了什么"基础上,更加强调对结果性的"做成了什么"的关注,充分挖掘教学质量监测数据平台、就业数据平台相关数据,有效引入了一线教师、在校学生以及毕业生和用人单位等不同利益相关方对学校教学工作、学生学习效果的评价,较为客观地呈现学生学习体验和教师教学效果,避免学校自说自话、自娱自乐的情况,为评估后整改和教学建设与改革明确了方向、依据。同时,教学质量监测数据平台提供同类高校、省内高校、双一流高校常模数据作为参照物,为高校提供相互比较分析依据,是学校内部质量保障的重要参考,系列报告为高校提供"既立足教育看教育,又跳出教育看教育"支撑,使专家有了旁证和多视角的数据,使评估更加精准,切实推动高校落实"以学生为中心"理念,打造菜单式、可定制的评估工具,与学校一起制定"个性化"评估方案,从注重"教得好"转向"学得好""发展好",提高人才培养质量。

在结果运用上,新审核评估通过加强与高校实际管理体制机制的对接和协同,强调高校党委对本科教育教学工作的全面领导,开展自上而下的系统设计来全面夯实人才培养根基、巩固本科教育教学核心地位,引导高校党委领导、校长主抓、院长落实、全员参与的教育教学工作,引导高校进一步系统化、体系化设计以学生为中心、以育人为主线的教育教学制度体系,推动学校凝聚、联动和升级以往校内松散的举措,明确校内全员育人职责,强化责任统筹、力量整合、系统推进,使"三全育人"落地生根[1]。新一轮审核评估凸显多元主体交往协商、形成共识的基本特征,变通常评估方与被评方的"猫鼠"关系为平等协商,充分尊重高校的自主选择权和专家的专业裁量权。评估考察的过程,是来自不同领域、不同部门的评估专家与参评高校一起,围绕影响和制约高质量教育体系建设的瓶颈短板,共商共研质量改进对策建议的过程。新审核评估强化评估整改,建立"问题清单",严把高校正确办学方向,落实本科人才培养底线要求,提出改进发展意见;建立"回头看"随机督导复查机制,对整改期内突破办学规范和办学条件底线的高校,采取约谈负责人等问责措施,切实让评估长牙齿、"硬起来",切实推动高校落实主体责任、建立持续改进长效机制,培育践行高校质量文化。

二、回归本科教育,关注学生高阶技能的培养

自科学研究和研究生教育进入大学以来,本科教育开始受到"挤压",政府和高校对科研的重视降低了本科教育的地位[2],"重视本科教育""回归本科教育"呼声不断。2015年10月,国家提出"双一流"建设目标,要求加快建设一批世界一流大学和一流学科,对双一流的建设内涵、目标、路径的分析和探讨在高等教育界开始出现。2016年初,在教育部高等教育教学评估中心组织的审核评估专家培训会上,时任中心主任吴岩研究员提出办世界一流大学,需要精准把握四个一流:一流大学、一流学科、一流本科、一流专业,一流大学是总目标,一流学科是重要条件,一流本科是根本,一流专业是基础。他认为一流大学和一流学科的建设,最重要的落脚点在于一流本科和一流专业。一流学科是一流大学的一个重要表征指标,是条件之一,而不是一流大学本身。有了一流学科,不等于就有一流大学;一流学科总体的加和,也不等于一流大学。对一个大学来说,科研非常重要,论文也非常重要,但比它们更重要、更根本、更本质的是人才

---

[1] 林蕙青,范唯.以评定向促强 加快建设高质量教育体系[N].中国教育报,2022-12-26(05).
[2] 贺国庆.美国研究型大学本科教育的百年变迁与省思[J].教育研究,2016(9):106-115.

第五章　构建基于学习成果的大学质量评价体系

培养。只有有一流的本科人才培养质量,一流学科和一流大学建设才有坚实的基础,中国高等教育质量才有实质性的提升;没有一流本科,建设一流大学是自娱自乐。他呼吁高水平大学回归本科教育,将本科教学和人才培养"捧在手里、抱在怀里、担在肩上、顶在头顶"[①],引发了全国高校对本科教育的关注和反思,掀起了高等教育界专家和学者回归本科教育大讨论的热潮。2016 年底,时任教育部部长陈宝生同志在教育部第 26 次咨询会上指出,提高教学水平,基础在本科。本科不牢,地动山摇。没有高质量的本科,就建不成世界一流大学。高校领导不抓教学,不是失职就是渎职,至少是不称职,抓质量就是抓责任、抓标准、抓激励、抓评估。回归本科教育在中国高等教育界开始达成共识。

　　的确,从世界高校产生和发展的历史看,本科教育一直是作为"大学的灵魂"存在着的,牛津大学学院制、导师制改革,洪堡大学科研与教学相结合,芝加哥大学"百科全书式"教学计划,哈佛大学通识教育红皮书等都体现了本科教育在世界一流大学中的立校之本地位。进入 21 世纪,英国、美国和不少世界超一流大学更是从战略层面提出全面回归本科教育。2001 年,博耶委员会根据对美国大学教育现状、经验、问题的分析提出《重建本科教育:美国研究型大学发展蓝图》,强调了在研究型大学中重建本科教育的重要意义[②]。2010 年,美国州立学院和大学协会提出红气球项目(Red Balloon Project),提出重塑公立高校本科教育,使大学从提供教学的机构转变为促进学习的机构,大学教师的角色由教学内容提供者转变为学习环境设计者[③]。2016 年 5 月,英国教育部发布了高等教育白皮书《知识经济体的成功:教学卓越、社会流动和学生选择》(*Success as a Knowledge Economy:Teaching Excellence, Social Mobility & Student Choice*),将卓越教学框架作为高校主要任务,提出以学生为核心提升教学质量,激发学生全部潜能促进毕业生就业[④]。不遗余力地进行本科教育改革,并把本科教育做到极致,是世界知名大学的选择[⑤]。忽视本科教育,仅关注科研成果和数据,大学会变得急功近利;轻视本科教育,在课堂上仅关注知识传授,忽视能力养成和

---

　①吴岩. 一流本科　一流专业　一流人才[J]. 中国大学教学,2017(11):4-12.
　②Boyer Commission. Reinventing undergraduate education:A blueprint for America's research universities[EB/OL]. (2016-12-29)[2019-12-01]. https://eric. ed. gov/? id=ED424840.
　③American Association of State Colleges and Universities. Red balloon project[EB/OL]. (2016-11-24)[2019-12-01]. http://www. aascu. org/programs/RedBalloonProject/.
　④Department for Business Innovation and Skills. Success as a knowledge economy:Teaching excellence, social mobility & student choice[EB/OL]. (2016-05-01)[2019-12-01]. http://dera. ioe. ac. uk/16100/.
　⑤邬大光. 重视本科教育:一流大学成熟的标志[J]. 中国高教研究,2016(6):5-10.

价值观的塑造，大学会变成失去灵魂的皮囊，沦为职业教育和产品制造工厂；一流本科教育是建设世界一流大学的重要基础和重要支撑，一流本科教育质量是大学办学声誉的重要载体①，没有一流的本科教育，一流大学建设就失去了基础和土壤，对本科教育地位和价值的理解深深影响着人才培养的目标、方法和效果。

在哈佛任教30多年、担任院长8年时间的学者哈瑞·刘易斯在《失去灵魂的卓越——哈佛是如何忘记教育宗旨的》一书中，从自己亲身经历出发，尖锐地批判了哈佛本科教育，认为它越来越像是"在饭店里向学生提供餐饮服务"，教学内容从实用主义出发，"而放弃了自己的根本任务——大学原本应该为社会培养原则性强、受人敬重的领导人；应该培养学生重要的价值观、性格、道德，让他们愿意为全世界人民的福祉而学习"②，这一观点引发了世界高等教育界对本科教育宗旨的反思浪潮。2015年，联合国教科文组织发布了《教育2030行动框架》，提出教育应保证受教育者的技能、价值观、人生观和知识体系的发展，使他们过上健康和充实的生活，能在工作和生活中做出明智的选择，并能应对地方和全球的生存挑战③。世界经济合作与发展组织建议各国高等教育培养学生"除了掌握具体的工作技能，还要发展高水平的认知和非认知/可迁移的技能，如问题解决技能、批判性思维、创造力、团队工作技能、沟通技能以及冲突解决技能"，这些技能适用于众多职业领域④。哈佛大学认为在通识教育和专业教育之间，本科教育的主要目标应更加侧重于实现人文教育，让学生学习人类文明最重要的成果，塑造他们的价值观，培养他们的基本能力，使他们成为心智健全的人⑤。2016年，斯坦福大学提出21世纪本科教育目标，是培养掌握知识，有卓越能力和责任感，能够适应学习的本科生⑥。相比较来说，我国高校本科教育的主要内容实际上更加侧重于知识的传授，而对学生的非认知技能和可迁移技能的培养、心智上的培养目标和内容的阐述还是相对缺失的，对人才培养质量的评价方法主要集中于学校基本教学条件和投入、师资队伍和教学过程，对学

---

①钟秉林,方芳.一流本科教育是"双一流"建设的重要内涵[J].中国大学教学,2016(4):4-8,16.
②刘易斯.失去灵魂的卓越——哈佛是如何忘记教育宗旨的[M].侯定凯,等译.上海:华东师范大学出版社,2012.
③胡佳佳,吴海鸥."教育2030行动框架"描画全球未来教育的模样[N].中国教育报,2015-11-15(03).
④OECD. The skills needed for the 21st century. OECD skills outlook 2013: First results from the survey of adult skills, chapter 1[EB/OL].（2016-05-06）[2019-12-01]. http://skills.oecd.org/documents/Skills0utlook_2013_Chapter1.pdf.
⑤过勇.本科教育的组织模式:哈佛大学的启示[J].高等教育研究,2016(1):64-73.
⑥王佳,翁默斯,吕旭峰.《斯坦福大学2025计划》:创业教育新图景[J].世界教育信息,2016(10):23-32.

生评价的主要内容集中于学生知识的掌握和应用,对于学生学习成果,特别是对高阶能力的评价仍处于刚刚开始探索的阶段。因此,引导高校回归本科教育,将本科教育作为立校之本,树立学生中心理念,调动各种资源、潜心培养本科生的高阶技能和素质,是构建大学质量外部保障体系的逻辑起点。

三、重塑能力框架,明确大学生核心学习成果及其标准

确定高等教育学生核心学习成果是学习成果评价的理论基础和实践基础。核心学习成果内涵包括两个方面,一是学生学习成果的内容,即哪些认知能力和技能是大学生需要学习和掌握的;二是这些能力和技能的具体内容和范围,即它们可以被分解为哪些具体的测量指标或者描述性的定义等。不同的历史时期,社会对大学生的质量认识不同,不过对学生学习成果的要求越来越具体,也越来越高。从国际高等教育经验和我国高等教育现状来看,除了知识的传授和学习之外,社会对大学生的高阶思维能力和素质教育更加重视,比如OECD组织的AHELO项目将批判性思维、问题解决、交流、团队合作能力作为国际大学生主要学习成果进行评价;加拿大高校将团队合作、问题解决、终身学习、读写、国际视野、交流、批判性思维等能力作为大学生主要学习成果进行评价;而我国最新的本科专业认证除了将基础知识和专业知识作为毕业要求进行评价之外,还将解决复杂问题能力、信息技术应用能力、职业素养、批判性思维和创新能力、沟通表达能力、团队合作能力、国际视野和国际理解能力、终身学习意识和自我管理等能力作为主要学习成果进行评价。结合国际经验和国家要求,高校可以结合自身实际情况和发展重点将学习成果内涵进行分解,本部分从知识技能、能力和素养三方面选择了10项可以有效评价的学习成果。选取的原则包括:第一,选取当前政府、用人单位、高校都非常重视的学习成果类别,以引导对本科教育教学的重视和改进;第二,选取可以通过直接或间接方法进行有效评价的学习成果,便于教师、学校收集有效证据呈现;第三,尽量避免学习成果之间的重复和相互覆盖;第四,每项学习成果可以进一步分解和阐明,以便对学习成果评价结果的理解和分析。这三类10项学习成果组成了大学生学习成果内涵体系,包括通用知识和技能、专业知识和技能,问题解决能力、创新思维能力、沟通交流能力、团队合作能力、国际视野、终身学习能力、公民素养、职业素养,其内涵和标准描述见表5-2。

表 5-2　大学生学习成果类别、内涵和标准

类别	内涵	标准
知识技能	通用知识和技能	具有广博的基础知识,掌握英语和计算机技术,能够恰当应用现代信息技术手段和工具。
知识技能	专业知识和技能	具有扎实的专业知识,掌握专业研究方法和专业技能,了解专业及相关领域最新动态和发展趋势。
能力	问题解决能力	能够对本专业领域复杂问题进行综合分析和研究,并提出合理对策或解决方案。
能力	创新思维能力	能够发现、辨析、评价本专业及相关领域现象和问题,提出有创新性的方案和观点。
能力	沟通交流能力	能够通过口头和书面表达方式与同行、社会公众,以及在跨文化背景下进行有效沟通。
能力	团队合作能力	能够在多学科背景成员组成的团队中承担个体、团队成员以及负责人的角色。
能力	国际视野	了解国际动态,关注全球性问题,理解和尊重世界不同文化的差异性和多样性。
能力	终身学习能力	具有自我管理、自主学习能力,通过不断学习适应社会和实现个人可持续发展。
素养	公民素养	具有社会责任感,践行社会主义核心价值观,具备好公民的基本知识文化素质、法律、自律意识和道德修养。
素养	职业素养	理解并遵守职业道德和职业行为规范,具有良好的职业道德和正确的职业价值观。

（一）知识技能

1. 通用知识和技能

通用知识和技能是指大学生掌握政策法规、人文知识和科学知识等知识,使用包括计算机、英语在内的各种工具和方法,有针对性地获取信息、筛选信息、利用信息的能力;要求学生具有广博的基础知识,掌握英语和计算机,能够恰当应用现代信息技术手段和工具。

2. 专业知识和技能

专业知识和技能是指学生具有扎实的专业相关知识,掌握专业研究方法和专业技能,了解专业及相关领域最新动态和发展趋势。

（二）能力

1. 问题解决能力

问题解决能力是指学生能够通过所掌握的知识和技能对本学科专业领域的复杂现实问题进行研究、分析,提出合理的解决方案,并对方案的合理性和结

果进行说明和预测的能力;要求学生能够对本专业领域的复杂问题进行综合分析和研究,并提出合理对策或解决方案。

2.创新思维能力

创新思维能力是指学生探索与发现事物的内部本质联系和规律的能力,是创新过程的高级阶段;要求学生能够发现、辨析、评价本专业及相关领域现象和问题,提出有创新性的方案和观点。

3.沟通交流能力

沟通交流能力是指对人际关系的感受、适应、协调和处理的能力,能够准确理解他人传达的信息,并能将自己的思想清晰、准确、适时表达出来;要求学生能够通过口头和书面表达方式与同行、社会公众,以及在跨文化背景下进行有效沟通。

4.团队合作能力

团队合作能力是指学生在组织中完成工作任务中表现出来的与人协作的能力[①];要求学生能够在多学科背景成员组成的团队中承担个体、团队成员以及负责人的角色。

5.国际视野

国际视野是指学生站在全球或更广阔的视角上认识和理解世界的能力;要求学生了解国际动态,关注全球性问题,理解和尊重世界不同文化的差异性和多样性。

6.终身学习能力

终身学习能力是指学生为适应社会和实现个体发展需要而持续学习的能力;要求学生具有自我管理、自主学习能力,通过不断学习适应社会和实现个人可持续发展。

(三)素养

1.公民素养

公民素养是指作为当代公民的大学生必须具备的价值观、素质和能力,以及在社会活动中需要遵守的行为规范;要求学生具有社会责任感,践行社会主义核心价值观,具备好公民的基本知识文化素质、法律、自律意识和道德修养。

2.职业素养

职业素养是指职业内在的规范和要求,是在从业过程中需要的综合品质;要求学生理解并遵守职业道德和职业行为规范,具有良好的职业道德和正确的职业价值观。

---

① 王济干,蒲晓东,等.大学生核心素质模型构建及提升路径研究[M].北京:人民出版社,2015:139-140.

标准是在学习成果评价中用于区分和判断表现的尺度,有利于变主观为客观,增强评价活动的科学性和公平性。标准是指导和规范教育实践活动的基本准则,同时也是衡量教育质量高低的评价依据。从概念上说,教育评价标准是一定时期内为实现既定教育目标而制定的教育质量规范,最大的特点应该是适用性和可操作性。评价标准标识了期待的学习成果达成度,评价标准和构成其基础的评分准则及其范例,是一种在学习成果评价中提供透明度的方式,可以有效向学生传达对他们的预期要求。在实践过程中,除了评价标准外,还需要制定由评价维度和表现水平描述交叉对应形成的二维矩阵表格,其中评价维度指评价的具体角度和方面,表现水平描述指对某一维度给出具体评价等级或分数段的含义,比如优秀、良好、及格和不及格分别指什么,这些描述应该能够在学生的作业、考试、陈述和报告等评价表现中被观察到,具体不抽象、全面不缺失,尽可能展现互斥性和区分度[①]。

四、加强多方参与,构建多主体协同评价机制

本质上,评价作为一种理性判断,是人类心智的产物。"评估并不是简单地在某一天就突然出现的,它是众多相互影响的建构和再建构发展的结果。"关于教育的评估同样如此。古贝(Guba E. G.)和林肯(Lincoln Y. S.)将教育评估分为了四代。第一代评估的核心特征是"测量",强调对调查变量进行技术性的测量。评价的结果就是测量的结果。第二代评估的核心特征是"描述",评价者的角色就是描述者,评估就是描述关于某些规定目标的优劣模式。此时,"测量"不再等于评价,而是作为评价的工具。第三代评估的核心特征是"判断",评价者扮演评判员的角色,根据绩效来划分人或事务的等级。评价实践中"测量"、"描述"与"判断"并非相互替代,今天在高等教育绩效评价中,早期的技术性和描述性功能依然存在。鉴于这三代评估中存在"管理主义的倾向、忽略价值的多元性以及过分强调调查的科学范式"三个重大缺陷,古贝和林肯提出了第四代评估的概念。第四代评估者承担了前三代评估者的角色,重新定义他们,并把他们融合成一个比以前更有技巧性的实践者。第一代的技师(测量专家、测试制造者和统计专家)转变成人类设备和人类数据分析师。第二代描述者角色转变成领路人和历史学家。第三代的判断者角色被转变成判断过程中的仲裁者;第四代评估要求评价者从控制者的角色转变成合作者。它以"响应"和"建构"为核心特征,强调在利益相关者参与的基础上决定要解决什么问题和

---

① 彭湃.规准与创新:大学生学习成果评价探究[M].武汉:华中师范大学出版社,2018:87-93.

第五章 构建基于学习成果的大学质量评价体系

收集什么信息,并从建构主义的视角赋予了评价全新的含义。第四代评估为评价者提供了一种新的思维和行动指南。它需要我们建构一种利益相关者协同机制,强调利益相关者的高度参与,强调评价过程的开放性,强调评价主体与评价对象之间的沟通和协调,共同参与创造高等教育质量或高等教育发展质量。质量评价是一种主体性描述,本质就是一种价值判断,但这种"判断"不是随意的,而是由评价主体发出并以评价主体内在尺度和需要为标准对评价客体的衡量而最终作出的价值判断。在评价过程中应根据评价目标采取不同的评价指标或方式,评价任务不仅包括评价指标选取、方法确定及评价有效性考察,还要构建完善的人才培养质量评价体系。当前评价实践较为薄弱,主要表现为评价指标体系设计盲目量化,评价内容选择不够全面,指标权重选择不够科学,以及涉及评价体系的内涵、理论模型、指标体系等关键性问题还没有得到协同考虑等。人才培养质量受到多种因素的影响,并且具有时滞性,难以构建一套统一的评价指标体系,但可以构建作为基础的评价指标核心框架。在支持高等学校教育追求高质量教育结果的同时,引导高等学校兼顾教育的过程,并通过相互间因果关系,使得高等学校把结果和结果的驱动因素串联起来,以期达到高等学校教育短期与长期的目标之间、落后与领先的评价指标之间,以及高等学校外部与内部质量之间的平衡。以人才培养的质量和效果为根本标准,建立高等学校教育质量发展现状、实施过程及结果的全链条式评价体系,还需要加强质量全面监管。通过学习成果现状评价,把握总体情况,明确高等教育和高校面临的机遇挑战、优势劣势;通过实施过程评价及时发现内部深层次问题与原因,尤其是对人才培养质量结果有关键影响的因素要全方位监测其落实情况,对可能存在的问题及时预防并精准施策;通过结果评价,以人才培养的质量和效果为根本标准,检验高等教育的短期发展目标与长期发展目标是否有效落实。哈佛大学教授卡普兰(Kaplan R. S.)开发的绩效评价体系——平衡计分卡,提出了使战略成为连续的过程等原则,主要目的是建立"实现战略制导"的绩效管理系统,保证战略得到有效的执行落实。人才培养质量评价具有多层次性,每层次有不同的战略目标,在全球、全国、各省份、各城市乃至各高等学校、学院之间均可进行横向或纵向不同维度的评价比较。在坚定落实立德树人根本任务前提下,引导各高等学校根据自身培养的目标导向,分层分类设计人才培养质量评价方案,科学设置指标权重。人才培养质量评价还具有多主体性,政府、社会、高等学校、学生和教师等均是利益相关者,根据需要选取不同的评价主体,满足多主体不同的价值诉求[①]。随着高等教育不断开放、学生个性化教育要求不断提升,人才培养的质量和规格不但要满足高校和专业要求,还要满足社会的期待和用人单位的需要。相互协调、以行动为先导、利益相关者积极参与的学习成果评价,有助于减少对评估有效性的怀疑。评价不是几个专家的任务,而是多主体合作活动,多利益相关者积极参与的评价,更不是一次性评价,而是贯穿于整个人才培养过程的持续性、常态化评价,大学的评价主体拓展到政府、用人单位和企业、第三方评价机构等校外领域,有助于评价的针对性和客观性。

探索建立多主体广泛参与的评价协同机制。一是构建多主体常态化合作机制。评价存在于动态的过程和结构中,它有赖于校内外利益相关者的密切合作和互动,应加强收集利益相关者的意见,包括各利益相关者在参与评价设计和实施过程、监督环节和反思活动时提出的建议意见,促使各方能基于共同信念开展评价工作,思想上的共识才能保证行动上的一致。评价起始阶段让重要的利益相关者(政府、学校、用人单位、校友、家长、第三方机构等相关群体)参与进来,鼓励每个群体提出感兴趣和需要深入了解的问题和事宜,作为评价框架设计的逻辑起点。建立利益相关者持续参与评价体系建设的运行机制,如定期召开例会、咨询会等,以达成共识并不断提升和完善评价指标和等级要求。探讨能够产生各类学生表现和学校育人成效证据的评价方法,确保关键的利益相关者能够理解并使用这些证据。

二是构建多主体常态化协商机制。高校教育数据信息远远超出以往,但很多数据信息并没有得到充分、有效的利用。这主要是因为现有的评价结果还没有被转化为行动从而提升教育质量和学生表现,或者说现有的评价结果还不够直观,很难被理解并直接转化为行动。加强利益相关者之间的交流和合作,在分析学习成果评价结果的过程中聚集利益相关者,询问他们是否对所关注的问题和主题有了答案,以及对接下来所采取的改进或提升计划。以透明、易于理解的形式向需要了解并采取行动的人呈现评估结果是提升评价结果利用效率的重要途径。构建起校内外评价主体间的协商机制,充分尊重学校的办学自主权和阶段性发展特点,组织利益相关者共享和共商评价结果,推进评价设计、实施和改进过程的有机联系和衔接,行动上的一致才能保证改进的协同性和有效性。引导和激励高校合理定位、各展所长、特色发展。

---

① 黄兆信,黄扬杰.创新创业教育质量评价探新——来自全国1231所高等学校的实证研究[J].教育研究,2019,40(7):91-101.

第三节　赋能育人的大学内部评价和质量保障战略[①]

大学存在着两种主要的高等教育哲学：一种哲学以认识论为基础，另一种哲学以政治论为基础[②]。从这一视角看，大学评价应该有两个目的：一是认识和了解学生的发展和进步，具有学术性和人文性；另一个是实现和促进学校的发展，具有服务性和工具性。近年来，我国评价政策法规不断完善、组织机构不断健全、评估项目不断丰富、理论探讨不断深入，在具体实施过程中却存在两个目的相矛盾、评价和育人两张皮的问题。一方面，评价结束意味着万事大吉，评价结果和数据常处于静止、孤立状态，较少用于教育教学一线，限制了评价引导学生发展这一人文性效用的发挥。另一方面，竞争性、选拔性、等级性的评价结果跟各种利益绑定、与资源分配挂钩[③]，放大了评价工具性的消极影响。实际上，当前教育评价改革面临的问题不在评价技术本身，而是在于评价背后的理念和逻辑。2020年，中共中央国务院印发的《深化新时代教育评价改革总体方案》指出，新时代教育评价的主要原则是发挥评价指挥棒作用，引导确定科学的育人目标，通过实施综合素质评价，改进结果评价，强化过程评价，促进学生全面发展。人才培养是高校的根本使命，高校所有事业都应以人才培养为中心，服务于育人使命，育人理应成为评价的最终目的。实现评价导向科学的育人目标，推进评价工具性和人文性相结合，发挥评价的工具性服务于大学的育人使命，通过评价认识学生的成长、赋能学生的成才，产生积极的育人成效，是新时代高等教育评价改革的核心任务。以成果为导向的学生评价是高校评价赋能育人的有效路径。学习成果评价关注学生个人发展，重在为学习者提供学习支持，引领下一步发展方向。从理念上看，成果是大学生的知识、技能、情感、态度等育人成效集合体，成果导向意味着以学生为中心，评价学生学了什么、能做什么，更加关注本科教育过程中学生的增值[④]；从实践上看，高校围绕育人目标和过程构建评价体系，集中多主体从多维度判断育人情况，以评价结果为依据对

[①] 陈凡.评价如何赋能育人——美国高校的经验[J].中国高教研究,2023(4):76-82.
[②] 约翰·S.布鲁贝克.高等教育哲学[M].王承绪,郑继伟,张维平,等译.杭州:浙江教育出版社,2002:143.
[③] 高江勇.大学教育评价中的过度量化：表现、困境及治理[J].中国高教研究,2019(10):61-67.
[④] 申天恩,申丽然.成果导向教育理念中的学习成果界定、测量与评估——美国的探索和实践[J].高教探索,2018(12):49-54.

育人要素进行不断调整和优化,育人成效得以提升。要实现评价赋能育人,核心育人目标和评价指标的一致性是前提条件,用多种方式的评价活动覆盖育人全过程是根本方法,依托专门组织和大数据分析平台构建多主体在评价过程中的协同合作机制是组织保障,而评价结果指向育人要素改进是关键核心。

一、评价指标与人才培养目标一致

以成果为导向的评价既注重呈现每个学生的学习表现,又注重通过评价结果来改进学生的学习成效,因此被赋予两层意义。一方面,评价以学生的知识和能力为对象,评价结果对学生和学校来说具有总结性意义,展现了评价工具性价值;另一方面,评价被嵌入学习过程中,主要目的在于改善学生的学习和发展状况,因此还具有成长性意义,发挥了评价的人文性作用。解决评价和育人两张皮问题,促进评价工具性和人文性相结合,应树立评价赋能育人理念,构建与人才培养目标相一致的评价指标体系,使评价的最终目的指向人才培养目标的达成和人才培养质量的提升。评价是基于目标的判断过程,人才培养目标来自社会的期待和学校的使命,来自教师在专业和课程设计时的意愿,来自学生自己的学习期望。明确的、共享的、可评价的培养目标是有益评价的基础。只有人才培养目标、教与学活动与评价活动相互呼应、协同开展,评价才能真正发挥育人作用,并促进专业教学和学习目标的达成以及学校使命的完成。完整有效的评价包括明确定义人才培养目标;选择能够实现人才培养目标的教学和学习方法;确定评价方法并实施评价,检查其与预期目标的吻合程度并进行改进。

从人才培养目标的层次看,国家、高校、专业、课程都有培养目标,不同层次的培养目标与不同层次的学习成果相对应,处于不同实体所涉及的内涵和范围各有不同。对学习成果本身进行分解,可以包含学生掌握的知识、技能、能力、素质、行为和价值观等内容,而课程、专业、高校和整个高等教育的学习成果都可以有不同的侧重点和描述方式,高等教育学习成果是由高校学习成果集合而成的,高校学习成果是由专业学习成果集合而成的,专业学习成果是由课程学习成果集合而成的,如图5-2所示。因此,课程学习成果是最小的单元,是最下位的学习成果,最能直接反映学习质量;专业学习成果受到课程体系设置和教师教学能力等方面的影响,最能直接反映学校教学质量。相对来说,越是下位的学习成果越具体,涵盖的细节越多,评价越客观准确,如教师在授课过程中可以通过学生的课堂表现、作业表现、考试、论文和毕业设计等对学生个体进行相对比较准确的评价,专家可以通过专业的培养方案、课程体系、课程考试作业档案、学生和用人单位访谈等方式对专业培养质量进行比较客观的评价;越是上位的学习成果越抽象,综合程度越强,评价对象越多,评价方法更加复杂,如对于一所大学进行学习成果评价和对全体毕业生进行学习成果评价,不但要有比较系统的评价设计,制定通用的评价标准,设置多元的评价指标,还要收集足够数量样本和证据,以及大量水平相当的评价者同时进行,难度较大。从高等教育层面看,学习成果由课程、专业和高校三个层面组成,而高校学习成果受到外部质量要求和高校人才培养目标的共同影响,对高校学习成果评价内容和标准的顶层设计是构建内部质量保障体系的前提。

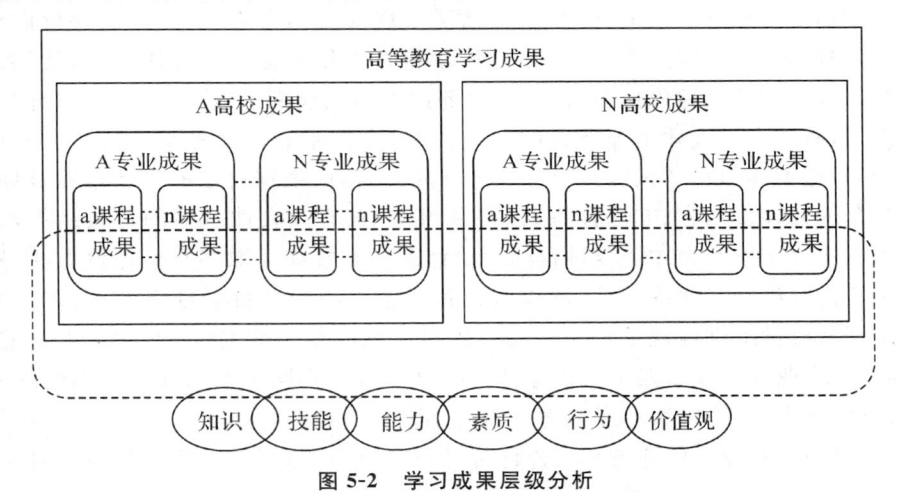

图 5-2 学习成果层级分析

从人才培养目标的内容看,高校的人才培养目标一般都由一系列核心能力构成,如沟通交流、团队合作、问题解决、批判性思维等。依据人才培养目标设计的评价指标一般包括两个方面,一是围绕核心能力确定评价内容;二是围绕评价内容确定等级标准,标准标识了期待能力的达到程度,能够有效向学生传达高校对他们的期待和要求,是一种提升评价有效度的方式。以核心能力作为评价指标,应从初级、中级、高级三个等级描述各项能力应该达到的标准,形成评价指标及等级标准体系,其中评价指标应指向学生完成学业需要具备的核心能力;等级标准是区分学生表现的依据。从对知识学习的要求看,初级标准主要关注学生对知识的呈现、观察、识别、说明,中级标准关注学生对知识的思考、分析、理解,高级标准关注学生对知识的应用、运用、创造。在课程和专业学习之前,教师应向学生们说明评价指标和等级标准,希望学生能够以达到高一级水平的标准为目标。人才培养目标和评价指标的一致性为评价有效赋能育人提供了前提条件,用与育人目标一致的指标开展的评价,其结果最终指向人才培养目标的达成与育人成效的提升。

二、评价活动嵌入大学学习全过程

在应对专业认证机构和质量保障组织的相对模糊和相互冲突的要求时,很多学校常常陷于一种"有效性文化"中,他们选择相信和完全依赖第三方评估力量,但这些评估并不一定能产生预期成果,还常常与学校政策和实践脱节。相反,以真正的学校需求以及提升学习成果质量为目的进行的评估,通常会产生有价值和实用的证据成果。高校内部制定完善的质量评价和保障体系,采用科学合理的质量评价和保障方法,将评估活动嵌入大学学习全过程,让评价内化成为学校和学院日常工作,人才培养质量将自然得到提升。总体上看,我国高校当前接受的外部评价偏多,自发的内部评价体系还未形成。要发挥评价的育人作用,有效引导人才培养质量的持续提升,高校不能仅从外部收集数据和评价结果,也不能通过考试这一单一方法开展评价,应根据自己的人才培养目标,设计合理的评价内容、方法体系,以得到可靠的、有人文性价值的育人结果,逐渐形成贯穿于整个人才培养过程的评价体系。高校应采取多类型评价方法,推动多评价主体开展评价活动,形成覆盖育人全过程的评价活动框架,为多角度判断育人质量提供客观依据。全过程评价以核心能力为对象,在学生入学前、学习中、毕业及毕业后四个阶段穿插或陆续展开。不同阶段的评价有不同的主体、方法和重点,评价活动嵌入育人全过程,主要方式包括学生自我评价、课程嵌入式评价、专业集体评价和校外评价等,评价活动与育人过程并非一一对应,而是根据育人进程和需要交替展开。

(一)学生自我评价

学生自我评价是指学生根据评价指标和标准对自己的学习能力、状态和结果进行自我判断。学习开始前,学校公开学习目标、评价指标以及等级标准,学生在诊断性评价中练习自我评价能力,逐渐学会评价自己的学习表现,了解自己的优缺点;在学习过程中,学生不断对照标准将自我评价内化为一种习惯,对学习进行自我监控,定期分析自己的学习情况,制定并优化学习计划。学生自我评价有利于唤醒和增强学生在学习中的主角意识,形成深度的自我认识,反思学习过程中存在的问题并找到可以改善的方式[1],更积极地为自身的学习承担责任,学生自我评价贯穿于育人全过程。

---

[1] Kinzie J. Colorado State University:A comprehensive continuous improvement system[EB/OL].(2011-08-09)[2020-07-12]. https://www.learningoutcomesassessment.org/wp-content/uploads/2019/08/ColoradoStateUniversity.pdf.

(二)课程嵌入式评价

课程嵌入式评价是指教师依托课程对学生的学习表现进行持续评价,主要在课程学习阶段开展。所谓"嵌入"是指教师在开展教学之前就将评价活动作为教学活动的一部分进行整体设计并在教学中实施。在课程学习过程中,教师根据知识内容安排不同的考察任务,如考试测验、撰写分析报告、写信、辩论、写申请书、书面沟通专业问题、写商业计划书、角色扮演、作品展和职业模拟等[①],并根据任务完成情况对学生进行评价。课程嵌入式评价是评价体系的最关键一环,评价方式取决于课程的性质、学习的目的以及教师对展示课程成果所需情境的设计。对学生来说,课程嵌入式评价与学习同时发生,评价不再是学习的终结,而是学习情况的实时呈现,可以成为下一阶段改进学习方法、提高学习能力的依据;对教师来说,课程嵌入式评价可以被整合到教学活动中,无需在课程中增添额外的环节,因此是一种高效的评价方法,不但有更强的指导性,也有更强的可操作性。

(三)专业集体评价

高校强调专业承担的集体育人责任,评价不仅是教师个人行为,更是专业和学校的集体行为,因此,学校在专业学习结束后,以专业为单位开展对学生的集中系统评价。专业集体评价体现在两个方面,一是教师们在分享教学和评价经验的基础上,合议学生如何以及是否达到专业要求、专业所需的能力以及必要的教学和学习活动等[②]。教授不同课程的教师组成评价共同体,共同分享他们观察到的学生表现,通过学生表现评估对专业课程体系的设计是否能够支撑学习目标的达成;课程体系是否连贯,有助于学生连续学习;专业教育对实现学习目标的支撑程度如何;专业学习是否有助于学校人才培养目标的实现等进行思考和判断。二是对学生整个受教育阶段的能力发展情况进行纵向的评价。学校为每位学生建立学习档案袋,将学生完成的课程作业、参研项目、研究报告、毕业论文、艺术作品、表演展示等学习过程资料和学习任务收集起来,像归档一样存放在一起,以便从更长时间、更多视角来评价育人结果。随着计算机的普及和网络技术的发展,很多学校还出现了更便捷的电子档案袋[③],扩大了储

---

① 赵炬明.关注学习效果:美国大学课程教学评价方法述评[J].高等工程教育研究,2019(6):9-22.
② Ertmer P A, Richardson J C. Peer feedback in a large undergraduate blended course: Perceptions of value and learning[J]. Journal of Educational Computing Research,2010,43(1):67-88.
③ Provezis S. LaGuardia Community College: Weaving Assessment Into the Institutional Fabric[EB/OL].(2012-06-09)[2021-06-11]. https://www.learningoutcomesassessment.org/wp-content/uploads/2019/08/LaGuardiaCaseStudy.pdf.

存容量，有益于检索查询和共同评价。基于学生的集成档案，专业教师评价共同体对不同时期的学生或同一学生在不同时期的学习情况进行纵向分析和横向对比，分析学生通过专业学习是否实现了学习目标，以及专业目标的实现程度如何，从而达到评价人文性和工具性的双重目的。

（四）外部评价

外部评价是指学校通过积极拓展评价信息来源、收集各类外部评价信息，了解学校育人结果，探究学校课程和学校文化如何影响育人成效，以及学位对于学生、用人单位和社会大众的意义，一般在学生毕业后开展。高校外部评价具体包括三种方式。一是客观数据分析，根据入学考试分数、报考人数、就业率和起薪、专业资格考试结果等量化数据对人才培养成效进行终结性评价，这类评价结果直观，数据便于收集和比较分析，是判断育人质量的重要依据。二是问卷调查，属于间接评价，调查对象包括用人单位、毕业生、学生和教师等。三是基准评价，即以量规为依据，构建由评价指标（内容）、评价标准（质量）以及评价等级（分数）构成的矩阵开展评价。

评价方法的确定和工具的开发影响学生学习成果评价的客观性和准确性，是构建学习成果评价体系的核心环节。在学习成果评价过程中，教师可以针对课程和学期不同阶段对学生进行连续的评价分析，以获得个体学生学习表现和增值的证据，以此证明学生学习和教学效果；专业可以通过直接和间接方法相结合的方式对学生的学习成果进行评价，根据不同的评价内容采用不同的评价方法，以便对专业学习成果表现进行更清楚全面的描述和解读；高校可以充分发挥校内教育技术人员的专业能力开发适合自身的评价方法，还可以借助国家或第三方外部质量评价机构进行数据分析和问卷调查，以便全方位了解学生学习成果质量表现情况。实际上，不同类别的学习成果并不一定有固定的评价方法与之相对应，图5-3将三类学习成果与五类评价方法进行了对应，实线连接的成果和评价方法表示两者之间的关系相对更加直接，即采用该种评价方法可以更加直接地呈现学习成果质量；虚线连接的成果和评价方法表示两者有相关性，但采用该种评价方法并不能直接反映和呈现学习成果质量，只能作为参考依据。在知识技能类学习成果评价上，学生的毕业论文、毕业设计和学生能力测试、课程考试最能直接反映[1]；在能力类学习成果评价上，毕业论文、毕业设计、学生能力测试和课程考试，毕业生、用人单位和学生问卷调查最能直接反

---

[1] 胡仲勋，沈红.本科生群体类型：基于学习成果的判别与特征[J].教育研究，2021(8)：116-131.

映;在素养类学习成果评价上,课堂表现、档案袋和毕业生、用人单位和学生问卷调查最能直接反映。而毕业率、升学率和学位授予率并不能直接反映学生个人学习成果的表现。从评价主体和评价方法的对应上看,统一测试是获取大学生整体学习成果最有效的手段,问卷调查是获取学生专业学习成果最有效的手段,课程测试和毕业论文是获取学生课程学习成果最有效的手段。

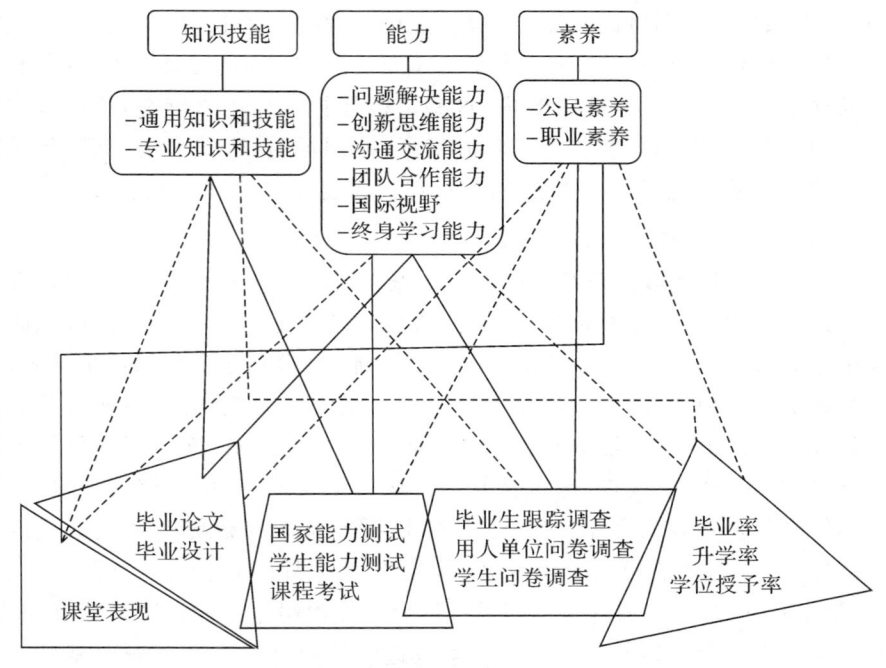

图 5-3 学习成果类别和评价方法对应关系

三、评价组织和大学育人主体协作

确定了评价目标对象、评价方法后,关键问题就是如何保证实施效果。新的评价战略给学校质量评价管理工作提出了变革性的要求,理念上的革新和变化需要学校高层管理人员、职能部门负责人和教学管理人员等对高校质量的管理和评价进行重新思考和定位,制定和形成相应的内部运行体制以保证学生学习成果评价的有效开展。我国高校有很多不同形式的评价,由不同职能部门负责组织和实施,但专业化程度不够高,也难以在全校范围内形成评价合力。高校应对内部质量保障体系进行审视和完善,构建以学习成果为导向的质量保障体系,以管办评分离为主要原则,最关键是设置独立行政管理部门,改革和完善现有的学生和教师评价体系,将学习成果作为师生评价的重要标准。建立有效的激励机制,充分调动教师的积极性,鼓励教师改变评价战略,从关注知识或信息获得的评价转向关注技能和能力获得的评价。高校通过设置专门的职能部门负责组织实施评价,建立结构化组织体系使学校领导层、行政管理部门、学院联动起来开展评价;研发专业的数据平台为评价提供数据共享和智能模式化分析;构建常态化合作和协商机制,组织用人单位、校友、家长等利益相关者共同设计和实施评价、共享和共商评价结果。有效合作和协商机制保证校内外育人主体共同参与评价以及与协同改进,这些举措能打破校内外壁垒,集中校内外评价资源,评价的组织者和实施者互联互通、同向同行,形成合力,保障评价赋能育人理念和活动框架的有效落地,形成评价赋能育人的组织保障。

(一)评价组织与协同运行机制

评价组织机构的专门化是高校评价赋能育人的组织基础,高校设置专业的评价组织和管理部门,如教师发展中心、教育评价中心、教学与学习中心、院校研究中心等,这些部门一方面承担评价组织职能,负责制定全校的评价计划,研发各类评价标准和量表,形成学校评价框架和流程[①];组织学院、专业教师和外部评价者开展评价实践,收集和反馈各类评价信息;另一方面承担评价研究职能,定期发布评价结果报告,组织召开评价研讨会,深度分析和解读评价结果,研究如何改善教学效果和学习效果,从学校层面思考出台提升育人成效的举措。此外,通过建立结构化的评价组织体系使校领导、职能部门、学院、专业和教师、学生联动起来,形成评价协同运行框架。评价组织结构清晰又相互协作,理论与实践相融合的多主体团队在探索改进和解决评价实践问题的基础上共同构建起适合本校实际的评价体系,提升评价的可操作性性和针对性,以及评价结果的全面性,为评价赋能育人奠定扎实的组织基础。

(二)大数据平台支持和协作机制

构建大数据平台是高校组织评价的普遍做法,最初的数据平台通过开展评价、收集和呈现数据信息支持教师教学和专业发展。随着评估运动的深入,如何利用评价产生的数据推动育人成效的提升成为大学更为关注的问题。高校在评价实施后建立闭环(closing the loop)优化评价过程,先收集评价结果和基础数据,分析这些数据以确定改进策略,实施改进,然后再次收集数据以衡量改

---

① Canon S, Thompson K, Walczak M. Assessment in Motion: Steps Toward a More Integrated Model[EB/OL]. (2020-09-19)[2021-09-30]. https://www.learningoutcomesassessment.org/wp-content/uploads/2020/09/CaseStudy-StOlafUpdate.pdf.

进措施的影响。升级后的数据平台拓展为一个集收集、汇总、呈现、研发、分析和创新等多功能于一体的大型数据共享交互平台,旨在加强教学、评价和教育创新之间的联系。平台以循证为基础,主要功能包括两个方面[1],一是公开评价框架和能力指标、评价方法与工具等;呈现数据,公布评价结果;报道学校各种评估动态,并提供不同学院、系、专业评价实践案例。二是智能分析和解释相关的评价数据。高校发现数据平台收集的来自校内外的评价数据信息并没有得到充分有效利用,评价结果还没有被转化为行动从而提升学生的表现,究其原因是现有的评价结果不够直观,很难被理解并直接转化为行动。随着机器学习的兴起,新平台致力于研发数据平台的智能分析功能,通过 Excel 软件、地理信息系统(geographic information systems)将数据分析从主观性向模式化转变[2]。模式化分析可以减轻评价主体分析评价结果产生的时间、精力负担以及对评价结果分析是否科学性的质疑,成为当前高校数据平台建设的主要趋势。

(三)评价合作和结果协商机制

随着大学的开放,人才培养的质量和规格不但要满足高校和专业要求,还要满足社会的期待和用人单位的需要。大学的评价主体也从教师拓展到校内管理、服务和研究人员,以及政府、用人单位和企业、第三方评价机构等校外领域。评价成为多主体合作活动,多利益相关者积极参与的评价,有助于评价的针对性和客观性。评价存在于动态的过程和结构中,它有赖于学生、教师、管理者和校外人士等利益相关者的密切合作和互动,应加强收集利益相关者的意见,包括各利益相关者在参与评价设计和实施过程、监督环节和反思活动时提出的建议意见,促使各方能基于共同信念开展评价工作,思想上的共识才能保证行动上的一致;还应加强利益相关者之间的交流和合作,构建起校内外评价主体间的协商机制,推进评价设计、实施和改进过程的有机联系和衔接,行动上的一致才能保证改进的协同性和有效性。高校评价体系应打破以往以教师为单一评价主体的模式,引入不同主体共同设计和实施评价、共享和共商评价结果[3]。具体举措是在评价起始阶段让重要的利益相关者(教师、学生、学校领导、管理人员、用人单位等相关群体)参与进来,鼓励每个群体提出感兴趣和需要深

---

[1] Carnegie Mellon University Eberly Center. Our approach[EB/OL]. (2022-11-09)[2023-09-01]. https://www.cmu.edu/teaching/approach/index.html.

[2] Larkin M J, Larkin G R. Achieving Excellence in Data Visualization[EB/OL]. (2017-12-09)[2023-03-01]. https://www.learningoutcomesassessment.org/wp-content/uploads/2019/04/AiP_LarkinLarkin.pdf.

[3] 钟伟军.多方评价不等于多元评价[J].教育发展研究,2020,40(19):13-16.

入了解的问题和事宜,作为评价框架设计的逻辑起点。建立用人单位、校友、学生、教师、家长等利益相关者持续参与评价体系建设的运行机制,如定期召开例会、咨询会等,以达成共识并不断提升和完善评价指标和等级要求。探讨能够产生各类学生表现和学校育人成效证据的评价方法,确保关键的利益相关者能够理解并使用这些证据。在分析评价结果的过程中再次聚集这群人,询问他们是否对所关注的问题和事宜有了答案,以及接下来可以采取的改进或提升计划。

四、评价结果指向育人要素改进

重评价、轻改进是评价工作中的通病,高校往往把评价看成一项任务,评价结束、万事大吉。以成果为导向的评价,提升人才培养质量是根本目的。在成果导向评价体系中,如何使用评价结果,将收集到的海量数据转化为支撑学生进步和发展的有效举措和行动指南、切实提升育人成效是关键环节。但是,由于评价结果内隐着"对谁而言"的主体言说立场,多元主体基于自身的信念、价值、目的等,对同一结果会得出有云泥之别的结论[①]。育人主体对学习质量的判断不同加大了评价结果解读的复杂化。如果忽略对评价主体的关注,只是单一化、孤立化地看待评价结果,评价结果就难以发挥改进育人成效的作用。当前的评价实际上是对前期育人工作的总结,是后续提升育人质量的起点。高校建立集体协商机制组织不同类型评价主体共同解读和讨论评价结果,引发学校、专业和教师对育人质量影响因素的深度分析,通过调整学生学习计划、优化教学内容和方法、重构课程体系、创新管理机制等方式推进教学、课程、管理等育人要素的全方位改进,构建闭环推进育人质量得到持续提升。高校一方面通过不同的评价方法得到对学生、课程、专业和学校等不同层面表现的评价结果,从不同层次和维度呈现了育人过程中的问题;另一方面通过建立的常态化集体协商机制,组织不同主体参与评价结果解读,使得对育人问题的分析和改进恰好又回到学生学习、教师教学、课程、管理等育人要素,从而扩大了评价结果可作用的范围,育人质量得到协同性、整体性的改进。

(一)学业支持和预警

评价指标和育人目标的一致性使学生从一开始就可以树立正确的发展观念和学习目标,更积极主动地学习。在教育过程中,教师通过观察学生表现,结合学生自我评价结果以及教师在课程教学、班级和学习环境中收集的评价证

---

① 时艳芳.高等教育评价结果:困境、反思与改进[J].重庆大学学报(社会科学版),2022,28(02):108-120.

据,记录学生在学习过程中的变化,客观分析育人成效。将等级标准与学生表现进行比照,及时发现有学业困难和障碍的学生,形成学业预警信息并及时干预并调整[①];通过专业集体讨论对影响育人成效的原因进行深入分析,帮助学生转变学习态度,树立学业目标,制定学习计划,建立学习信心,并指导学生对下一步学习做出调整和改进。

(二)教学内容和方法优化

课程嵌入式评价结果是教师开展教学改进的重要依据,课程评价结果能够帮助教师进一步理解课程和教学对学生的全面发展、个性发展、潜能释放和学习兴趣的重要意义。教师通过研究学生在知识学习和核心能力运用等方面的结果表现,解读学生知识和能力的掌握情况,针对学生薄弱环节调整教学方法和教学任务,如在课程中有针对性增加教学环节和教学活动,优化对学生的指导方式,提升课程质量和学生的学业收获;分析课程中无法支撑能力培养的设计,结合学科最新发展动态,更新教学资源,充分了解学生的现有基础和认知规律,对教学内容进行调整和重新整合,提升教学对育人目标的支撑程度和学习效果。

(三)课程体系重构

专业集体评价和用人单位评价结果往往反馈更加宏观的育人效果,一方面,专业集体评价和用人单位评价将专业课程作为一个整体,有利于专业形成系统性、连贯性、关联性、整体性课程体系,有利于知识学习体系的相互支撑和完整性;另一方面,专业集体评价和用人单位评价能够看出课程体系是否能够支撑育人目标的实现,是否能够支撑学生全面发展、成长成才的教育目的的实现,特别是对学科思维能力、运用知识创新等核心能力培养等的方面支撑。依据专业集体评价和用人单位评价结果,专业和学院能够对课程设计、实施和效果进行整体判断,形成可以完全支撑学生核心能力培养的课程结构。

(四)管理机制创新

面对学生生源的多样性和差异性,做到以学生为本,重要的是倾听学生的声音和想法、追寻学生的兴趣和特长、激发学生的学习热情,构建学习愿景,这些都需要将培养方案作为一个整体做好顶层设计。外部评价结果主要用于确定更加合适的学习目标和能力框架,即根据用人单位和校友反馈的信息,反思

---

①Provezis S. Augustana College: An Assessment Review Committee's Role in Engaging Faculty [EB/OL].(2011-07-09)[2021-07-30]. https://www. learningoutcomesassessment. org/wp-content/uploads/2019/08/AugustanaCollegeCaseStudy.pdf.

学校育人目标是否合理、核心能力组成能否满足社会发展新形势和新需要,以及学校追求卓越的核心价值;用于激励教师采用多元教学方法,开展人才培养模式改革和实践,促进教师专业化发展,培养更加优秀和卓越的人才;用于提升管理质量,改革管理和运行机制,提升管理效率,更好整合软硬件和教育资源为师生提供指导和服务等[①],以此形成评价赋能育人体系的有效运行和保障机制。

五、强化大学教师的评价素养

教师的参与意识和评价设计及实践能力对于评估和提升学习成果工作的有效性是非常关键的,但高校在这一方面存在很大的挑战。相对而言,很多教师在设计能够直接关联学习成果的课程以及制定完善的成果导向的学生学习评价体系方面没有太多经验。学校需要持续投入大量精力用于培养教师在学习成果评价方面的相关能力,并提供机会使得教师可以聚集在一起,共同探讨关于学生学习评价和改进问题。推动教师与学校学生管理部门、教学质量评价部门和服务保障部门开展实质性的合作,相互联合和配合,了解更多学生的学习情况和效果,成果评价就可以从为教与学"锦上添花"上升到"全方位改善"的地位。这种合作和转变对于培养学生学习的集体责任感,以及对于建立统一的专业人才培养标准和评价体系、探索和优化人才培养模式而言都具有重要的创新意义。

世界知名测试开发机构——美国教育考试服务中心(ETS)在开发测试的过程中,为了保证测试评价及其结果的效度和信度,正式测试前首先要对出题者和评价者进行培训和试判,以保证试题和评价的质量。而相对来说,大部分大学教师很少在出题和评价方面接受过专门的训练。在查阅我国高校本科教学审核评估和合格评估专家现场考查档案过程中,发现大部分专家认为课程试卷和论文情况不理想,主要问题包括课程考核方式不科学、试题涉及的范围和难度不合理、试卷和论文的结果分析不深入等问题,实际上是对试题和评价内容的质疑,这些质疑与教师的评价素养有关。所谓教师的"评价素养",是指教师应该具备全面的技能和理解力以设计高质量的评价任务,并使用评价标准和评价证据来辨别、监控和促进学生的学习,评判学生完成任务的质量[②]。对这些

---

① Jankowski N. Capella University: An outcomes-based institution[EB/OL]. (2011-08-13)[2021-12-12]. https://www.learningoutcomesassessment.org/wp-content/uploads/2019/08/CapellaUniversity-CaseStudy.pdf.

② 克兰诺斯基,怀亚特-史密斯.教育评价:标准、评判和调整[M].沈蕾,译.南京:江苏凤凰教育出版社,2016:2.

第五章　构建基于学习成果的大学质量评价体系

技能的掌握和理解为实现教育的公正奠定基础,也正是基于正义和公正的实现,评价才得以成为一个师生真正相互分享的共同事业,使全体学生,无论成长背景、学习天赋、学习成绩如何,最终都能从中获益。教育改革浪潮中,为了达到评价对学生学习情况的判断和促进的双重目的,加强系统和个人问责,区域或者国际标准的使用日趋频繁。大学教师需要拓展知识体系,掌握更为全面的有关评价的新知识、新技能,包括重新审视质量构成的重要因素,以及在基于标准的系统中协调评价和课程之间的关系。

始于20世纪70年代的"教师作为研究者"运动同样重视教师的评价素养,该运动倡导人之一舍恩主张教师应该成为善于思考的实践者,教师之间以及师生之间的交流应该成为对学生学业成绩和教师教学行为的连续性评价的组成部分[1]。教师理解和把握评价标准,与学生就评价标准达成共识,利用学习证据或评价数据来说明学生在整个课程或学年的学习表现,依此为学生下一步学习提供反馈信息,采取干预措施,引导学生制定学习框架,鼓励学生参与到自己的教学活动中,与学生共同构筑知识体系和能力体系,从而达到评价和改进的目的,这种提倡双方共同解决问题、创造并分享的评价具有非常积极的改善意义。教师需要具备的评价专业知识技能包括采用适当的评价技术和方式采集学生学习信息用于判断和反馈的能力,根据不同的评价目的合理使用评价工具的能力等。为了支持学习、有效地评价学习,教师需要具备的评价知识、能力和特征有[2]:

(1) 制定清晰的课程要求和考核方式,并向学生公开,使学生全面了解课程要求和目标,这是开展有效评价、制订教学计划和设计任务的基础。

(2) 课程开始前,对学生已经具备的知识和能力进行摸底,做到心中有数、调整有方。

(3) 在课程中注意收集学生的课堂学习证据,保证这些证据与人才培养目标和课程学习目标相一致,以便评价活动能够与教学和学习保持协调一致。

(4) 给学生布置的考核任务要考虑其挑战性,要平衡难度和广度。为学生提供机会以及各种方式和资源完成学习任务。

(5) 考虑学生的多元化,保证课程和评价计划能兼顾不同层次和不同背景

---

[1] Schon D. The reflective practitioner: How professionals think in action[M]. London: Maurice Temple Smith, 1983.

[2] 克兰诺斯基,怀亚特-史密斯. 教育评价:标准、评判和调整[M]. 沈蕾,译. 南京:江苏凤凰教育出版社, 2016:79-80.

的学生，为学生展示自己的学习成果提供多种机会和平台。

（6）与学生和家长保持良好的沟通，能够使他们明确学习目的和意义以及完成学习需要达到的认知要求，以提升教师开展教学活动的针对性。

（7）向学生说明或者与学生一起讨论学习标准，使学生能够学会对照标准来评价自己所完成的学习任务质量，帮助学生进行自评和互评。

（8）依据既定标准对学习成果进行评判，公开自己的评判结果，并开诚布公地与其他教师讨论样本学生的评价质量或者特征。

评价素养是教师专业能力的重要组成部分，它通过有效评价了解学生学习情况、得到反馈，让教师能及时调整教学方式，是提升教学和人才培养质量的关键一环，也是提升学生学习成效的重要方法。

六、加强学习成果评价文化建设

《美国传统词典》对"文化"一词的解释是"人类群体或民族世代相传的行为模式、艺术、宗教信仰、群体组织和其他一切人类生产活动、思维活动的本质特性的总和"。这一定义揭示了文化概念所包含的深与浅两个不同层面。较深层面的文化不易察觉，代表着一类人群共有的基本价值观念，即使成员不断增加和更新，这类文化也会得以延续和保持。较浅层面的文化主要是群体的行为方式，较易觉察。这两个不同层面的文化是相互作用和相互影响的，即共有的基本价值观念可以作用于群体的行为模式；同时，行为模式和实践活动也可以反作用于群体的基本价值观念。

质量文化是 20 世纪以来质量实践活动的自然结果，是质量实践逐步超越了其纯技术的范畴而演变成的一种文化现象。"质量文化"是指"以特定的民族文化为背景，群体或民族在质量实践活动中逐步形成的物质基础、技术知识、管理思想、行为模式、法律制度与道德规范等因素及其总和"[1]。质量文化由物质层面、行为层面、制度层面和道德层面构成，这四个层面按照从低到高的顺序共同组成了质量文化金字塔，如图 5-4 所示。其中，物质层面和行为层面具有较高的易觉察性，属于质量文化中的较浅层面；而制度层面和道德层面具有较低的易觉察性，属于质量文化中的较深层面。

---

[1] MBA 智库百科. 质量文化［EB/OL］.（2016-08-07）［2021-06-01］. http://wiki.mbalib.com/zh-tw/%E8%B4%A8%E9%87%8F%E6%96%87%E5%8C%96.

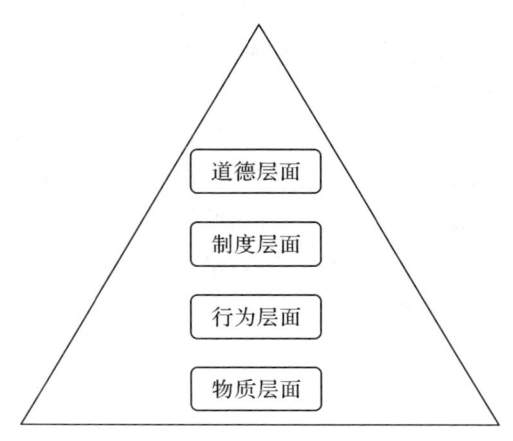

第五章 构建基于学习成果的大学质量评价体系

图 5-4 质量文化金字塔

对大学来说,文化的影响尤为重要。文化是大学的灵魂,潜移默化师生的思想和行为,它内化于办学理念和价值追求,外显于制度规范、行为方式和校园环境,是大学提升办学质量和特色发展的内在支撑①。质量文化是一种软实力,是支撑高校质量提升的精神力量。在高等教育高质量发展的背景下,我们应把加强高校质量文化建设提到重要位置,在高校质量管理实践中不断积累并形成学习成果质量文化的基本价值观、行为模式和制度体系。

(1)树立质量理念,增强高校质量保障的主体意识和责任,使提高质量成为高校履行职能和担当使命的内生动力。质量文化建设重在精神塑造,质量文化作为一种价值观、道德观、质量观的具体体现,是影响人们思想和行为的内在要素。要充分发挥以学习成果为主要依据的质量文化引领作用,必须引导高校树立人人崇尚学习成果质量、重视学习成果质量、追求学习成果质量的主体意识和责任,只有这样才能不断凝心聚力,推动高校质量提升事业向前发展。

(2)制定严格的质量管理体系,用行动传播质量意识,通过管理工具创新确立质量意识,靠组织机构贯彻质量意识,通过标准化、规范化体系强化质量意识,推动高校内部质量保障体系建设,形成质量保障的长效机制,逐步形成质量意识清、质量目标明、质量管理严、质量责任强的质量制度文化。质量文化建设重在讲求方法,学习成果质量文化建设只有与高校事业发展结合起来,才能彰显出强大的影响力。它应该与高校文化建设紧密结合,创建特色鲜明的高校质

①钟秉林.大学的走向[M].北京:商务印书馆,2015:374.

量文化体系;与高校质量管理体系建设紧密结合,促进高校人才培养模式的改革和人才培养质量的提升;与深化高校质量评价改革紧密结合,促进高校科学研究和人才培养质量协调发展,发挥质量评价的价值引领和导向作用。

(3)质量文化建设重在传承发展,大力推进高校学习成果质量文化建设,提升师生学习成果质量意识,形成自己特有的质量管理哲学理念,形成共同的价值观和取向。让自我保障、自我评估、自我监测成为大学的文化自觉,凝练成为一种质量文化,并升华成为一种大学文化,是质量文化的核心内容和最高境界,也是学校质量文化建设的最终目标。

参考文献

一、中文文献

[1] 本书编写组. 习近平总书记教育重要论述讲义[M]. 北京:高等教育出版社, 2020:7-16.

[2] 宾光富,李学军. 基于模糊层次分析法的设备状态系统量化评价新方法[J]. 系统工程理论与实践,2010(4):744-750.

[3] 博格. 高等教育中的质量与问责[M]. 毛亚庆,等译. 北京:北京师范大学出版社,2008:133-134.

[4] 博克. 回归大学之道:对美国大学本科教育的反思与展望[M]. 侯定凯,梁爽,陈琼琼,译. 上海:华东师范大学出版社,2008:187.

[5] 蔡国春. 美国院校研究的性质与功能及其借鉴[D]. 南京:南京师范大学,2004:139.

[6] 查建中,何永汕. 中国工程教育改革三大战略[M]. 北京:北京理工大学出版社,2009:72.

[7] 常桐善. 建构主义教学与学习评估方法的探讨[J]. 高教发展与评估,2008(3):47-55,76.

[8] 陈凡. 大学生学习成果评价研究[D]. 北京:北京航空航天大学,2017.

[9] 陈凡. 大学生可迁移技能评价:方法和影响机制——以加拿大女王大学为例[J]. 外国教育研究,2017,44(3):38-47.

[10] 陈凡. 高校内部质量保障:作用和成效——基于联合国教科文组织"IQA项目"案例的实证分析[J]. 中国高教研究,2016(9):23-28.

[11] 陈凡. 加拿大高校学生学习成果评价:理念和实现路径——基于安大略省6所院校的实践[J]. 外国教育研究,2016,43(4):49-58.

[12] 陈凡. 以学生为中心的教学何以可能——基于51所大学本科课堂现状的实证研究[J]. 高等教育研究,2017,38(10):75-82.

[13] 陈凡. 评价如何赋能育人:美国高校的经验[J]. 中国高教研究,2023(04):76-82.

[14] 陈凤.OECD高等教育学生学习成果评价研究[D].重庆:西南大学,2019:71-76.

[15] 陈涛.一种全新的尝试:高等教育质量测评的国际动向——OECD"高等教育学习成果测评"的设计与实施[J].比较教育研究,2015(2):30-37.

[16] 陈新忠,李忠云,胡瑞."以学生为中心"的本科教育实践误区及引导原则[J].中国高教研究,2012(11):57-63.

[17] 陈新忠.以学生为中心深化本科教学改革[J].中国高等教育,2013(13):50-52.

[18] 陈玉琨,代蕊华,杨晓江,等.高等教育质量保障体系概论[M].北京:北京师范大学出版社,2004:59.

[19] 谌晓芹.博洛尼亚进程之基本构件——学习成果及其意义[J].江苏高教,2012(1):82-84.

[20] 程海霞.基于高等教育学习结果的评估探析——以美国为例[J].大学(学术版),2010(6):84-89.

[21] 程星,魏署光.市场竞争中的高校评估及其范式的更新[J].高等教育研究,2008(9):33-42.

[22] 辞海编辑委员会.辞海(上)[M].上海:上海辞书出版社,1979.

[23] 辞海编辑委员会.辞海(缩印本)[M].上海:上海辞书出版社,1980.

[24] 大辞海编辑委员会.大辞海·心理学卷[M].上海:上海辞书出版社,2013.

[25] 中国大辞典编纂处.国语辞典[M].北京:商务印书馆国际有限公司,2011.

[26] 丁莹.加涅的学习结果分类概述[J].科教导刊(电子版),2014(31):33.

[27] 方海环,傅斌."以学生为中心"的多元化大学生学业评价体系研究[J].教育教学论坛,2013(16):273-275.

[28] 冯大鸣.西方教育管理21世纪进展研究[M].北京:高等教育出版社,2014:139-140.

[29] 高飞.欧洲高等教育机构内部质量保障:标准、进展与前景[J].江苏高教,2012(5):35-37.

[30] 高江勇.大学教育评价中的过度量化:表现、困境及治理[J].中国高教研究,2019(10):61-67.

[31] 龚放.本科教育质量:体制制约、内涵界定与维度补缺[J].大学教育科学,2012(5):29-33.

[32] 巩建闽,马应心,萧蓓蕾.基于成果的教育:学习成果设计探析[J].高等工程教育研究,2016(2):174-179.

[33]郭邦俊.高等教育评价观念的研究[D].武汉:华中师范大学,2001:4-7.
[34]郭建鹏,刘公园,杨凌燕.大学生学习投入的影响机制与模型——基于311所本科高等学校的学情调查[J].教育研究,2021(8):104-113.
[35]过勇.本科教育的组织模式:哈佛大学的启示[J].高等教育研究,2016(1):64-73.
[36]韩莹.美国大学生学习结果外部评估研究[D].开封:河南大学,2017:30-35.
[37]贺国庆.美国研究型大学本科教育的百年变迁与省思[J].教育研究,2016(9):106-115.
[38]侯定凯.作为一种信仰的本科教育——评德雷克·博克的《回归大学之道》[J].复旦教育论坛,2008(5):23-27.
[39]胡佳佳,吴海鸥."教育2030行动框架"描画全球未来教育的模样[N].中国教育报,2015-11-15(03).
[40]胡仲勋,沈红.本科生群体类型:基于学习成果的判别与特征[J].教育研究,2021(8):116-131.
[41]黄福涛.本科教育质量保证研究:历史与比较的视角[J].高等教育研究,2008(3):66-72.
[42]黄海涛,常桐善.美国高校学生学习成果评估的组织架构及其职能[J].高等教育研究,2014(3):98-104.
[43]黄海涛.美国高等教育中的"学生学习成果评估":内涵与特征[J].高等教育研究,2010(7):97-104.
[44]黄海涛.学生学习成果评估:美国高等教育质量保障研究[M].北京:教育科学出版社,2014:39-42.
[45]黄兆信,黄扬杰.创新创业教育质量评价探新——来自全国1231所高等学校的实证研究[J].教育研究,2019,40(07):91-101.
[46]贾莉莉."学生学习结果评价":美国高校教学质量评估的有效范式[J].高教探索,2015(10):63-67,97.
[47]蒋家琼,郑惠文,龚慧云.加拿大高校学生学习成果评估的内容、方法及启示[J].大学教育科学,2020(3):111-116.
[48]教育部高等教育教学评估中心.中国高等教育质量报告(2014年度)[M].北京:教育教学出版社,2016:130.
[49]教育部高等教育教学评估中心.中国工程教育正式加入《华盛顿协议》[EB/OL].(2016-06-06)[2021-06-01].http://www.heec.edu.cn/modules/

news_detail.jsp?id=106825.

[50] 克兰诺斯基,怀亚特-史密斯.教育评价:标准、评判和调整[M].沈蕾,译.南京:江苏凤凰教育出版社,2016:79-80.

[51] 李国强.高校内部质量保障体系建设的成效、问题与展望[J].中国高教研究,2016(2):1-11.

[52] 李奇.学习结果评估:本科教学质量保障的底层设计[J].复旦教育论坛,2012(4):56-60.

[53] 李薇,黑新宏,王磊.学习成果监控与评价机制的探索与实践[J].高等工程教育研究,2020(2):169-176.

[54] 李晓虹,朴雪涛.聚焦直接证据的美国本科学生学习成果评估——以美国大学联合会"VALUE项目"为例[J].外国教育研究,2019(9):116-128.

[55] 李昇飞,李艺辉.从分散走向一体化:美国高校学习成果评估模式新发展[J].现代大学教育,2021(4):77-84.

[56] 李志义.解析工程教育专业认证的学生中心理念[J].中国高等教育,2014(21):19-22.

[57] 林蕙青,范唯.以评定向促强 加快建设高质量教育体系[N].中国教育报,2022-12-26(5).

[58] 刘海燕,常桐善.美国大学学习成果评估:内涵、现状与挑战[J].高等教育研究,2015(7):97-102.

[59] 刘少雪,余天佐.工程教育的哪些学习成果更重要——基于工业界的调查研究[J].高等工程教育研究,2017(3):137-143.

[60] 刘声涛,赵万.高校学生学习成果评估的组织与实施——美国詹姆斯麦迪逊大学案例分析[J].大学教育科学,2019(6):96-101.

[61] 刘声涛."双一流"建设中推进学生学习成果评估改革的思考[J].大学教育科学,2017(6):38-41.

[62] 刘献君.论"以学生为中心"[J].高等教育研究,2012(8):1-6.

[63] 刘尧.21世纪中国高等教育发展趋势探析[J].高教研究,1997(4):10-14.

[64] 刘易斯.失去灵魂的卓越——哈佛是如何忘记教育宗旨的[M].侯定凯,等译.上海:华东师范大学出版社,2012:5.

[65] 刘毅,王邦勇."以学生为中心"的人才培养模式的更新与超越[J].教育探索,2012(6):14-15.

[66] 吕林海.国际视野下的本科生学习结果评估——对"评估什么"和"如何评估"的分析与思考[J].比较教育研究,2012(1):39-44.

[67]马彦利,胡寿平,崔立敏.当今美国高等教育质量评估的焦点:学生学习成果评估[J].复旦教育论坛,2012(4):78-84.

[68]梅基,博科斯基.博士生教育评估——改善结果导向的新标准与新模式[M].张金萍,娄枝,译.上海:上海交通大学出版社,2011:116-117.

[69]那宝魁.钢铁企业标准化管理体系[M].北京:冶金工业出版社,2015:317-318.

[70]彭江."学生学习成果"在发达国家高等教育中的使用及其启示[J].高等教育研究,2016(12):103-109.

[71]彭江.高等教育"学生学习成果"范式探析[J].重庆高教研究,2016(1):88-95.

[72]彭湃.规准与创新:大学生学习成果评价探究[M].武汉:华中师范大学出版社,2018:87-93.

[73]彭森明.大学校院如何推展学生学习成果评量[J].评鉴,2010(24):28-34.

[74]饶佩,周序.大学教师中心与学生中心的时代辨析[J].当代教育科学,2016(1):31-35.

[75]申天恩,申丽然.成果导向教育理念中的学习成果界定、测量与评估——美国的探索和实践[J].高教探索,2018(12):49-54.

[76]申天恩,张思量.成果导向教育理念中的学生学习成果表达与评量[J].黑龙江高教研究,2021(8):31-37.

[77]时艳芳.高等教育评价结果:困境、反思与改进[J].重庆大学学报(社会科学版),2022,28(02):108-120.

[78]苏锦丽."大学校院学生学习成果评估"相关内涵分析[J].评鉴,2009(21):58-62.

[79]苏锦丽.美国WASC采行的"学生学习成果本位评估模式"[J].评鉴,1998(22):37-41.

[80]孙超.对美国大学生学习产出研究的反思[J].高教发展与评估,2009,25(6):81-84.

[81]外研社学术与辞书出版分社.外研社精编英汉汉英词典[M].北京:外语教学与研究出版社,2010:513.

[82]王保进.建立学生学习成效评估机制之大学校务评鉴[J].评鉴,2010(26):56-58.

[83]王洪才.何谓"学生中心主义"?[J].大学教育科学,2014(6):62-66.

[84]王济干,蒲晓东,等.大学生核心素质模型构建及提升路径研究[M].北京:

人民出版社,2015:139-140.

[85] 王佳,翁默斯,吕旭峰.《斯坦福大学 2025 计划》:创业教育新图景[J].世界教育信息,2016(10):23-32.

[86] 王建成.美国高等教育认证制度研究[M].北京:教育科学出版社,2007:148.

[87] 王建华.论高等教育的高质量评估[J].教育研究,2021(7):127-139.

[88] 王丽丽,温恒福.大学生学习成果评估研究[J].教育评论,2014(5):81-83.

[89] 王小青,王九民.中国大学生学业成就评估研究:二十年的回顾(1998—2017 年)[J].苏州大学学报(教育科学版),2018(3):62-73.

[90] 王兴宇.美国高校学生学习成果评估的价值转向[J].高教发展与评估,2019(5):27-37.

[91] 王卓."双一流"背景下 AHELO 项目在我国高等教育中的应用前景研究[D].西安:陕西师范大学,2017:32.

[92] 魏红,钟秉林.我国高校内部质量保障体系的现状分析与未来展望——基于 96 所高校内部质量保障体系文本的研究[J].高等工程教育研究,2009(6):64-70.

[93] 沃特斯,布尔.牛津中阶英汉双解词典[M].5 版.刘常华,等译.北京:商务印书馆,2016:960.

[94] 邬大光.重视本科教育:一流大学成熟的标志[J].中国高教研究,2016(6):5-10.

[95] 吴伟强.面向制造业企业的质量改进与顾客互动机制[D].杭州:浙江大学,2001:7-10.

[96] 吴岩.打好全面振兴本科教育攻坚战[EB/OL].(2019-01-28)[2020-01-19].http://edu.yunnan.cn/system/2019/01/28/030189121.shtml.

[97] 吴岩.构建中国特色高等教育质量保障体系[M].北京:教育科学出版社,2014.

[98] 吴岩.一流本科一流专业一流人才[J].中国大学教学,2017(11):4-12.

[99] 吴智泉.美国高等院校学生学习成果评价研究[M].北京:知识产权出版社,2019:101-108.

[100] 习近平.把思想政治工作贯穿教育教学全过程,开创我国高等教育事业发展新局面[N].中国教育报,2016-12-09(01).

[101] 夏欢欢,钟秉林.大学生学习结果评价:高等教育质量保障的新视角[J].中国高等教育,2018(12):21-24.

[102] 新华汉语词典编委会.新华汉语词典[M].北京:商务印书馆国际有限公

司,2004:127-128.

[103] 新华社.中共中央 国务院印发《深化新时代教育评价改革总体方案》[EB/OL].(2020-10-13)[2021-04-01].http://www.gov.cn/xinwen/2020-10/13/content_5551032.htm.

[104] 熊耕.透视美国高等教育中的学生学习结果评价[J].比较教育研究,2012(1):33-38.

[105] 徐联恩,林明吟.成果导向教育(OBE)的教育改革及其在美国实践的经验[J].教育政策论坛,2005(2):55-74.

[106] 许爱红.基于证据的学校持续改进[D].济南:山东师范大学,2013:24-44.

[107] 闫寒冰.以学生为中心教学的评价方法[J].全球教育展望,2001(11):8-12.

[108] 阳铃.英国"以学生为中心"的高校教学质量建设研究[D].南昌:江西师范大学,2013:6-13.

[109] 杨彩霞,邹晓东.以学生为中心的高校教学质量保障:理念建构与改进策略[J].教育发展研究,2015(3):30-36,44.

[110] 杨帆,许庆豫."教师中心"与"学生中心"教学理念辨析——基于中小学教师的问卷调查[J].高等教育研究,2015(12):78-86.

[111] 杨启光,潘秀秀.美国大学生学习成果评估的内容范畴与测量工具论析[J].现代大学教育,2019(1):56-62.

[112] 杨怡斐.美国高校学生学习成果评估模型研究[J].高等工程教育研究,2013(4):116-121.

[113] 约翰·S.布鲁贝克.高等教育哲学[M].王承绪,郑继伟,张维平,等译.杭州:浙江教育出版社,2002:143.

[114] 英国柯林斯出版公司.柯林斯COBUILD高阶英汉双解学习词典[M].柯克尔,等译.北京:外语教学与研究出版社,2011:1856.

[115] 于志凌.面向持续改进任务的组织行动模型研究[M].哈尔滨:哈尔滨工程大学出版社,2011:10-11.

[116] 张建功,杨怡斐.美国高校学生学习成果评估模型研究[J].高等工程教育研究,2013(4):116-121.

[117] 张男星,张炼,王新凤,等.理解OBE:起源、核心与实践边界——兼议专业教育的范式转变[J].高等工程教育研究,2020(3):109-115.

[118] 张男星.以OBE理念推进高校专业教育质量提升[J].大学教育科学,2019(2):11-13.

[119]张悦.经合组织高等教育学习成果测评(AHELO)项目研究[D].长春:东北师范大学,2019:42.

[120]赵凡凡.加州大学伯克利分校本科课程学习成果评估研究[D].西安:西安外国语大学,2018:35-39.

[121]赵炬明.关注学习效果:美国大学课程教学评价方法述评——美国"以学生为中心"的本科教学改革研究之六[J].高等工程教育研究,2019(6):9-23.

[122]赵炬明.论新三中心:概念与历史——美国SC本科教学改革研究之一[J].高等工程教育研究,2016(3):35-56.

[123]中国工程教育专业认证协会.工程教育认证办法[EB/OL].(2016-12-20)[2021-06-01].http://www.ceeaa.org.cn/main! newsTop.w? menuID=01010701.

[124]中国工程教育专业认证协会.工程教育认证学校工作指南[EB/OL].(2016-06-08)[2021-06-01].http://www.ceeaa.org.cn/main! newsTop.w? menuID=01010704.

[125]中国工程教育专业认证协会.认证标准[EB/OL].(2016-06-08)[2021-06-01].http://cn.ceeaa.org.cn/column.php? cid=17.

[126]中国工程教育专业认证协会.协会概况[EB/OL].(2016-12-20)[2021-06-01].http://www.ceeaa.org.cn/main! newsJumpView.action? menuID=01010301&ID=1000000581.

[127]钟秉林,方芳.一流本科教育是"双一流"建设的重要内涵[J].中国大学教学,2016(4):4-8,16.

[128]钟秉林,周海涛.国际高等教育质量评估发展的新特点、影响及启示[J].高等教育研究,2009(1):1-5.

[129]钟秉林.大学的走向[M].北京:商务印书馆,2015:374.

[130]钟伟军.多方评价不等于多元评价[J].教育发展研究,2020,40(19):13-16.

[131]钟周,郭琳汇,张莞昀,等.内地高校港澳台本科生学习性投入情况与学习结果研究——以清华大学2014年在校生群体为例[J].高教探索,2016(1):82-88,94.

[132]周琪琪.加拿大安大略省高校学生学习成果评价体系研究[D].重庆:西南大学,2021:35.

[133]周善忠.制造业面向持续改进的集成质量系统研究[D].天津:天津大学,2005:5.

[134]周廷勇,杜瑞军,张歆雨.美国大学生学习成果标准化评估工具的分析研究[J].复旦教育论坛,2014(5):84-90.

[135]朱建军.层次分析法的若干问题研究及应用[D].沈阳:东北大学,2005:3-6.

[136]朱欣."以学生为中心"教育理念的历史审视与价值定向[J].现代教育管理,2012(4):6-9.

[137]MBA智库百科.质量文化[EB/OL].(2016-08-07)[2021-06-01]. http://wiki.mbalib.com/zh-tw/%E8%B4%A8%E9%87%8F%E6%96%87%E5%8C%96.

[138]Stiggins R J.促进学习的学生参与式课堂评价[M].4版.国家基础教育课程改革"促进教师发展与学生成长的评价研究"项目组,译.北京:中国轻工业出版社,2005:86.

二、英文文献

[1]About D2L[EB/OL].(2015-02-15)[2019-12-01]. http://www.d2l.com/about/?_ga=1.33699297.1953408068.1426409130.

[2]Adam S. An introduction to learning outcomes in EUA Bologna Handbook[M].Berlin:Raabe,2006.

[3]Adam S. Using learning outcomes:Outlook of the nature, role, application perspectives[M].New York:Holt,Rinehart,and Winston,2019:79.

[4]Adelman C. To image a verb:The language and syntax of learning outcomes statements [EB/OL].(2013-11-12)[2019-12-01]. http://learningoutcomesassessment.org/documents/OccasionalPaper24.pdf.

[5]Alhamad B M,Aladwan A. From externally to internally driven quality assurance:The effects on quality and employability at the University of Bahrain[C]. Policy Forum Higher Education Quality and Employability:How can Internal Quality Assurance Contribute,Xiamen,China.2016.

[6]Allen C. Alverno College:Lessons from an Assessment Pioneer[EB/OL].(2016-07-09)[2020-09-30]. https://www.learningoutcomesassessment.org/wp-content/uploads/2019/08/AlvernoCaseStudy.pdf.

[7]Alverno College Faculty. Ability-Based Learning Outcomes:Teaching and Assessment at Alverno College (Sixth Edition)[M]. Milwaukee,WI:Alverno College Insititute,2005:13-18.

[8] American Association of Law Libraries. Writing learning outcomes[EB/OL].（2014-12-31）[2021-12-01]. http://www.aallnet.org/prodev/outcomes.asp.

[9] American Association of State Colleges and Universities. Red balloon project[EB/OL].（2016-11-24）[2019-12-01]. http://www.aascu.org/programs/RedBalloonProject/.

[10] Association of American Colleges and Universities(AAC&U). Assessing outcomes and improving achievement: Tips and tools for using rubrics[EB/OL].（2020-10-22）[2021-12-01]. https://www.aacu.org/value/rubrics/inquiry-analysis.

[11] Astin A W. Assessment for excellence: The philosophy and practice of assessment and evaluation in higher education[M]. Phoenix, AZ: Oryx,1993.

[12] Barr R B, Tagg J. From teaching to learning: A new paradigm for undergraduate education[J]. Change Magazine,1995,27(6):13-25.

[13] Bers T H. The role of institutional assessment in assessing student learning outcomes[J]. New Directions for Higher Education,2008(141): 31-39.

[14] Bessant J, Caffyn S. High-involvement innovation through continuous improvement[J]. International Journal of Technology Management,1997, 14(1):7-29.

[15] Biggs J, Tang C. Teaching for quality learning at university[M]. 3rd ed. London: McGraw Hill,2007:12.

[16] Biggs J. Aligning teaching and assessing to course objectives[R]//Teaching and Learning in Higher Education: New Trends and Innovations. Aveiro: University of Aveiro,2003.

[17] Biggs J. Enhancing teaching through constructive alignment[J]. Higher Education,1996(32):347-364.

[18] Biggs J. Teaching for quality learning at university[M]. Buckingham: Open University Press,2003:15-18.

[19] Black P, William D. Inside the black box: Raising standards through classroom assessment[M]. London: Kings College,1998:139-149.

[20] Bloom B S, Engelhart M D, Furst E J. Taxonomy of educational objec-

tives. Volume I:The cognitive domain[M]. New York:McKay,1956.

[21] Bloom B S, Masia B B, Krathwohl D R. Taxonomy of educational objectives (volume II):The affective domain[M]. New York:McKay,1964.

[22] Boer H, Berger A. CI changes from suggestion box to organizational learning:continuous improvement in Europe and Australia[M]. London:Ashgate Publisher,2000:89-97.

[23] Boyer Commission. Reinventing undergraduate education:A blueprint for America's research universities[EB/OL].(2016-12-29)[2019-12-01]. https://eric. ed. gov/? id=ED424840.

[24] Brookhart S. How to assess higher-order thinking skills in your classroom[M]. Alexandria:ASCD,2010:98-121.

[25] Brown S,Knight P. Assessing learners in higher education[M]. London:Kogan,1994.

[26] Brown S. Institutional strategies for assessment[M]//Brown S, Glasner A. Assessment matters in higher education. Buckingham:SRHE and OU Press,1999:1-13.

[27] Canon S, Thompson K, Walczak M. Assessment in Motion:Steps Toward a More Integrated Model[EB/OL].(2020-09-19)[2021-09-30]. https://www. learningoutcomesassessment. org/wp-content/uploads/2020/09/CaseStudy-StOlafUpdate. pdf.

[28] Carnegie Mellon University Eberly Center. Our approach[EB/OL]. (2022-11-09)[2023-09-01]. https://www. cmu. edu/teaching/approach/index. html.

[29] Critical thinking assessment test[EB/OL].(2016-04-05)[2019-12-01]. https://www. tntech. edu/cat.

[30] Curriculum design and renewal[EB/OL].(2016-03-10)[2019-12-01]. http://www. queensu. ca/ctl/what-we-do/learning-outcomes-coursecurriculum-design-and-review/curriculum-design-and-renewal.

[31] Dave R H. Developing and writing behavioural objectives[M]. Tucson, Arizona:Educational Innovators Press,1970.

[32] Deming W E. The new economics for industry,government and education [M]. Cambridge, Mass:Massachusetts Institute for Technology Press, 1993.

[33] Department for Business Innovation and Skills. Success as a knowledge e-

conomy:Teaching excellence, social mobility & student choice[EB/OL]. (2016-05-01)[2019-12-01]. http://dera. ioe. ac. uk/16100/.

[34] DfES. Effective provision for gifted and talented students in secondary education[M]. Nottingham:DfES Publications,2007:8-9,15-18,35.

[35] Ecclestone K. Empowering or ensnaring? The implications of outcome-based assessment in higher education[J]. Higher Education Quarterly, 1999(1):29-48.

[36] Edwards D. The AHELO experience-implementation,outcomes and learning from an Australian perspective[EB/OL]. (2016-10-22)[2019-12-01]. https://www. nier. go. jp/06_jigyou/symposium/i_sympo25/pdf/7_Edwards/paper_e. pdf.

[37] Eisner E W. The educational imagination[M]. New York:Macmillan, 1979:103.

[38] Ertmer P A, Richardson J C. Peer feedback in a large undergraduate blended course:Perceptions of value and learning[J]. Journal of Educational Computing Research,2010,43(1):67-88.

[39] European Commission. Education and training monitor 2012[R]. Luxembourg:Publishing Office of the European Union,2012:40.

[40] European standards and guidelines for quality assurance in European higher education area[EB/OL]. (2015-10-12)[2019-12-01]. http://www. enqa. eu/index. php/home/esg/.

[41] Ewell P T. Assessing educational outcomes:New directions for institutional research[M]. San Francisco:Jossey-Bass,1985:47.

[42] Faouzi B, Lansari A, Al-Rawi A,et al. A novel outcome-based educational model and its effect on student learning, curriculum development, and assessment[J]. Journal of Information Technology Education,2003(2): 203-214.

[43] Finnie R, Usher A. Measuring the quality of post-secondary education: Concepts, current practices and a strategic plan[EB/OL]. (2005-04-01) [2019-12-01]. http://citeseerx. ist. psu. edu/viewdoc/download; jsessionid=D19F334AA0D165942E774770873BD303? doi=10. 1. 1. 382. 8230&rep=rep1&type=pdf.

[44] Frank B M, Kaupp J A. Multi-method longitudinal assessment of trans-

ferrable intellectual learning outcomes[C]. 122nd ASEE Annual Conference & Exposition. Paper ID♯13653,2015:78-81.

[45]Fry H, Ketteridge S, Marshall S. A handbook for teaching and learning in higher education[M]. London: Kogan Page,2000:51.

[46]Fulks A. Assessing student learning in higher education[EB/OL]. (2017-01-09)[2021-12-01]. http://online. Bakersfieldcollege. edu/courseassessment/Section2-background/Section2-2what assessmet. htm.

[47]Furman G C. Administrators' perceptions of outcome-based education: A case of study[J]. International Journal of Educational Management,1995, 9(6):32-42.

[48]Ganseuer C, Pistor P. From tools to a system: The effects of internal quality assurance at the University of Duisburg-Essen[C]. Policy Forum Higher Education Quality and Employability: How can Internal Quality Assurance Contribute, Xiamen, China. 2016.

[49] Gonzalez J, Wagenaar R. Universities' contribution to the Bologna Process: An introduction[M]. 2nd ed. Madrid, Spain:Publications de la Universidad Deusto,2008.

[50]Guskey T. The importance of focusing on student outcomes[J]. NCA Quarterly, 1992,66(3):507.

[51] Harden R M. Developments in outcome-based education[J]. Medical Teacher, 2002,24(2):117-120.

[52]Harden R M. Learning outcomes and instructional objectives: Is there a difference? [J]. Medical Teacher,2002,24(2):151-155.

[53]Harden R M. Outcome-based education: The future is today[J]. Medical Teacher,2007(29):625-629.

[54]Harlen W, James M. Assessment and learning: Differences and relationships between formative and summative assessment[J]. Assessment in Education,1997,4(3):365-379.

[55]HEQCO. Annual report 2012/2013[EB/OL]. (2014-12-29)[2019-12-01]. http://www. heqco. ca/SiteCollectionDocuments/heqco _ AR13 _ EN _ final. pdf.

[56]HEQCO. Learning outcomes assessment: A practitioner's handbook[EB/OL]. (2015-03-10)[2019-12-01]. http://www. heqco. ca/SiteCollection-

Documents/heqco. LOAhandbook_Eng_2015. pdf.

[57]HEQCO. Learning outcomes assessment consortium[EB/OL]. (2014-12-10)[2019-12-01]. http://www. heqco. ca/en-ca/Research/LearningOutcomes/Pages/loac. aspx.

[58] HEQCO. Learning outcomes assessment consortium—Durham College [EB/OL]. (2014-12-10)[2019-12-01]. http://www. heqco. ca/SiteCollectionDocuments/LOAC-DurhamCollege. pdf.

[59]HEQCO. Learning outcomes assessment consortium—George Brown College [EB/OL]. (2014-12-10)[2019-12-01]. http://www. heqco. ca/SiteCollectionDocuments/LOAC-GBC. pdf.

[60]HEQCO. Learning outcomes assessment consortium—Humber College [EB/OL]. (2014-12-10)[2019-12-01]. http://www. heqco. ca/SiteCollectionDocuments/LOAC-HumberCollege. pdf.

[61]HEQCO. Learning outcomes assessment consortium—Queen's University [EB/OL]. (2014-12-10)[2019-12-01]. http://www. heqco. ca/SiteCollectionDocuments/LOAC-QueensUniversity. pdf.

[62]HEQCO. Learning outcomes assessment consortium—University of Guelph [EB/OL]. (2014-12-10)[2019-12-01]. http://www. heqco. ca/SiteCollectionDocuments/LOAC-UniversityofGuelph. pdf.

[63]Higher education: Students at the heart of the system[EB/OL]. (2011-09-20)[2015-05-30]. https://www. physoc. org/sites/default/files/page/340-closedconsultationsSept2011HE%20WhitePaper.

[64]Hussey T, Smith P. Learning outcomes: A conceptual analysis[J]. Teaching in Higher Education, 2008(1):107-115.

[65]Hutchings P. Principles of good practice for assessing student learning [J]. Assessing Update,1993(5):6-7.

[66]Jackson N. Programme specification and its role in promoting an outcomes model of learning[J]. Active Learning in Higher Education,2000,1 (2):132-151.

[67]Jankowski N. Capella University: An outcomes-based institution[EB/OL]. (2011-08-13)[2021-12-12]. https://www. learningoutcomesassessment. org/wp-content/uploads/2019/08/CapellaUniversityCaseStudy. pdf.

[68]Jenkins A, Unwin D. How to write learning outcomes[EB/OL]. (2015-12-

31)[2019-12-01]. http://www. ncgia. ucsb. edu/education/curricula/gis-cc/units/format/outcomes. html.

[69] Juran J M. The new steps for planning quality into goods and services [M]. New York: McGraw-Hill, 1992:65-72.

[70] Kaliannan M. Empowering students through outcome-based education (OBE)[J]. Research in Education,2012(87):50-53.

[71] Klein S P, Kuh G, Chun M, et al. An approach to measuring cognitive outcomes across higher-education institutions[J]. Research in Higher Education,2005(46):251-276.

[72] Kinzie J. Colorado State University: A comprehensive continuous improvement system[EB/OL]. (2011-08-09)[2020-07-12]. https://www.learningoutcomesassessment. org/wp-content/uploads/2019/08/ColoradoStateUniversity. pdf.

[73] Kolomitro K,Gee K. Developing effective learning outcomes: A practical guide[EB/OL]. (2016-03-18)[2019-12-01]. http://www. queensu. ca/ctl/what-we-do/learning-outcomes-coursecurriculum-design-and-review/learning-outcomes-program-and-course.

[74] Kuh G D, Jankowski N. Knowing what students know and can do: A current state of student learning outcomes assessment in U. S. colleges and universities[EB/OL]. (2016-05-28)[2019-12-01]. http://www. learningoutcomeassessment. org/documents/2013％ 20Survey％ 20Report％ 20Final％2010-20. pdf.

[75] Kuh G D. What student affairs professionals need to know about student engagement[J]. Journal of College Student Development,2009,50(6):683-706.

[76] Kuria M, Marwa S M. Shaping internal quality assurance from a triple heritage: The effects on quality and employability at Daystar University, Kenya[C]. Policy Forum Higher Education Quality and Employability: How can Internal Quality Assurance Contribute, Xiamen, China. 2016.

[77] Lamagna C, Villanueva C C. At the forefront of internal quality assurance:The effects on quality and employability at the American International University-Bangladesh[C]. Policy Forum Higher Education Quality and Employability: How can Internal Quality Assurance Contribute, Xia-

men,China. 2016.

[78]Lange L,Kriel L. Integrating internal quality assurance at a time of transformation:The effects at the University of Free State,South Africa[C]. Policy Forum Higher Education Quality and Employability:How can Internal Quality Assurance Contribute,Xiamen,China. 2016.

[79]Larkin M J, Larkin G R. Achieving excellence in data visualization[EB/OL]. (2017-12-09)[2023-03-01]. https://www. learningoutcomesassessment. org/wp-content/uploads/2019/04/AiP_LarkinLarkin. pdf.

[80] Library W P. Directorate-generalfor education and culture[EB/OL]. (2005-05-08) [2019-12-01]. http://ec. europa. eu/education/programmes/socrates/ects/doc/guide_en. pdf.

[81]Lipscomb P E. Quality system development-managing implementation of continuous quality improvement[C]. ASQC, The 48th Annual Quality Congress Transactions, Las Vedas:American Society for Quality Control,1994:548-557.

[82]Liu Q. Outcomes-based education initiatives in Ontario postsecondary education[EB/OL]. (2015-04-21)[2019-12-01]. http://www. heqco. ca/en-ca/Research/ResPub/Pages/Outcomes-Based-Education-Initiatives-in-Ontario-Postsecondary-Education-Case-Studies. aspx.

[83]Loacker G, Roger G. Assessment at Alvemo College, student, program institutional[M]. Milwankee, WI:Alvemo College Institute,2005:4-33.

[84]Maki P. Developing and assessment plan to learn about student learning [J]. Journal of Academic Libraianship,2002(28):8-13.

[85]Mohamad S, Tukiran Z, Hanifa R M, et al. An evaluation of assessment tools in outcome-based education:A way forward[J]. Journal of Education and Vocational Research,2012(11):336-343.

[86]Mohanty R P, Dahanayka N. Process improvement:Evaluation of methods[J]. Quality Progress, 1989, 22(9):45-58.

[87]Moon J. The module and programme development handbook[M]. London:Kogan Page Limited,2002.

[88]OECD. AHELO brochure[EB/OL]. (2013-10-25). http://www. oecd. org/edu/skills-beyond-school/AHELO%20Brochure. pdf.

[89]OECD. Assessment of higher education learning outcomes feasibility stud-

y report (volume 1): Design and implementation[EB/OL]. (2013-12-22). http://www.oecd.org/edu/skills-beyond-school/AHELOFSReportVolume1.pdf.

[90]OECD. Assessment of higher education learning outcomes feasibility study report (volume 3): Further insights[EB/OL]. (2013-12-22). http://www.oecd.org/edu/skills-beyond-school/AHELOFSReportVolume3.pdf.

[91]OECD. The skills needed for the 21st century. OECD skills outlook 2013: First results from the survey of adult skills, chapter 1[EB/OL]. (2016-05-06). http://skills.oecd.org/documents/SkillsOutlook_2013_Chapter1.pdf.

[92]Provezis S. Augustana College: An assessment review committee's role in engaging faculty[EB/OL]. (2011-07-09)[2021-07-30]. https://www.learningoutcomesassessment.org/wp-content/uploads/2019/08/AugustanaCollegeCaseStudy.pdf.

[93]Provezis S. LaGuardia Community College: Weaving assessment into the institutional fabric[EB/OL]. (2012-06-09)[2021-06-11]. https://www.learningoutcomesassessment.org/wp-content/uploads/2019/08/LaGuardiaCaseStudy.pdf.

[94]Ramsden P. Learning to teach in higher education[M]. London: Routledge, 2003.

[95]Richard N B. What color is your parachute? 2012: A practical manual for job-hunters and career-changers[M]. Berkeley California: Ten Speed Press, 2011: 76-86.

[96]Robinson N, Vickers S. Monitoring and assessing transferable skills[C]. The Workshop on Integration of Transferable Skills in TVET Curriculum. Teaching-Learning and Assessment. Bangkok: VTCT UK, 2014.

[97]Ross V. From transformative outcome based education to blended learning[J]. Futures, 2012(44): 148-157.

[98]Saaty T. Decision making with the AHP: Why is the principal eigenvector necessary[J]. European Journal of Operational Research, 2003, 145(1): 85-91.

[99]Schon D. The reflective practitioner: How professionals think in action[M]. London: Maurice Temple Smith, 1983.

[100]Shavelson R J. A brief history of student learning assessment: How we

got where we are and a proposal for where to go next[J]. Change, 2007, 39(1):26-33.

[101]Shavelson R J. A brief history of student learning assessment: How we got where we are and a proposal for where to go next[M]. Washington DC: Association of American College and University, 2007.

[102]Simpera N, Kauppb J, Frank B, et al. Development of the transferable learning orientations tool: Providing metacognitive opportunities and meaningful feedback for students and instructors[J]. Assessment & Evaluation in Higher Education, 2015, 41(8):1159-1175.

[103]Simpson E. The classification of educational objectives in the psychomotor domain: The psychomotor domain(3)[M]. Washington DC: Gryphon House, 1972.

[104]Spady W G, Marshall K J. Beyond traditional outcome-based education [J]. Educational Leadership, 1991, 49(2):67-72.

[105]Spady W G. Organizing for results: The basis of authentic restructuring and reform[J]. Educational Leadership, 1998, 56(2):4-8.

[106]Spady W G, Marshall K J. Light, not heat, on OBE[J]. The American School Board Journal, 1994(181):29-33.

[107]Stefaniak J E, Tracey M W. An exploration of student experiences with learner-centered instructional strategies[J]. Contemporary Educational Technology, 2015, 6(2):95-112.

[108]Taylor F M. Argue about student learning outcomes[J]. Cambridge Education Review, 2000(9):83.

[109]Toohey S. Designing courses for higher education[M]. Buckingham: SRHE and OU Press, 1999.

[110]Transferable learning orientations (TLO) survey[EB/OL]. (2016-06-21)[2019-12-01]. http://www.queensu.ca/qloa/assessment-tools/transferable-learning-orientations-tlo-survey.

[111]Tuning Educational Structures in Europe. Competences[EB/OL]. (2016-05-09)[2019-12-01]. http://www.unideusto.org/tuningeu/competences.html.

[112]UNESCO. The education for all development index[EB/OL]. (2013-08-27)[2019-12-01]. http://www.unesco.org/new/fileadmin/MULTIME-

DIA/HQ/ED/pdf/gmr2012-edi introduction.

[113] Valid assessment of learning in undergraduate education (VALUE) rubrics[EB/OL]. (2016-04-21)[2019-12-01]. http://www.queensu.ca/qloa/assessment-tools/value-rubrics-0.

[114] Vettori O, Ledermüller K. Developing a quality culture at Vienna University of Economics and Business through internal quality assurance: The effects on quality, employability, and management[C]. Policy Forum Higher Education Quality and Employability: How can Internal Quality Assurance Contribute, Xiamen, China. 2016.

[115] Villalobos P, Honorato F. Mainstreaming internal quality assurance with management: The effects on quality and employability at the University of Talca, Chile[C]. Policy Forum Higher Education Quality and Employability: How can Internal Quality Assurance Contribute, Xiamen, China. 2016.

[116] Weingarten H P. Managing for quality: Classifying learning outcomes [EB/OL]. (2014-02-13)[2019-12-01]. http://blog-en.heqco.ca/2014/02/harvey-p-weingarten-managing-for-quality-classifying-learning-outcomes/.

[117] Wu D G, Xie Z X. Enhancing teaching and learning through internal quality assurance: The effects on quality and employability at Xiamen University, China[C]. Policy Forum Higher Education Quality and Employability: How can Internal Quality Assurance Contribute, Xiamen, China. 2016.

[118] Yerevan communiqué[EB/OL]. (2015-11-10)[2019-12-01]. http://www.uibk.ac.at/bologna/bologna-prozess/dokumente/yerevan-communique_final.pdf.

[119] Yntema T. Transferable skills and abilities[J]. Journal of Business, 1958,31(2):91-94.

附 录

附录一 杭州师范大学本科生学习情况调查

亲爱的同学,感谢你参与本次调查!本问卷主要了解你本学期的在学情况,你的回答有助于学校了解你的切实需求,以便为你创造一个更有帮助的学习环境,填写时请在你的答案所在方框内打√。谢谢!

对你填答的信息,我们将严格遵守《中华人民共和国统计法》予以保密。

1. 在本学期中,你参与以下课堂活动的频率怎样?

课堂活动	非常频繁 ▼	频繁 ▼	有时 ▼	从不 ▼
a. 课堂上积极回答问题	□	□	□	□
b. 课堂上就某一研究主题作预先准备的报告	□	□	□	□
c. 没有完成阅读量或作业任务就进入课堂	□	□	□	□
d. 在课堂上和其他同学合作完成老师布置的任务	□	□	□	□
e. 课后与同学讨论作业/实验/课题	□	□	□	□

2. 在本学期中,你的课程是否强调以下方面?

课堂活动	非常强调	强调	有点强调	不强调
a. 记忆课程中的事实、观点或方法				
b. 分析一个观点、经验或理论中的基本要素				
c. 综合许多观点和信息,组织成新表达或关系				
d. 运用理论或概念到实际问题或新问题情境				

3. 在本学期中,你完成了多少阅读和写作?

学习情况	无 ▼	1~4 ▼	5~10 ▼	11~20 ▼	>20 ▼
a. 阅读教材或参考书数量/本	□	□	□	□	□
b. 完成课程论文(报告)/篇	□	□	□	□	□

4. 在常规的一周中,你在下列各项活动中各花费多少时间?(单位:小时/周)

活动内容	0 ▼	1~10 ▼	11~20 ▼	21~30 ▼	>30 ▼
a. 上课	□	□	□	□	□
b. 为课程做准备	□	□	□	□	□
c. 兼职	□	□	□	□	□
d. 参加课外活动	□	□	□	□	□
e. 休闲和社交活动	□	□	□	□	□
f. 体育运动	□	□	□	□	□

5. 在本学期中,你与教师的交流情况怎样?

交流情况	非常频繁 ▼	频繁 ▼	有时 ▼	从不 ▼
a. 和任课教师讨论成绩评分或课业	□	□	□	□
b. 和辅导员/班主任讨论职业规划	□	✓	□	□
c. 和辅导员/班主任讨论人生观和价值观等问题	□	□	□	□

6. 你认为自己的学习动力最主要来源于(限单选):

a. 探索知识的兴趣

b. 升学/就业

c. 父母和老师的期望

d. 学校氛围和同学影响

e. 国家和社会的使命感

7. 选出你认为最激发你努力程度的选项(限单选):

a. 考试

b. 论文、作业

c. 课题研究

d. 汇报、展示、表演

e. 比赛、奖励、荣誉

8. 选出最能代表你与同学关系的选项:

不友好、不支持、疏离感 ▼				友好、支持、归属感 ▼
1 □	2 □	3 □	4 □	5 □

9. 你在学校的经历是否使你在以下方面得到了提高?

各项能力	极大提高 ▼	较大提高 ▼	有一点提高 ▼	没有提高 ▼
a. 扎实的专业知识和技能	□	□	□	□
b. 良好的书面写作能力	□	□	□	□
c. 良好的沟通交流能力	□	□	□	□
d. 批判性思维力	□	□	□	□
e. 组织领导能力	□	□	□	□
f. 和他人展开有效合作	□	□	□	□
g. 解决真实情境中的复杂问题	□	□	□	□

10. 你的平均学业表现位于(以下为班级排名):

□＜10％

□10％～40％

□41％～60％

□61％～80％

□＞80％

11. 你对本学期的课程感到满意吗?

□非常满意　　　□满意

□不太满意　　　□非常不满意

12. 你如何评价你在学校接收到的学业指导质量?

□非常好　　　□良好

□一般　　　　□不好

13. 你对自己未来学业的期望是(限单选):

□能顺利毕业找到一份好工作

□出国攻读硕士学位

□国内攻读硕士学位

□没想过/走一步算一步

14. 如果有机会重新选择,你仍会选择就读杭州师范大学吗?

□绝对会　　　□可能会

□可能不会　　□绝对不会

15. 你的年龄:□□

16. 你的性别:　□男　□女

17. 请填写你就读的学科：
☐ 理科
☐ 工科
☐ 医科
☐ 人文学科
☐ 社会学科
☐ 经管学科
☐ 历史学科
☐ 哲学
☐ 艺术学科

18. 你现在就读大学几年级？
☐ 一年级　　☐ 二年级
☐ 三年级　　☐ 四年级

19. 上学前，你家所在地属于：
☐ 直辖市、省会城市　　☐ 地级城市
☐ 县城、镇区　　　　　☐ 农村

20. 哪一项是你父母的最高受教育程度？

父亲　母亲
☐　　☐　高中未毕业
☐　　☐　高中毕业
☐　　☐　取得大学本科（学士）学位
☐　　☐　取得硕士研究生学位
☐　　☐　取得博士研究生学位

21. 上一年你家所有成员的总收入大约是多少万元？
☐ 1～10
☐ 11～20
☐ 21～35
☐ ＞35

22. 你对学校、学院、专业或者教师有什么建议？

附录二 普通高等学校本科教育教学审核评估实施方案(2021—2025年)

为深入学习贯彻习近平总书记关于教育的重要论述和全国教育大会精神,落实中共中央、国务院印发的《深化新时代教育评价改革总体方案》和中共中央办公厅、国务院办公厅《关于深化新时代教育督导体制机制改革的意见》,引导高校遵循教育规律,聚焦本科教育教学质量,培养德智体美劳全面发展的社会主义建设者和接班人,制定普通高等学校本科教育教学审核评估(以下简称审核评估)实施方案(2021—2025年)。

一、指导思想

以习近平新时代中国特色社会主义思想为指导,全面贯彻落实党的教育方针,坚持教育为人民服务、为中国共产党治国理政服务、为巩固和发展中国特色社会主义制度服务、为改革开放和社会主义现代化建设服务。全面落实立德树人根本任务,坚决破除"五唯"顽瘴痼疾,扭转不科学教育评价导向,确保人才培养中心地位和本科教育教学核心地位。推进评估分类,以评促建、以评促改、以评促管、以评促强,推动高校积极构建自觉、自省、自律、自查、自纠的大学质量文化,建立健全中国特色、世界水平的本科教育教学质量保障体系,引导高校内涵发展、特色发展、创新发展,培养德智体美劳全面发展的社会主义建设者和接班人。

二、基本原则

(一)坚持立德树人。把牢社会主义办学方向,构建以立德树人成效为根本标准的评估体系,加强对学校办学方向、育人过程、学生发展、质量保障体系等方面的审核,引导高校构建"三全育人"格局。

(二)坚持推进改革。紧扣本科教育教学改革主线,落实"以本为本""四个回归",强化学生中心、产出导向、持续改进,以评估理念引领改革、以评估举措落实改革、以评估标准检验改革,实现高质量内涵式发展。

(三)坚持分类指导。适应高等教育多样化发展需求,依据不同层次不同类型高校办学定位、培养目标、教育教学水平和质量保障体系建设情况,实施分类评价、精准评价,引导和激励高校各展所长、特色发展。

（四）坚持问题导向。建立"问题清单"，严把高校正确办学方向，落实本科人才培养底线要求，提出改进发展意见，强化评估结果使用和督导复查，推动高校落实主体责任、建立持续改进长效机制，培育践行高校质量文化。

（五）坚持方法创新。综合运用互联网、大数据、人工智能等现代信息技术手段，深度挖掘常态监测数据，采取线上与入校结合、定性与定量结合、明察与暗访结合等方式，切实减轻高校负担，提高工作实效。

三、评估对象、周期及分类

（一）评估对象和周期。经国家正式批准独立设置的普通本科高校均应参加审核评估，其中：新建普通本科高校应先参加普通高等学校本科教学工作合格评估，原则上获得"通过"结论5年后方可参加本轮审核评估。

审核评估每5年一个周期，本轮审核评估时间为2021—2025年。

（二）评估分类。根据高等教育整体布局结构和高校办学定位、服务面向、发展实际，本轮审核评估分为两大类。高校可根据大学章程和发展规划，综合考虑各自办学定位、人才培养目标和质量保障体系建设情况等进行自主选择。

1. 第一类审核评估针对具有世界一流办学目标、一流师资队伍和育人平台，培养一流拔尖创新人才，服务国家重大战略需求的普通本科高校。重点考察建设世界一流大学所必备的质量保障能力及本科教育教学综合改革举措与成效。

2. 第二类审核评估针对高校的办学定位和办学历史不同，具体分为三种：一是适用于已参加过上轮审核评估，重点以学术型人才培养为主要方向的普通本科高校；二是适用于已参加过上轮审核评估，重点以应用型人才培养为主要方向的普通本科高校；三是适用于已通过合格评估5年以上，首次参加审核评估、本科办学历史较短的地方应用型普通本科高校。第二类审核评估重点考察高校本科人才培养目标定位、资源条件、培养过程、学生发展、教学成效等。

四、评估程序

审核评估程序包括评估申请、学校自评、专家评审、反馈结论、限期整改、督导复查。

（一）评估申请。高校需向教育行政部门提出申请，包括选择评估类型和评估时间。中央部门所属高校（包括部省合建高校，下同）向教育部提出申请。地方高校向省级教育行政部门提出申请，其中申请参加第一类审核评估由省级教育行政部门向教育部推荐。

教育部普通高等学校本科教育教学评估专家委员会（以下简称教育部评估专家委员会）审议第一类审核评估参评高校。

（二）学校自评。高校成立由主要负责人任组长的审核评估工作领导小组，落实主体责任，按要求参加评估培训，对照评估重点内容和指标体系，结合实际和上一轮评估整改情况，制订工作方案，全面深入开展自评工作，形成《自评报告》并公示。

（三）专家评审。评估专家统一从全国审核评估专家库中产生，人数为15—21人。原则上，外省（区、市）专家人数不少于评估专家组人数的三分之二、专家组组长由外省（区、市）专家担任。采取审阅材料、线上访谈、随机暗访等方式进行线上评估，在全面考察的基础上，提出需要入校深入考察的存疑问题，形成专家个人线上评估意见。专家组组长根据线上评估情况，确定5—9位入校评估专家，在2—4天内重点考察线上评估提出的存疑问题。综合线上评估和入校评估总体情况，制订问题清单，形成写实性《审核评估报告》。

通过教育部认证（评估）并在有效期内的专业（课程），免于评估考察，切实减轻高校负担。

（四）反馈结论。教育部和各省级教育行政部门分别负责审议《审核评估报告》，通过后作为评估结论反馈高校，并在一定范围内公开。对于突破办学规范和办学条件底线等问题突出的高校，教育部和有关省级教育行政部门要采取约谈负责人、减少招生计划和限制新增本科专业备案等问责措施。教育部每年向社会公布完成审核评估的高校名单，并在完成评估的高校中征集本科教育教学示范案例，经教育部评估专家委员会审议后发布，做好经验推广、示范引领。

（五）限期整改。高校应在评估结论反馈30日内，制订并提交《整改方案》。评估整改坚持问题导向，找准问题原因，排查薄弱环节，提出解决举措，加强制度建设。建立整改工作台账，实行督查督办和问责制度，持续追踪整改进展，确保整改取得实效。原则上，高校需在两年内完成整改并提交《整改报告》。

（六）督导复查。教育部和各省级教育行政部门以随机抽查的方式，对高校整改情况进行督导复查。对于评估整改落实不力、关键办学指标评估后下滑的高校，将采取约谈高校负责人、减少招生计划、限制新增本科专业备案和公开曝光等问责措施。

五、组织管理

教育部负责制定审核评估政策、总体规划，统筹协调、指导监督各地各校审核评估工作。委托教育部高等教育教学评估中心（以下简称教育部评估中心）

具体组织实施中央部门所属高校第一、二类审核评估和地方高校第一类审核评估工作。

省级教育行政部门依据国家有关规定和要求,结合实际,负责制订本地区审核评估实施方案、总体规划,报教育部备案。组织所属高校第二类审核评估及推荐高校参加第一类审核评估工作。选取1—2所高校委托教育部评估中心指导开展第二类审核评估试点,为全面推开本地区审核评估工作做好示范。

教育部评估中心制订专家管理办法,建设全国统一、开放共享的专家库,建立专家组织推荐、专业培训、持证入库、随机遴选、异地选派及淘汰退出机制。

审核评估经费由有关具体组织部门负责落实。

六、纪律与监督

审核评估实行信息公开制度,严肃评估纪律,开展"阳光评估",广泛接受学校、教师、学生和社会的监督,确保评估工作公平公正。教育部和省级教育行政部门对参评学校、评估专家和评估组织工作的规范性、公正性进行监督,受理举报和申诉,提出处理意见。

附件

普通高等学校本科教育教学审核评估指标体系
（试行）

一、第一类审核评估

一级指标	二级指标	审核重点
1.党的领导	1.1 党的全面领导和社会主义办学方向	1.1.1 学校坚持党的全面领导、依法治教、依法办学、依法治校，围绕国家重大战略需求培养担当民族复兴大任的时代新人情况
		1.1.2 学校坚持社会主义办学方向、贯彻落实立德树人根本任务、把立德树人成效作为检验学校一切工作的根本标准情况
2.质量保障能力	2.1 质保理念	2.1.1 质量保障理念及其先进性
		2.1.2 质量保障理念在质量保障体系建立与运行以及质量文化形成中的作用
	2.2 质量标准	2.2.1 依据国家相关标准，符合国家、社会及学生等利益相关者诉求的一流质量标准建设情况
		2.2.2 各教学环节质量标准落实情况
	2.3 质保机制	2.3.1 质量监控部门及其职责，质量监控队伍的数量、结构和人员素质情况
		2.3.2 自我评价机制、评价结果反馈机制、质量改进机制的建立与运行情况
	2.4 质量文化	2.4.1 自觉、自省、自律、自查、自纠的质量文化建设情况
		2.4.2 将质量价值观落实到教育教学各环节、将质量要求内化为全校师生的共同价值追求和行为情况
	2.5 质保效果	2.5.1 培养目标的达成度
		2.5.2 社会需求的适应度
		2.5.3 师资和条件的保障度
		2.5.4 质量保障运行的有效度
		2.5.5 学生和用人单位的满意度

一级指标	二级指标	审核重点
3.教育教学水平	3.1 思政教育	3.1.1 落实意识形态工作责任制,思想政治工作体系建设和"三全育人"工作格局建立情况
		3.1.2 加强思想政治理论课教师队伍和思政课程建设情况,按要求开设"习近平总书记关于教育的重要论述研究"课程情况 【必选】思政课专任教师与折合在校生比例≥1∶350 【必选】生均思政工作和党务工作队伍建设专项经费≥20元 【必选】专职党务工作人员和思想政治工作人员总数与全校师生人数比例≥1∶100 【必选】生均网络思政工作专项经费≥40元
		3.1.3 推动"课程思政"建设的创新举措与实施成效,课程思政示范课程、课程思政教学研究示范中心以及课程思政教学名师和团队的建设及选树情况
		3.1.4 学校对教师、学生出现思想政治、道德品质等负面问题能否及时发现和妥当处置情况
	3.2 本科地位	3.2.1 坚持"以本为本"、推进"四个回归"情况;党委重视、校长主抓、院长落实一流本科教育的举措与实施成效
		3.2.2 学校在教师引进、职称评聘、绩效考核等制度设计中突出本科教育的具体举措与实施成效
	3.3 教师队伍	3.3.1 落实师德师风是评价教师第一标准的情况,落实师德考核贯穿于教育教学全过程等方面的情况
		3.3.2 教师教学能力满足一流人才培养需求情况,引导高水平教师投入教育教学、推动教授全员为本科生上课、上好课的政策、举措与实施成效 【必选】生师比(要求见备注3) 【必选】具有博士学位教师占专任教师比例 【必选】主讲本科课程教授占教授总数的比例 【必选】教授主讲本科课程人均学时数
		3.3.3 重视教师培训与职业发展,把习近平总书记关于教育的重要论述作为核心培训课程,把《习近平总书记教育重要论述讲义》作为核心培训教材,加强思政与党务工作队伍建设的举措与成效
		3.3.4 加强教师教学发展中心、基层教学组织建设的举措与成效

一级指标	二级指标	审核重点
3. 教育教学水平	3.4 学生发展与支持	3.4.1 面向农村和贫困地区、民族地区等以及"强基计划"的招生、培养举措与实施成效
		3.4.2 促进学生德智体美劳全面发展,建立系统化的学生发展和学业指导体系,探索学生成长增值评价,重视学生学习体验、自我发展能力和职业发展能力的具体措施及实施成效 【必选】专职辅导员岗位与在校生比例≥1∶200 【必选】专职从事心理健康教育教师与在校生比例≥1∶4000且至少2名 【必选】专职就业指导教师和专职就业工作人员与应届毕业生比例≥1∶500 【必选】学生毕业必须修满公共艺术课程学分数≥2学分 【必选】劳动教育必修课或必修课程中劳动教育模块学时总数≥32学时 【必选】实践教学学分占总学分(学时)比例(人文社科类专业≥15%,理工农医类专业≥25%) 【必选】以实验、实习、工程实践和社会调查等实践性工作为基础的毕业论文(设计)比例≥50% 【必选】本科生体质测试达标率 【可选】本科生在国内外文艺、体育、艺术等大赛中的获奖数
		3.4.3 近五年专业领域的优秀毕业生十个典型案例及培养经验
	3.5 卓越教学	3.5.1 实施"六卓越一拔尖"人才培养计划 2.0、新工科、新农科、新医科、新文科建设以及一流专业"双万计划"、一流课程"双万计划"建设等举措及实施成效,围绕"培育高水平教学成果"开展教研教改项目建设的举措及实施成效
		3.5.2 推动"以学为中心、以教为主导"的课堂教学改革,推进信息技术与教学过程融合,加强线上教学资源建设,提高课程高阶性、创新性和挑战度的举措与实施成效 【必选】本科生生均课程门数 【可选】开出任选课和课程总数比例 【可选】小班授课比例 【可选】入选来华留学品牌课程数
		3.5.3 学校党委高度重视教材建设与管理工作,相关工作机构、工作制度健全,教材审核选用标准和程序明确有效;对教材选用工作出现负面问题的处理情况 【必选】使用马工程重点教材课程数量与学校应使用马工程重点教材课程数量的比例 【可选】近五年公开出版的教材数

一级指标	二级指标	审核重点
3.教育教学水平	3.5 卓越教学	3.5.4 资源建设,特别是优质的学科资源、科研资源转化应用于本科教育教学的情况 【必选】生均年教学日常运行支出≥1200元(备注4) 【必选】教学日常运行支出占经常性预算内教育事业费拨款(205类教育拨款扣除专项拨款)与学费收入之和的比例≥13％(教学日常运行支出统计要求见备注4) 【必选】年新增教学科研仪器设备所占比例(要求见备注5) 【必选】生均教学科研仪器设备值(要求见备注6) 【可选】国家级教学育人基地(平台、中心)数
		3.5.5 推动招生与培养联动改革的举措及成效
		3.5.6 推动人才培养国际化的具体举措与成效 【可选】专任教师中具有一年以上国(境)外经历的教师比例 【可选】在学期间赴国(境)外高校访学的学生数占在校生数的比例 【可选】国(境)外高校本科生来校访学学生数
	3.6 就业与创新创业教育	3.6.1 将创新创业教育贯穿于人才培养全过程、融入专业教育的举措及成效 【可选】产学合作协同育人项目数 【可选】本科生参加各级各类创新创业实践活动人数及比例 【可选】"互联网＋"大学生创新创业大赛获奖数
		3.6.2 以高水平的科学研究提高学生创新创业能力的情况 【可选】本科生以第一作者/通讯作者在核心期刊发表的论文数及以第一作者获批国家发明专利数
		3.6.3 开展大学生职业生涯规划教育的举措及成效
教育教学综合改革		学校系统性、整体性、前瞻性、协同性的本科教育教学综合改革与创新实践,且在国际上具有一定代表性

备注:

1.审核重点中定量指标的具体要求可参考国家相关标准。其中,【必选】是指该定量指标学校必须选择;【可选】是指该定量指标学校可结合办学实际和优势特色,从高等教育质量监测国家数据平台提供的教学基本状态常态监测数据中自主选择,进行等量或超量替换。

2.表中定量指标计算原则上参照《中国教育监测与评价统计指标体系(2020年版)》(教发〔2020〕6号)。

3.生师比＝折合在校生数/专任教师总数(参照教育部教发〔2004〕2号文件),综合、师范、民族院校,工科、农、林院校和语文、财经、政法院校≤18∶1;医学院校≤16∶1;体育、艺术院校≤11∶1。

折合在校生数＝普通本专科在校生数＋硕士研究生在校生数×1.5＋博士研究生在校生数×2＋普通本专科留学生在校生数＋硕士留学生在校生数×1.5＋博士留学生在校生数×2＋普通预科生注册生数＋成人业余本专科在校生数×0.3＋成人函授本专科在校生数×0.1＋网络本专科在校生×0.1＋本校中职在校生数＋其他（占用教学资源的学历教育学生数，例如成人脱产本专科在校生数）。

专任教师总数＝本校专任教师数＋本学年聘请校外教师数×0.5＋临床教师数×0.5；其中：本校专任教师须承担教学任务且人事关系在本校（原则上须连续6个月缴纳人员养老险等社保或人员档案在本校）；校外教师须承担本校教学任务、有聘用合同和劳务费发放记录，聘请校外教师折算数（本学年聘请校外教师数×0.5）不超过专任教师总数的四分之一；临床教师须承担教学任务且人事关系在本校或直属附属医院。

4.生均年教学日常运行支出＝教学日常运行支出/折合在校生数。教学日常运行支出：指学校开展普通本专科教学活动及其辅助活动发生的支出，仅指教学基本支出中的商品和服务支出（302类）（不含教学专项拨款支出），具体包括：教学教辅部门发生的办公费（含考试考务费、手续费等）、印刷费、咨询费、邮电费、交通费、差旅费、出国费、维修（护）费、租赁费、会议费、培训费、专用材料费（含体育维持费等）、劳务费、其他教学商品和服务支出（含学生活动费、教学咨询研究机构会员费、教学改革科研业务费、委托业务费等）。取会计决算数。

5.年新增教学科研仪器设备所占比例（参照教育部教发〔2004〕2号文件）：年新增教学科研仪器设备所占比例≥10%。凡教学仪器设备总值超过1亿元的高校，当年新增教学仪器设备值超过1000万元，该项指标即为合格。

6.生均教学科研仪器设备值＝普通高校教学与科研仪器设备总资产值/折合在校生数（参照教育部教发〔2004〕2号文件），综合、师范、民族院校，工科、农、林院校和医学院校≥5000元/生，体育、艺术院校≥4000元/生，语文、财经、政法院校≥3000元/生。

二、第二类审核评估

一级指标	二级指标	审核重点
1.办学方向与本科地位	1.1 党的领导	1.1.1 学校坚持党的全面领导,依法治教、依法办学、依法治校,围绕国家战略需求培养担当民族复兴大任的时代新人情况
		1.1.2 学校坚持社会主义办学方向、贯彻落实立德树人根本任务、把立德树人成效作为检验学校一切工作根本标准情况
	1.2 思政教育	1.2.1 思想政治工作体系建设和"三全育人"工作格局建立情况
		1.2.2 加强思想政治理论课教师队伍和思政课程建设情况,按要求开设"习近平总书记关于教育的重要论述研究"课程情况 【必选】思政课专任教师与折合在校生比例≥1∶350 【必选】专职党务工作人员和思想政治工作人员总数与全校师生人数比例≥1∶100 【必选】生均思政工作和党务工作队伍建设专项经费≥20元 【必选】生均网络思政工作专项经费≥40元
		1.2.3 "课程思政"建设与成效,课程思政示范课程、课程思政教学研究示范中心以及课程思政教学名师和团队的建设及选树情况
		1.2.4 学校对教师、学生出现思想政治、道德品质等负面问题能否及时发现和妥当处置情况
	1.3 本科地位	1.3.1 "以本为本"落实情况,党委重视、校长主抓、院长落实的本科教育良好氛围形成情况
		1.3.2 "四个回归"的实现情况,推进学生刻苦读书学习、教师潜心教书育人、学校倾心培养社会主义建设者和接班人等方面的举措与成效
		1.3.3 教学经费、教学资源条件、教师精力投入等优先保障本科教学的机制建设情况 【必选】生均年教学日常运行支出≥1200元(备注5) 【必选】教学日常运行支出占经常性预算内教育事业费拨款(205类教育拨款扣除专项拨款)与学费收入之和的比例≥13%(教学日常运行支出统计要求见备注5) 【必选】年新增教学科研仪器设备值所占比例(要求见备注6) 【必选】生均教学科研仪器设备值(要求见备注7)
		1.3.4 学校各职能部门服务本科教育教学工作情况,本科教育教学工作在学校年度考核中的比重情况

一级指标	二级指标	审核重点
2. 培养过程	2.1 培养方案	2.1.1 培养目标符合学校定位、适应社会经济发展需要、体现学生德智体美劳全面发展情况
		2.1.2 培养方案符合国家专业类标准、体现产出导向理念情况 【必选】学生毕业必须修满的公共艺术课程学分数≥2学分 【必选】劳动教育必修课或必修课程中劳动教育模块学时总数≥32学时
		B 2.1.3　B1 培养方案强化理论基础、突出科教融合、注重培养学生创新能力情况 B2 培养方案强化实践教学、突出实验实训内容的基础性和应用性、注重培养学生应用能力情况
	2.2 专业建设	B 2.2.1　B1 专业设置、专业建设与国家重大发展战略及社会对创新型人才需求的契合情况 【必选】通过认证(评估)的专业占专业总数的比例 【可选】近三年新增专业数 【可选】近三年停招专业数 B2 专业设置、专业建设与国家需要、区域经济社会发展及产业发展对应用型人才需求的契合情况 【必选】通过认证(评估)的专业占专业总数的比例 【可选】近三年新增专业数 【可选】近三年停招专业数
		B 2.2.2　B1 围绕国家和区域经济发展需求,建立自主性、灵活性与规范性、稳定性相统一的专业设置管理体系情况 B2 围绕产业链、创新链建立自主性、灵活性与规范性、稳定性相统一的专业设置管理体系情况
		2.2.3 学校通过主辅修、微专业和双学士学位培养等举措促进复合型人才培养情况
	2.3 实践教学	2.3.1 强化实践育人、构建实践教学体系、推动实践教学改革情况 【必选】实践教学学分占总学分(学时)比例(人文社科类专业≥15%,理工农医类专业≥25%) 【必选】国家级、省级实践教学基地(包括实验教学示范中心、虚拟仿真实验中心、临床教学培训示范中心、工程实践基地、农科教合作人才培养基地等)数

一级指标	二级指标	审核重点	
2.培养过程	2.3 实践教学	B 2.3.2	B1 学校与科研院所、企业共建科研实践、实习实训基地情况 【可选】与行业企业共建的实验教学中心数 B2 学校与企业、行业单位共建实习实训基地情况 【可选】与行业企业共建的实验教学中心数
		B 2.3.3	B1 毕业论文(设计)选题来自教师专业实践、科研课题情况及完成质量 【必选】以实验、实习、工程实践和社会调查等实践性工作为基础的毕业论文(设计)比例≥50% B2 毕业论文(设计)选题来自行业企业一线需要、实行校企"双导师"制情况及完成质量 【必选】以实验、实习、工程实践和社会调查等实践性工作为基础的毕业论文(设计)比例≥50%
	2.4 课堂教学	2.4.1 实施"以学为中心、以教为主导"的课堂教学,开展以学生学习成果为导向的教学评价情况	
		2.4.2 推进信息技术与教学过程融合、加强信息化教学环境与资源建设情况	
		2.4.3 建立健全教材管理机构和工作制度情况,依照教材审核选用标准和程序选用教材情况;推进马工程重点教材统一使用情况;对教材选用工作出现负面问题的处理情况 【必选】使用马工程重点教材课程数量与学校应使用马工程重点教材课程数量的比例 【可选】近五年公开出版的教材数	
	K 2.5 卓越培养	K 2.5.1	K1 科教协同拔尖人才培养模式改革及其实践效果 【可选】基础学科拔尖学生培养计划学生数 K2 产教融合卓越人才培养模式改革及其实践效果 【可选】产学合作协同育人项目数
		K 2.5.2 加强课程体系整体设计,优化公共课、专业基础课和专业课比例结构,提高课程建设规划性、系统性情况 【必选】本科生生均课程门数 【可选】与行业企业共建、共同讲授的课程数	
		K 2.5.3 新工科、新农科、新医科、新文科建设以及围绕"培育高水平教学成果"开展教研教改项目建设的举措及实施成效	
		K 2.5.4 一流专业"双万计划"建设举措及成效	
		K 2.5.5 一流课程"双万计划"建设举措及成效	
		K 2.5.6 优秀教材建设举措及成效	
	2.6 创新创业教育	2.6.1 创新创业教育工作体系与创新创业教育平台建设情况	
		2.6.2 将创新创业教育贯穿于人才培养全过程、融入专业教育的举措与成效	
		2.6.3 学生参与创新创业教育积极性及创新创业教育成果 【必选】本科生参加各级各类创新创业实践活动人数及比例 【必选】"互联网+"大学生创新创业大赛获奖数 【可选】省级以上学科竞赛获奖学生人次数占学生总数的比例	

一级指标	二级指标	审核重点	
3.教学资源与利用	X3.1 设施条件	X3.1.1 教学经费、图书资料、校园网等满足教学要求情况	
		X3.1.2 校舍、运动场所、体育设施、艺术场馆、实验室、实习基地及其设施条件满足教学要求情况及利用率	
	3.2 资源建设	B 3.2.1	B1 优质教学资源建设及其共享情况
			B2 行业企业课程资源库、真实项目案例库建设及共享情况
		B 3.2.2	B1 面向国家、行业领域需求的高水平教材建设举措与成效
			B2 面向行业企业实际、产业发展需要的应用型教材建设情况
		K 3.2.3	适应"互联网+"课程教学需要的智慧教室、智能实验室等教学设施和条件建设及使用效果
		K 3.2.4	K1 学科资源、科研成果转化为教学资源情况
			K2 产业技术发展成果、产学研合作项目转化为教学资源情况
4.教师队伍	4.1 师德师风	4.1.1 保障把教师思想政治建设放在首位、把师德师风作为评价教师的第一标准,强化师德教育、加强师德宣传、严格考核管理、加强制度建设,落实师德考核贯穿于教育教学全过程等方面的情况	
		4.1.2 教师在争做"四有"好老师、四个"引路人",自觉遵守《新时代高校教师职业行为十项准则》等方面的情况	
	4.2 教学能力	B 4.2.1	B1 专任教师的专业水平、教学能力、科研水平和能力
			B2 专任教师的专业水平、教学能力、产学研用能力
		4.2.2 提升教师教书育人能力和水平的措施	
	4.3 教学投入	4.3.1 教师投入教学、教授全员为本科生授课的激励与约束机制建立情况及实施效果 【必选】主讲本科课程教授占教授总数的比例 【必选】教授主讲本科课程人均学时数	
		4.3.2 教师特别是教授和副教授开展教学研究、参与教学改革与建设情况及成效 【必选】教授、副教授担任专业负责人的专业占专业总数的比例	
	4.4 教师发展	4.4.1 重视教师培训与职业发展,把习近平总书记关于教育的重要论述作为核心培训课程,把《习近平总书记教育重要论述讲义》作为核心培训教材,加强思政与党务工作队伍建设的举措与成效	
		4.4.2 加强教师教学发展中心、基层教学组织和青年教师队伍建设举措及成效 【必选】设有基层教学组织的专业占专业总数的比例 【可选】教师发展中心培训本校教师的比例	

一级指标	二级指标	审核重点	
4.教师队伍	4.4 教师发展	B 4.4.3	B1 提升教师教学能力、实践能力、科研能力、信息技术应用能力的政策措施
			B2 提升教师教学能力、产学研用能力、信息技术应用能力，鼓励教师到业界实践、挂职和承担横向课题的政策措施
		B 4.4.4	B1 教师队伍分类管理与建设情况
			B2 双师双能型教师队伍和实践教学教师队伍管理与建设情况
			【可选】专任教师中双师双能型教师的比例
		K 4.4.5 教师赴国(境)外交流、访学、参加国际会议、合作研究等情况	
5.学生发展	5.1 理想信念	5.1.1 学生理想信念和品德修养	
		5.1.2 加强学风建设，教育引导学生爱国、励志、求真、力行情况	
	5.2 学业成绩及综合素质	B 5.2.1	B1 学生基础理论、知识面和创新能力
			【可选】本科生以第一作者/通讯作者在公开发行期刊发表的论文数和本科生获批国家发明专利数
			B2 学生综合应用知识能力和独立解决生产、管理和服务中实际问题能力
			【可选】在学期间获得国家认可的职业资格证书学生数占在校生数的比例
			【可选】本科生以第一作者/通讯作者在公开发行期刊发表的论文数和本科生获批国家发明专利数
		5.2.2 开展通识教育、体育、美育、劳动教育的措施与成效	
		【必选】体质测试达标率	
		5.2.3 社团活动、校园文化、社会实践、志愿服务等活动开展情况及育人效果	
		【可选】省级以上艺术展演、体育竞赛参赛获奖学生人次数占学生总数的比例	
	K 5.3 国际视野	K 5.3.1 与国(境)外大学合作办学、合作育人以及与本科教育相关的国际交流活动和来华留学生教育开展情况	
		K 5.3.2 国际先进教育理念、优质教育资源的吸收内化、培育和输出共享情况	
		K 5.3.3 学生赴国(境)外交流、访学、实习、竞赛、参加国际会议、合作研究等情况	
		【可选】在学期间赴国(境)外交流、访学、实习的学生数占在校生数的比例	

一级指标	二级指标	审核重点
5.学生发展	5.4 支持服务	5.4.1 领导干部和教师参与学生工作的情况
		5.4.2 学校开展学生指导服务工作（学业、职业生涯规划、就业、家庭经济困难学生资助、心理健康咨询等）情况，学业导师、心理辅导教师、校医等配备及师生交流活动专门场所建设情况
		【必选】专职辅导员岗位与在校生比例≥1∶200
		【必选】专职从事心理健康教育教师与在校生比例≥1∶4000且至少2名
		【必选】专职就业指导教师和专职就业工作人员与应届毕业生比例≥1∶500
		5.4.3 与学分制改革和弹性学习相适应的管理制度、辅修专业制度、双学士学位制度建设情况
		K 5.4.4 探索学生成长增值评价，重视学生学习体验、自我发展能力和职业发展能力的具体措施及实施成效
6.质量保障	6.1 质量管理	6.1.1 学校质量标准、质量管理制度、质量保障机构及队伍建设情况
		6.1.2 加强考试管理、严肃考试纪律、完善过程性考核与结果性考核有机结合的学业考评制度、严把考试和毕业出口关的情况
	6.2 质量改进	6.2.1 学校内部质量评估制度的建立及接受外部评估（含院校评估、专业认证等）情况
		6.2.2 质量持续改进机制建设与改进效果
	6.3 质量文化	6.3.1 自觉、自省、自律、自查、自纠的质量文化建设情况
		6.3.2 质量信息公开制度及年度质量报告
7.教学成效	7.1 达成度	7.1.1 学校各专业人才培养目标的达成情况
		7.1.2 毕业生质量持续跟踪评价机制建立情况及跟踪评价结果
	7.2 适应度	7.2.1 学校本科生源状况
		B 7.2.2 — B1 毕业生面向国家和经济社会发展需要就业情况、就业质量和职业发展情况 【可选】升学率（含国内与国外） 【可选】应届本科生初次就业率及结构
		B2 毕业生面向学校所服务的区域和行业企业就业情况、就业质量及职业发展情况 【可选】升学率（含国内与国外） 【可选】应届本科生初次就业率及结构

一级指标	二级指标	审核重点
7.教学成效	7.3 保障度	7.3.1 教学经费以及教室、实验室、图书馆、体育场馆、艺术场馆等资源条件满足教学需要情况 【必选】生均本科实验经费(元) 【必选】生均本科实习经费(元)
		7.3.2 教师的数量、结构、教学水平、产学研用能力、国际视野、教学投入等满足人才培养需要情况 【必选】生师比(要求见备注8) 【必选】具有硕士学位、博士学位教师占专任教师比例≥50%
	7.4 有效度	7.4.1 学校人才培养各环节有序运行情况
		7.4.2 学校人才培养工作持续改进、持续提升情况
		7.4.3 近五年专业领域的优秀毕业生十个典型案例及培养经验
	7.5 满意度	7.5.1 学生(毕业生与在校生)对学习与成长的满意度
		7.5.2 教师对学校教育教学工作的满意度
		7.5.3 用人单位的满意度

备注：

1. 第二类审核评估分为三种，学校可根据自身实际情况，选择且只能选择其中一种。

2. 二级指标和审核重点包括统一必选项、类型必选项、特色可选项、首评限选项。

——"统一必选项"无特殊标识，所有高校必须选择；

——"类型必选项"标识"B"，选择第一种的高校须统一选择"B1"，选择第二种的高校须统一选择"B2"；选择第三种的高校原则上选择"B2"；

——"特色可选项"标识"K"，高校可根据办学定位和人才培养目标自主选择，其中：第一种与"K1"选项对应，第二种与"K2"选项对应；第三种原则上与"K2"选项对应；

——"首评限选项"标识"X"，选择第三种的高校必须选择，其他高校不用选择。

3. 审核重点中定量指标的具体要求可参考国家相关标准。其中，【必选】是指该定量指标学校必须选择；【可选】是指该定量指标学校可根据自身发展需要和实际情况自主选择至少8项。

4. 表中定量指标计算原则上参照《中国教育监测与评价统计指标体系(2020年版)》(教发〔2020〕6号)。

5. 生均年教学日常运行支出＝教学日常运行支出/折合在校生数。教学日常运行支出：指学校开展普通本专科教学活动及其辅助活动发生的支出，仅指教学基本支出中的商品和服务支出(302类)(不含教学专项拨款支出)，具体包括：教学教辅部门发生的办公费(含考试考务费、手续费等)、印刷费、咨询费、邮电费、交通费、差旅费、出国费、维修(护)费、租赁费、会议费、培训费、专用材料费(含体育维持费等)、劳务费、其他教学商品和服务支出(含学生活动费、教学咨询研究机构会员费、教学改革科研业务费、委托业务费等)。取会计决算数。

6. 年新增教学科研仪器设备所占比例(参照教育部教发〔2004〕2号文件)：年新增教学科

研仪器设备所占比例≥10％。凡教学仪器设备总值超过1亿元的高校,当年新增教学仪器设备值超过1000万元,该项指标即为合格。

7.生均教学科研仪器设备值＝普通高校教学与科研仪器设备总资产值/折合在校生数(参照教育部教发〔2004〕2号文件),综合、师范、民族院校,工科、农、林院校和医学院校≥5000元/生,体育、艺术院校≥4000元/生,语文、财经、政法院校≥3000元/生。

8.生师比＝折合在校生数/专任教师总数(参照教育部教发〔2004〕2号文件),综合、师范、民族院校,工科、农、林院校和语文、财经、政法院校≤18∶1;医学院校≤16∶1;体育、艺术院校≤11∶1。

折合在校生数＝普通本专科在校生数＋硕士研究生在校生数×1.5＋博士研究生在校生数×2＋普通本专科留学生在校生数＋硕士留学生在校生数×1.5＋博士留学生在校生数×2＋普通预科生注册生数＋成人业余本专科在校生数×0.3＋成人函授本专科在校生数×0.1＋网络本专科在校生×0.1＋本校中职在校生数＋其他(占用教学资源的学历教育学生数,例如成人脱产本专科在校生数)。

专任教师总数＝本校专任教师数＋本学年聘请校外教师数×0.5＋临床教师数×0.5;其中:本校专任教师须承担教学任务且人事关系在本校(原则上须连续6个月缴纳人员养老险等社保或人员档案在本校);校外教师须承担本校教学任务、有聘用合同和劳务费发放记录,聘请校外教师折算数(本学年聘请校外教师数×0.5)不超过专任教师总数的四分之一;临床教师须承担教学任务且人事关系在本校或直属附属医院。

后 记

本书是在我的博士论文《大学生学习成果评价研究》基础上,结合同名国家社科基金后期资期项目(22FJKB007),进一步研究并修改完善的结题成果。

2013年9月,我考入北京航空航天大学高教所,实现了一直以来想读博深造的心愿,师从吴岩老师。2014年2月,我开始参与吴老师主持的国家社科基金重点课题"以学生为本的高校教育质量评价体系研究",在老师的指导下,对世界经合组织开发的高等教育学习成果评价项目进行了全方位了解,对国际组织采用统一测试和问卷对学生学习成果进行测量、判断不同国家高等教育质量的理念和方法产生了浓厚的兴趣。

2015年3月,我被借调到教育部高等教育教学评估中心,参与了院校评估、专业认证、中外合作评估和高等教育质量报告撰写等一系列重要工作。在这期间,我全解了各类教育评估认证的主要内容和重点;逐步接触到了与中心密切联系的美国、英国、俄罗斯、德国、澳大利亚、加拿大、日本、韩国高等教育质量评估和保障机构,以及OECD、UNESCO、欧盟等国际组织,对他们所承担的职责、开展的主要工作、发展动态和关心的主要问题有了比较全面和客观的认识。我发现在高等教育已进入以质量为核心的内涵式发展阶段背景下,制定更科学的质量评估体系引导高等教育质量提升是全世界都在探讨的宏大问题;而质量评价标准和方法作为新体系构建过程中最为关键的核心问题,成为评价改革的重点和难点。这些认识使我对新时期新形势下评估中心提出的构建中国特色的高等教育质量保障体系,以学生发展为本、将提高人才培养质量作为高校质量评价的根本目标等理念有了更加深刻的认同;这些经历坚定了我从事教育评价研究的信心和决心,并将自己的研究主题逐渐聚焦于学生评价。

2016年1月,我以"高校学生学习成果评价研究"为题作了博士论文开题报告,吴岩、雷庆、赵婷婷、马永红四位评审老师肯定这个选题的前沿性和研究价值,对评价体系的理论构建提了很多的建议。虽然当时的我还不能完全理解老师们的意见,但毕竟正式开启了我在教育质量评价领域的学术之旅。

2017年5月,我完成了博士论文,听从吴老师的建议将论文题目定为"大学生学习成果评价研究",内容分为八个部分,共19万字。绪论是研究背景、文献综述和研究计划,第一章是高等教育质量评价的核心理念,第二章是学生学习成果的内涵和类别,第三章是学生学习成果评价的组织和成效,第四章是国外大学生学习成果评价实践研究,第五章是我国高校本科生学习成果评价的实证研究,第六章是构建高校学习成果评价体系,最后是结语。6月进行博士论文答辩,答辩委员会由马陆亭、刘振天、王晓燕、雷庆、马永红老师组成。在答辩过程中,老师们认为研究扎实深入,创新性强,答辩顺利通过。

此后,我继续在杭州师范大学研究生院工作,学生评价问题一直在脑子里盘旋。2021年,我得知博士论文可以申报后期资助项目,一个念想,觉得如能把博士论文修改出版,与同行交流,也是很好的学习。2022年12月论文顺利获得后期资助项目立项。评审专家给予我很大鼓励,认为选题具有重要的科学研究价值;项目主题明确、思路清晰、结构合理、资料可靠;建议项目结合深化新时代教育评价改革总体方案,以及新一轮本科教育教学审核性评估开展进一步研究。

几年过去,回头重新系统审视自己的论文,发现学界已有了很多的新成果,工作的沉淀和积累也使我发现论文有很多值得拓展和深化的空间,结合评审专家提出的意见,我着手对论文做了修改。此次修改,一是阐述了教学、学习和评价的建构性一致观点,论证了学习成果评价是促进形成"教学影响学习—学习影响成果—成果改进教学"正反馈圈的重要载体,增强了理论性;二是调整了目录和结构,增强了逻辑性。重点是对于部分章节内部或者章节之间存在研究内容相互交叉、包含或者不合理的情况,做了进一步厘清;三是做了新的案例研究和实证研究。案例研究对象是美国一流文科大学——阿尔维诺大学生学习成果评价体系,从中提炼了美国高校学习成果评价赋能育人的模式和路径;实证研究是运用借助文本分析和统计分析工具,完成了某校大学生学习成果影响因素的实证研究,丰富了研究内容,拓宽了研究范围。针对专家意见,我在论文第五章第一节中增加了两个部分,一是专门分析新一轮审核评估的理念,对评价中为何以及如何落实立德树人进行了阐述,二是对多主体参与评价的理念和路径进行分析;对第三节内容进行了重新提炼,以赋能育人的大学评价构建为主线,对大学内部质量保障体系进行了分解,并重写了前言和后记。修改后的成果约26万字,新引用近五年相关性强的参考文献30余篇,论文内部逻辑更加优化,理论性和学术性得以增强。

在撰写与修改完善本书期间,我先后在《高等教育研究》《中国高教研究》《外国教育研究》等重要学术刊物上发表了8篇阶段性成果论文,《新华文摘》也曾进行了论点摘编,这些论文共被下载14002次,被引326次。现在最终成果完成，我借此机会向这些刊物与读者朋友们表示衷心的感谢。

完稿之际，正值 2023 年炎夏，第 5 号台风"杜苏芮"尚未退场，第 6 号台风"卡努"接力来袭。我在晴雨之间回忆研究的历程，发现我是多么幸运，从一个山区三线厂矿走出来的子弟，慢慢成长为一名能独立思考的研究者。

首先要感谢的是恩师吴岩。2013 年以前，我与吴老师素昧平生。第一次见吴老师是考博面试之时，我记得他问了许多问题。其中两个，一是你认为学校的规划和国家、省市的规划有何不同，一是你对博洛尼亚进程有哪些了解。恰好都是我非常感兴趣，并有一点点心得的，因此我的回答可能让吴老师觉得些许满意，年中时便入了他门。吴老师时任教育部高等教育教学评估中心主任，入门第二年，他了解到我对 OECD 组织的学习成果评价项目做了研究，将我从学校借调到评估中心综合处工作。这次弥足珍贵的经历，为我打开了一扇门，让我看到并走入了一个广阔并且真实的高等教育世界。近距离的共事使我对吴老师的了解增添了许多分，对吴老师的敬意更增添了许多分。印象最深刻的是吴老师的家国情怀，不论何时何事，他始终将高等教育事业发展作为行动的出发点和落脚点，全心致力于教育质量的提升。他是一位能高明地将学术研究和行政管理完美结合的领导，总是高瞻远瞩又明察秋毫，在对重要工作进行宏观布局和顶层设计的同时，不放过任何一个小细节，识见品味俱佳。他特别善于挖掘每个人的潜能带领大家向着共同目标前行。在中心工作的一年多，每天忙到飞起，有好几个月我连续两三周都在进校评估；但也就是那段时间，质量报告首发、国际认证启动、大论文完成、小论文发表，不论是工作还是研究，都收获满满，是我成长最快的时光。吴老师没有亲自参加我的答辩，我有点失落，当天他却给我发了一条微信，说"祝贺你，一只丑小鸭出落成白天鹅，我很欣慰很高兴"，让我感动不已。毕业之后，与吴老师相距千里，和他会面的次数只能按年计。每次见面，老师都风度翩翩，开朗率性，不时蹦出几句小玩笑。2022 年 3 月，我在国家教育行政学院参加中青班培训，吴老师时任教育部高教司司长，来给我们上课，课上点了我的名，给大家介绍我是他的学生；讲课末了有交流环节，我举手提问，他看见说"哟，学生要考老师了"，把大家都逗乐了。老师不问出身，公平正直，是一位卓越的向导，寥寥数语，或鼓励、或鞭策、或启发，总能让我静心思考、奋力向前。师恩种种，铭记于心。

同时，我要特别感谢本书的合著者：杭州师范大学黄兆信教授、南京师范大学王建华教授和厦门大学郭建鹏教授，三位教授的加入提升了研究的思想深度和学理厚度，拓展了研究视野和广度。我还要感谢北京航空航天大学高教所雷庆教授、马永红教授，厦门大学教育研究院刘振天教授、别敦荣教授、赵婷婷教授,北京理工大学王战军教授,同济大学李亚东研究员,浙江师范大学楼世洲教授,加州大学常桐善博士,教育部教育质量评估中心周爱军副主任、盛敏处长、郑觅副处长、中国教育科学研究院张男星教授对我的指导与启发;感谢赵新亮、冯磊、张乐等同学对我的鼓励与切磋。

感谢杭州师范大学,以及严从根教授和其他许多同事,是学校的支持与同事的帮助,让我得以在学术深造与研究中向前迈进。

感谢亲爱的家人和朋友——我坚强的后盾,伴我坚定前行。

最后,衷心感谢全国哲社办和国家社科基金项目资助,以及评审专家的宝贵意见;感谢浙江大学出版社与责任编辑石国华老师规范严谨的工作。

一路走来,我渐渐明白,博士不是结束,研究没有终点。无限接近真理,愿是我一生的追求。

陈 凡
2023 年 9 月 9 日于杭州西湖